高职高专"十二五"规划教材
21世纪高职高专能力本位型系列规划教材·物流管理系列

物流运输管理

·第2版·

主　编　申纲领
主　审　陈锦生

北京大学出版社
PEKING UNIVERSITY PRESS

内 容 简 介

本书是在借鉴各类物流运输管理教材的基础上,结合高职高专教育的特点编写而成,内容包括运输管理概述,公路、铁路、航空、水路、管道五种基本运输方式介绍,集装箱和特殊货物运输,运输组织与管理,货物运输保险,运输合同与纠纷解决,绿色运输和绿色物流,国际货运代理以及物流运输法律法规。

本书在编写过程中,吸收了国内外物流运输管理理论以及最新研究成果,密切联系我国物流运输的实际情况,阐述了现代物流运输学科的发展趋势。

本书可作为高职高专物流管理相关专业的教材,也可作为运输企业业务人员、经营管理人员的学习培训资料。

图书在版编目(CIP)数据

物流运输管理/申纲领主编. —2 版. —北京:北京大学出版社,2014.10
(21 世纪高职高专能力本位型系列规划教材·物流管理系列)
ISBN 978-7-301-24971-0

Ⅰ.①物… Ⅱ.①申… Ⅲ.①物流—货物运输—交通运输管理—高等职业教育—教材 Ⅳ.①F252

中国版本图书馆 CIP 数据核字(2014)第 233947 号

书　　　名:	物流运输管理(第 2 版)
著作责任者:	申纲领　主编
策 划 编 辑:	蔡华兵
责 任 编 辑:	陈颖颖
标 准 书 号:	ISBN 978-7-301-24971-0/F · 4069
出 版 发 行:	北京大学出版社
地　　　址:	北京市海淀区成府路 205 号　100871
网　　　址:	http://www.pup.cn　新浪官方微博:@北京大学出版社
电 子 信 箱:	pup_6@163.com
电　　　话:	邮购部 62752015　发行部 62750672　编辑部 62750667　出版部 62754962
印 刷 者:	北京大学印刷厂
经 销 者:	新华书店
	787 毫米×1092 毫米　16 开本　17.25 印张　410 千字
	2010 年 8 月第 1 版
	2014 年 10 月第 2 版　2014 年 10 月第 1 次印刷(总第 4 次印刷)
定　　　价:	35.00 元

未经许可,不得以任何方式复制或抄袭本书之部分或全部内容。
版权所有,侵权必究
举报电话:010-62752024　电子信箱:fd@pup.pku.edu.cn

前 言

运输管理是以最少的时间和费用完成物品的运输任务。物流运输的规模和现代化程度是反映一个国家经济发展水平的重要标志之一。由于物流运输的系统化取得了巨大的经济效益,所以人们称其为"第三利润源泉"。我国社会经济持续、稳定的发展,对物流运输的现代化提出了更加紧迫的要求。但要实现运输现代化,首先必须要实现运输管理和技术的现代化,并且需要培养一大批具有物流运输基础理论知识和实际操作能力的专门人才。为了尽快地培养出物流运输业需要的人才,就必须要有密切结合实践的物流运输方面的实用教材。

关于本课程

运输管理是物流管理的重要组成部分,故该课程是物流管理专业、运输管理专业的核心课,也是相关专业的基础课。本书全面分析和总结了我国物流运输业发展的现状,并吸收了国内外先进的运输管理理念、技术和思想,尽可能详尽地阐述了运输业务中的基础理论、组织和管理的技术与操作规程,力求论述深入浅出、详略得当。本书注重实际操作性,坚持"理论适度够用,注重基本技能操作"的原则,理论学习与实践活动相结合;在职业能力培养上,根据岗位技能群的先后逻辑关系来编排内容,符合高职高专学生理论认知和技能培养的规律,体现"以就业为导向"的精神,突出职业引导性,密切联系职业资格考试的相关内容,使学历学习与必要的职业资格考试有机地结合起来。

关于本书

本书共分13章,内容包括运输管理概论、公路货物运输、铁路货物运输、航空货物运输、水路货物运输、管道货物运输、集装箱和特殊货物运输、运输组织与管理、货物运输保险、运输合同与纠纷解决、绿色运输和绿色物流、国际货运代理以及物流运输法律、法规。

本书再版,在内容编写上紧随飞速发展的物流步伐,追求4个"创新"。

(1) 阐释新的学科理论。近年来,我国物流产业发展迅猛,势态良好,本书着眼于国内外最新的理论和实践,对物流运输学科进行了更为到位的阐释。

(2) 采用新的统计数据。一方面,书中所涉及的数据尽可能引用最新的统计数据,一改同类教材数据陈旧的面目;另一方面,数据来源权威、准确。

(3) 学科体系结构新。本书在结合现代物流运输理论的基础上,适应物流发展新形势,重新整合学科体系,更加突出了学科本色。

(4) 内容编写体例新。本书根据高等职业教育人才培养目标,从职业岗位分析入手,以掌握实践技能为目的确定课程内容。在编写体例上突出"互动性"和"应用性",并突出重点、难点,解析透彻,有助于提高学生运用所学的知识分析问题解决问题的能力。

如何使用本书

本书内容可按照72学时安排,推荐学时分配为:第1章8学时,第2章8学时,第3章8学时,第4章8学时,第5章4学时,第6章4学时,第7章4学时,第8章4学时,第9

章 4 学时，第 10 章 4 学时，第 11 章 8 学时，第 12 章 4 学时，第 13 章 4 学时。教师可根据不同的使用专业灵活安排学时。

本书配套资源主要有电子课件、习题答案等，可登录北京大学出版社第六事业部网站（http://www.pup6.com）下载。

推荐阅读书目

(1)《物流运输实务》(精品教材)，黄河主编，2012 年由北京大学出版社出版。

(2)《运输管理项目式教程》("十二五"国家规划立项项目)，钮立新主编，2011 年由北京大学出版社出版。

(3)《仓储管理实务(第 2 版)》("十二五"国家规划立项项目)，李怀湘主编，2014 年由北京大学出版社出版。

(4)《仓储与配送管理实务(第 2 版)》("十二五"国家规划立项项目)，李陶然主编，2014 年由北京大学出版社出版。

(5)《仓储与配送管理实训教程(第 2 版)》("十二五"国家规划立项项目)，杨叶勇主编，2014 年由北京大学出版社出版。

本书编写队伍

本书由许昌职业技术学院教授申纲领主编，由湖南高速铁路职业技术学院老师陈锦生主审。在编写过程中，参考和借鉴了许多专家、学者的研究成果，在此对他们表示衷心的感谢！

由于编者水平所限，加之编写时间创促，书中存在不足之处在所难免，敬请广大读者批评指正。您的宝贵意见请反馈到邮箱 sywat716@126.com。

编　者
2014 年 3 月

目 录

第1章 运输管理概述 …………………… 1
1.1 运输概述 ……………………………… 2
- 1.1.1 运输的概念 …………………… 2
- 1.1.2 运输的特点 …………………… 3
- 1.1.3 运输的功能 …………………… 4
- 1.1.4 运输的原则 …………………… 5
- 1.1.5 运输的地位 …………………… 5

1.2 运输方式 ……………………………… 6
- 1.2.1 5种基本运输方式的技术经济特点 …………………………… 6
- 1.2.2 几种新兴的运输方式 ………… 10

1.3 运输与物流的关系 …………………… 11
- 1.3.1 运输在物流中的作用 ………… 11
- 1.3.2 运输与第三方物流 …………… 12

1.4 运输市场 ……………………………… 14
- 1.4.1 运输市场的含义 ……………… 15
- 1.4.2 运输市场的构成 ……………… 15
- 1.4.3 运输市场的特征 ……………… 16

本章小结 …………………………………… 17
课后习题 …………………………………… 17
本章实训 …………………………………… 18

第2章 公路货物运输 …………………… 20
2.1 公路货物运输概述 …………………… 21
- 2.1.1 公路运输的概念 ……………… 21
- 2.1.2 公路运输的特点 ……………… 22

2.2 公路货运的分类及业务流程 ………… 23
- 2.2.1 公路货运的分类 ……………… 23
- 2.2.2 公路货运的业务流程 ………… 24

2.3 公路货运设施与设备 ………………… 25
- 2.3.1 公路 …………………………… 25
- 2.3.2 公路运输工具 ………………… 28
- 2.3.3 公路货运场站 ………………… 30

2.4 公路运价 ……………………………… 30
- 2.4.1 公路货物运价的分类 ………… 31
- 2.4.2 公路运输运价的特点 ………… 32

本章小结 …………………………………… 33
课后习题 …………………………………… 33
本章实训 …………………………………… 34

第3章 铁路货物运输 …………………… 36
3.1 铁路货物运输概述 …………………… 37
- 3.1.1 我国铁路运输的发展概况 …… 37
- 3.1.2 铁路货运的作业流程与特点 ………………………………… 39

3.2 铁路货运的分类与组织 ……………… 41
- 3.2.1 铁路货运的分类 ……………… 41
- 3.2.2 铁路货运的组织 ……………… 42

3.3 铁路运输设施与工具 ………………… 43
- 3.3.1 铁路运输设施 ………………… 43
- 3.3.2 铁路运输工具 ………………… 45

本章小结 …………………………………… 49
课后习题 …………………………………… 49
本章实训 …………………………………… 49

第4章 航空货物运输 …………………… 52
4.1 航空货物运输概述 …………………… 53
- 4.1.1 航空运输的概念及现状 ……… 53
- 4.1.2 航线与航班 …………………… 54
- 4.1.3 航空运输的特点 ……………… 55
- 4.1.4 航空运输的发展阶段 ………… 57

4.2 航空货运的方式、托运与接收 ……… 58
- 4.2.1 航空货运的方式 ……………… 58
- 4.2.2 航空货运的托运流程 ………… 60
- 4.2.3 航空货运的接收流程 ………… 61

4.3 航空运输工具与场站 ………………… 66
- 4.3.1 航空运输工具 ………………… 66
- 4.3.2 航空运输场站 ………………… 70

本章小结 …………………………………… 73
课后习题 …………………………………… 73
本章实训 …………………………………… 74

第5章 水路货物运输 …………………… 76
5.1 水路货物运输概述 …………………… 77
- 5.1.1 水路运输系统的构成 ………… 77
- 5.1.2 水路运输对国民经济的影响 ………………………………… 79
- 5.1.3 水路运输的基本条件及现状 ………………………………… 79

5.1.4 水路运输的优缺点 ………… 81
5.1.5 水路运输的分类 …………… 82
5.2 江河货物运输 …………………… 83
　　5.2.1 江河运输概述 …………… 83
　　5.2.2 江河货物运输流程 ……… 83
5.3 远洋货运的方式与接收 ………… 86
　　5.3.1 远洋货运的方式 ………… 86
　　5.3.2 远洋货运的接收 ………… 90
5.4 水路运输工具、航道与港口 …… 92
　　5.4.1 水路运输工具 …………… 92
　　5.4.2 水路运输航道与港口 …… 94
本章小结 ………………………………… 98
课后习题 ………………………………… 98
本章实训 ………………………………… 99

第 6 章　管道货物运输 ………… 101

6.1 管道货物运输概述 ……………… 103
　　6.1.1 管道运输的概念 ………… 103
　　6.1.2 管道运输的特点 ………… 105
　　6.1.3 管道运输的发展概况 …… 108
6.2 管道货运的分类与运输方式 …… 109
　　6.2.1 管道运输货物的分类 …… 110
　　6.2.2 货物运输管道的种类 …… 110
　　6.2.3 新兴的管道运输方式 …… 111
6.3 管道运输设施与设备 …………… 112
　　6.3.1 输油管道 ………………… 112
　　6.3.2 天然气运输管道 ………… 112
　　6.3.3 固体料浆运输管道 ……… 113
本章小结 ………………………………… 114
课后习题 ………………………………… 114
本章实训 ………………………………… 115

第 7 章　集装箱和特殊货物运输 … 116

7.1 集装箱运输 ……………………… 117
　　7.1.1 集装箱运输概述 ………… 117
　　7.1.2 集装箱货物运费的计收 … 125
　　7.1.3 集装箱租赁业务 ………… 128
　　7.1.4 集装箱理货与货运事故
　　　　　处理 ……………………… 130
7.2 特殊货物运输 …………………… 136
　　7.2.1 危险货物运输 …………… 136
　　7.2.2 超限货物运输 …………… 143
　　7.2.3 鲜活易腐货物运输 ……… 145
本章小结 ………………………………… 147

课后习题 ………………………………… 147
本章实训 ………………………………… 148

第 8 章　运输组织与管理 ………… 150

8.1 运输组织与管理概述 …………… 151
　　8.1.1 运输的程序 ……………… 152
　　8.1.2 运输组织原则 …………… 152
　　8.1.3 运输作业管理 …………… 152
　　8.1.4 运输安全管理 …………… 153
8.2 组织合理化运输 ………………… 154
　　8.2.1 运输合理化 ……………… 154
　　8.2.2 运输方式的选择 ………… 156
　　8.2.3 运输路线的选择 ………… 157
8.3 现代综合运输 …………………… 159
　　8.3.1 陆桥运输（铁路综合运输） 159
　　8.3.2 高速公路网综合运输 …… 161
　　8.3.3 河海联运综合运输 ……… 162
8.4 多式联运 ………………………… 163
　　8.4.1 多式联运概述 …………… 163
　　8.4.2 国际多式联运 …………… 165
本章小结 ………………………………… 168
课后习题 ………………………………… 168
本章实训 ………………………………… 169

第 9 章　货物运输保险 …………… 171

9.1 国内货物运输保险 ……………… 172
　　9.1.1 国内货物运输保险概述 … 172
　　9.1.2 国内货物运输保险及理赔 … 174
9.2 国际货物运输保险 ……………… 178
　　9.2.1 国际货物运输保险概述 … 178
　　9.2.2 国际货物运输保险及理赔 … 179
本章小结 ………………………………… 183
课后习题 ………………………………… 183
本章实训 ………………………………… 184

第 10 章　运输合同与纠纷解决 …… 186

10.1 运输合同 ……………………… 187
　　10.1.1 运输合同概述 ………… 187
　　10.1.2 运输合同的订立和履行 … 190
　　10.1.3 运输合同的变更和解除 … 193
10.2 运输纠纷 ……………………… 194
　　10.2.1 运输纠纷概述 ………… 194
　　10.2.2 承运人的责任期间和免责
　　　　　事项 …………………… 195

10.3　运输合同争议的解决与索赔 ·········· 197
　　　　10.3.1　争议解决的方法 ·············· 197
　　　　10.3.2　索赔时效 ····················· 198
　本章小结 ······································ 200
　课后习题 ······································ 200
　本章实训 ······································ 201

第11章　绿色运输和绿色物流 ············ 203

　11.1　运输与环境 ···························· 204
　　　　11.1.1　运输与自然环境 ············· 205
　　　　11.1.2　运输与经济环境 ············· 207
　11.2　绿色运输 ······························ 209
　　　　11.2.1　绿色运输的含义 ············· 210
　　　　11.2.2　推行绿色运输的意义 ········ 210
　　　　11.2.3　推行绿色运输的措施 ········ 211
　11.3　绿色物流 ······························ 213
　　　　11.3.1　物流过程引发的环境问题 ··· 213
　　　　11.3.2　绿色物流的概念与内涵 ····· 214
　　　　11.3.3　物流环境保护 ················ 214
　　　　11.3.4　推行绿色物流存在的问题及
　　　　　　　　对策 ························· 217
　本章小结 ······································ 221
　课后习题 ······································ 221
　本章实训 ······································ 222

第12章　国际货运代理 ······················ 224

　12.1　代理概述 ······························ 226
　　　　12.1.1　代理的概念及法律特征 ····· 226
　　　　12.1.2　代理权和委托代理 ··········· 227
　　　　12.1.3　代理人及其责任 ············· 227
　　　　12.1.4　代理关系的终止 ············· 228
　　　　12.1.5　代理的选择和使用 ··········· 228
　12.2　国际货运代理概述 ··················· 230
　　　　12.2.1　国际货运代理的含义及
　　　　　　　　性质 ························· 230
　　　　12.2.2　国际货运代理的作用 ······· 231
　　　　12.2.3　国际货运代理人 ············· 233
　12.3　国际货运代理企业类型与主要
　　　　业务 ································· 235
　　　　12.3.1　国际货运代理业务及企业
　　　　　　　　类型 ························· 235
　　　　12.3.2　国际货运代理企业主要
　　　　　　　　业务 ························· 237
　12.4　国际货运代理企业经营规范 ········ 240
　　　　12.4.1　中国国际货运代理管理的
　　　　　　　　主要法律依据 ·············· 240
　　　　12.4.2　国际货运代理的权利与
　　　　　　　　义务 ························· 242
　　　　12.4.3　国际货运代理的责任及免除
　　　　　　　　责任 ························· 243
　本章小结 ······································ 244
　课后习题 ······································ 244
　本章实训 ······································ 245

第13章　物流运输法律、法规 ············ 247

　13.1　我国的交通运输法规 ················ 249
　　　　13.1.1　交通运输法规的基本
　　　　　　　　概念与类型 ················ 249
　　　　13.1.2　我国的基本交通运输法规 ··· 250
　13.2　对外运输法规 ························ 255
　　　　13.2.1　对外贸易法的基本原则 ····· 255
　　　　13.2.2　对外贸易经营者 ············· 256
　　　　13.2.3　我国海商法及国际海运
　　　　　　　　条例 ························· 257
　　　　13.2.4　国际铁路货物联运协定 ····· 259
　本章小结 ······································ 262
　课后习题 ······································ 262
　本章实训 ······································ 263

参考文献 ······································ 264

第1章

运输管理概述

YUNSHU GUANLI GAISHU

【学习目标】

知识目标	技能目标	学时安排
（1）掌握运输的概念； （2）了解运输的特点； （3）掌握运输在物流中的作用； （4）了解运输市场的含义	掌握运输市场的构成	8学时

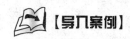【导入案例】

快递物流运输过程的透明管理

快递物流是指承运方通过铁路、公路、航空等交通方式，运用专用工具、设备和应用软件系统，对不同地区的快件进行处理，以较快的速度将特定的物品运达指定地点或目标客户手中的物流活动，是物流的重要组成部分。其凭借点到点、快速方便的独特优势深受人们的喜爱。特别是在电子商务高速发展的今天，快递更受到了网购一族的热捧。

某快递企业是一家专业从事物流快递业务的现代化企业。在激烈的市场竞争中，企业越来越认识到高效的时效保障和调度效率对于企业发展的促进作用。为了进一步提高企业的行业影响力和市场竞争力，自2010年该企业开始接受物流专业的运输过程透明管理服务，截至2012年6月，其在网车辆近2 000台。在实际应用中，物流通过把系统中"车辆实时定位、运输信息推送、车辆到站预判"等多种功能与实际具体业务相结合，严格保障运输的时效性并实现在线调度。

要想有效保障运输的时效性，首先得了解车辆和货物的当前位置。为了获得车辆的即时位置，车辆在整个运输过程中，必须始终处于不间断的定位监控管理之下，从而使这些位置数据被实时传回运输过程管理系统服务器，并且最终展现在互联网上，这使得各个分拨中心均能及时了解到车辆的最新数据。当车辆距固定区域（调拨中心或仓库）一定距离时（比如60公里），系统通过"运输信息推送"来提醒该车辆距该区域距离小于60公里（此距离可设定），预计1小时后到达。通过这种信息提前推送，使得接车人员能在这1个小时内准备本站的装卸货物，避免车辆到站的等待时间，这样就等于节省了一个小时，那么对于整个运输环节来说，就节省了好几个小时，从而达到了节约运输时间的效果，保障了运输时效。

（资料来源：石磊. 物流运输管理. 经作者整理）

思考：
快递物流运输过程的透明管理有哪些好处？

 ## 1.1 运输概述

运输是物流的主要功能之一。作为企业"第三利润源"的物流，其完成改变"物"的空间位置功能的主要手段是运输。综合分析表明，运费占全部物流费用近50%的比例。现实中，很多人认为物流就是运输，这是因为物流的很大一部分功能是由运输完成的。由此可见，运输在物流中占有重要地位。

1.1.1 运输的概念

一般对运输的理解是用车、船、飞机等交通工具把旅客、货物等从一个地方运到另一个地方。或者，指"物"的载运及输送，即在不同地域范围间（如两个城市、两个工厂之间，或一大企业内相距较远的两车之间），以改变"物"的空间位置为目的的活动，是对"物"进行的空间位移。

《中华人民共和国国家标准物流术语》（GB/T 18354—2006）对运输的定义是："用专用运输设备将物品从一地点向另一地点运送。其中包括集货、分配、搬运、中转、装入、卸下、分散等一系列操作。"

在现代物流观念未诞生之前，甚至就在今天，仍有不少人将运输等同于物流，其原因是物流中很大一部分责任是由运输承担的，运输是物流的主要功能。

知识拓展

汉司马相如《喻巴蜀檄》："今闻其乃发军兴制，警惧子弟，忧患长老，郡又擅为转粟运输，皆非陛下之意也。"宋张齐贤《洛阳缙绅旧闻记·张太监正直》："今上方知其有才，力欲擢用之，忽遘疾于路，时自荆湖运输旋也。"其中，"运输"的意思是"用交通工具把物资或人从一个地方运到另一地方"。

1.1.2 运输的特点

1. 运输需求的派生性

若一种产品的需求是由另一种或几种产品的需求衍生出来的，那么这种需求就称为派生需求，衍生派生需求的需求则称为本源需求。

派生性是运输需求的一个重要特征。在多数情况下，人与货物在空间上的位移不是目的而是手段，是为实现生产或生活中的某种其他目的而必须完成的一种中间过程。人们乘坐汽车、火车、飞机等运输工具，是由于需要参加会议、商务谈判，或外出旅游、探亲访友等；生产所用原材料的运输和产品抵达销售地的运输等则是基于生产或消费的需要。这些都体现了运输是手段而不是目的。

2. 运输服务的公共性

运输服务的公共性，是指运输服务在全社会范围内与公众有利害关系的特性。运输服务的公共性主要体现在以下两个方面。

（1）保证为社会物质在生产和流通过程中提供运输服务。社会物质包括生产过程中的原材料、半成品、成品以及流通过程中的商品、生活必需品等，涉及企业生产和人们日常生活等各个方面，因而此类运输服务的需求十分广泛。

（2）保证为人们在生产和生活过程中的出行需要提供运输服务。现代生活中，人们不可能一直在同一地点学习、工作，因此出行是人们日常生活中必需的活动，此类运输服务的需求也十分广泛。

无论是物质的空间位移还是人们的出行，都是全社会普遍存在的运输需求。因此，运输服务对整个社会的经济发展和人们生活水平的提高，均有广泛的影响，从而也体现了运输服务的公共性。

3. 运输生产和消费的不可分割性

运输生产必须在用户需要时即时进行，并且只能在生产的同时即时消费。运输业创造的使用价值依附于所运输商品的使用价值已有的固定形态，与运输过程同始同终。因此，运输产品的生产过程与消费过程是不可分割、合二为一的，在空间和时间上都是结合在一起的。如果运输需求不足，运输供给就应相应减少，否则就会造成浪费。

4. 运输产品的无形性

运输业的劳动对象是货物或人，与一般生产过程中的劳动对象不同，货物或人进入运输过程没有经过物理的或化学的变化而取得新的使用价值形态，即运输不增加劳动对象的数量，而且也不会改变劳动对象所固有的属性，而是仅仅改变劳动对象的空间位置，从而改变了其使用价值的形态，为消费做好准备。因此，运输对象只发生空间位置和时间位置的变化，而其本身没有产生实质性变化。运输生产是为社会提供效用而不是生产实物形态的产品，因此，运输生产属于服务性生产，其产品可称之为无形产品，具体表现为货物或人在空间位置上的变化。

5. 运输产品的同一性

对于运输业，各种运输方式的差别仅仅是使用不同的运输工具承载运输对象，具有不同的技术经济特征，且在不同的运输线路上进行运输生产活动，而对社会均具有相同的效用，各种运输方式生产的是同一种产品即运输对象的位移。运输产品的数量有统一的客货运量（人、吨）和客货运周转量（人千米、吨千米）来描述。运输产品的同一性使得各种运输方式之间可以相互补充、协调、代替，从而形成一个有效的综合运输系统。

6. 运输产品的非储存性

工农业产品的生产和消费，可以在时间上和空间上表现为两种完全分离的行为：一个时间生产的产品可以在另一个时间消费，某个城市生产的产品可以在另一个城市消费，淡季生产的产品可以在旺季消费。但是运输业的生产过程和消费过程不论在时间上还是空间上都是不可分离地结合在一起的，也就是说运输产品不可能被储存用来满足其他时间和空间发生的运输需求。运输产品的这一特征表明，运输产品不能长期储存。只有在运输生产能力上做一些储备，才能满足国民经济增长和人民生活改善对运输需求增加的需要。

1.1.3 运输的功能

1. 产品转移

无论物品处于什么形式，是材料、零部件、装配件、在制品，还是制成品，不管是在制造过程中将被移到下一阶段，还是实际上更接近最终的顾客，运输都是必不可少的。运输的主要功能就是实现产品在价值链中的来回移动。运输利用的是时间资源、财务资源和环境资源，只有当运输确实提高产品价值时，该产品的移动才是重要的。

运输需要利用时间资源，是因为产品在运输过程中是难以存取的。这种产品通常是指转移过程中的存货，是供应链战略和快速响应等业务所要考虑的一个因素，以减少制造和配送中心的存货。

运输要使用财务资源，是因为运输队所必需的内部开支。这些费用产生于司机的劳动报酬、运输工具的运行费用，以及一般杂费和行政管理费用等。

运输的主要目的就是以最低的时间、财务和环境资源成本，将产品从原产地转移到规定地点。产品损坏的费用也必须是最少的。产品转移的方式必须能满足顾客有关交付履行和装运信息的可得性的要求。

2. 产品存放

对产品进行临时存放是一个特殊的运输功能，这个功能在以往并没有被人们关注。将运输车辆临时作为相当昂贵的储存设施，这是因为转移中的产品需要储存但在短时间内（1～3天）又将被重新转移，那么该产品在从仓库卸下来和再装上去方面的成本可能高于存放在运输工具中所需的成本。

在仓库有限的时候，利用运输车辆存放货物也许是一种可行的选择。可以采取的一种方法是，将产品装到运输车辆上去，然后采用迂回或间接线路运往其目的地。对于迂回线路来说，其转移时间将大于直接路线上的时间。当起始地或目的地的仓库的储存能力受到限制时，这样做是合情合理的。在本质上，运输车辆被用作一种临时储存设施时，其是移动的，而不是处于闲置的。

1.1.4 运输的原则

1. 规模经济

规模经济的特点是随装运规模的增长，其单位重量的运输成本降低。例如，整车（TL）运输的每单位成本低于零担运输（LTL）的每单位成本。就是说诸如铁路和水路之类的运输能力较大的运输工具，其每单位的费用要低于汽车和飞机等运输能力较小的运输工具。运输规模经济的存在，是因为与转移一批货物有关的固定费用可以按整批货物的重量分摊。所以一批货物越重就越能分摊费用。

2. 距离经济

距离经济的特点是每单位距离的运输成本随运输距离的增加而减少。如800km的一次装运成本要低于400km的二次装运成本。运输的距离经济也指递减原理，即费率或费用随运输距离的增加而减少。因为运输工具装卸所发生的固定费用必须分摊到每单位距离的变动费用上，故距离越长每单位支付的费用就越低。

1.1.5 运输的地位

1. 运输是物流的主要功能要素之一

按物流的概念，物流是"物"的物理性运动，这种运动不但改变了物的时间状态，也改变了物的空间状态。而运输承担了改变空间状态的主要任务，且是改变空间状态的主要手段，再配以搬运、配送等活动，就能圆满完成改变空间状态的全部任务。

在现代物流观念未诞生之前，甚至就在今天，仍有不少人将运输等同于物流，其原因就是物流中很大一部分责任是由运输承担的，其是物流的主要部分，因而会出现上述认识。

2. 运输是社会物质生产的必要条件之一

运输是国民经济的基础和先行。马克思将运输称之为"第四个物质生产部门"，即将运输看成是生产过程的继续，这个继续虽然以生产过程为前提，但如果没有这个继续，生产过程则不能最后完成。所以，虽然运输这种生产活动和一般生产活动不同，其不创造新的物质产品,不增加社会产品数量,不赋予产品以新的使用价值,而只变动其所在的空间位置,但这一变动则使生产能继续下去,使社会再生产不断推进,所以将其看成一种物质生产部门。

运输作为社会物质生产的必要条件,表现在以下两方面。

(1)在生产过程中,运输是生产的直接组成部分,没有运输,生产内部的各环节就无法衔接。

(2)在社会上,运输是生产过程的继续,这一活动联结生产与再生产以及生产与消费的各个环节,联结国民经济各部门、各企业,也联结着城乡,联结着不同国家和地区。

3. 运输可以创造"场所效用"

场所效用的含义是:同种"物"由于空间场所不同,其使用价值的实现程度也不同,其效益的实现也不同。由于改变场所而发挥最大使用价值,且最大限度提高了产出投入比,这就称之为"场所效用"。通过运输,将"物"运到场所效用最高的地方,就能发挥"物"的潜力,实现资源的优化配置。从这个意义来讲,"场所效用"也相当于通过运输提高了物的使用价值。

4. 运输是"第三个利润源"的主要源泉

(1)运输是运动中的活动,和静止的保管不同,要靠大量的动力消耗才能实现这一活动,而运输又承担大跨度空间转移之任务,所以活动的时间长、距离长、消耗也大。消耗的绝对数量大,其节约的潜力也就大。

(2)从运费来看,运费在全部物流费用中占最高的比例。一般综合分析计算社会物流费用,运输费在其中占接近50%的比例,有些产品运费甚至高于产品的生产费,所以运费节约的潜力是很大的。

(3)由于运输总里程大,运输总量巨大,通过体制改革和运输合理化可大大缩短运输的公里数,从而获得比较大的节约。

1.2 运输方式

交通运输中最基本的运输方式有5种,即铁路运输、公路运输、水路运输、航空运输和管道运输。这5种运输方式在运载工具、线路设施、营运方式及技术经济特征等方面各不相同,故具有不同的运输效能和适用范围。

1.2.1 5种基本运输方式的技术经济特点

1. 公路运输的技术经济特点

(1)原始投资少,资金周转快,技术改造容易。相对其他运输工具,购买汽车费用较低,其投资回报期短。美国有资料显示,公路货运企业每收入1美元,仅需投入0.72美元;而铁路则需投入2美元,相差3倍左右。公路运输的资本周转1年可达3次,而铁路则需3.5年才可周转一次。

(2)机动灵活,可实现门对门运输服务。汽车不仅可以与其他运输方式衔接运输,而且可以直达运输,减少中间环节和装卸次数,在经济距离内可以到达所有通公路的地方,尤其是在没有铁路和水路运输的地方。现在我国有 97% 以上乡镇、80% 以上的行政村都已通公路，这为公路汽车运输提供了极广阔的市场空间。汽车门对门运输的机动灵活性对我国物流发展和国民经济的发展都起着十分重要的作用。

（3）货损、货差小，安全性高。由于国家公路网的发展和公路路面等级的提高及汽车技术性能的不断改善，汽车货损货差率不断降低，安全水平不断提高，同时由于汽车运输方便快捷，因而有利于保证货物质量，提高货物的时间价值。

（4）适于中短途运输。分析显示，汽车运输在 200km 以内其运输效率最高，运输成本最合算，所以在中短途运输中，无论是对运输用户，还是对汽车运输企业来讲，公路汽车运输的经济效益都是十分显著的。

2. 铁路运输的技术经济特点

（1）运输能力大。对于陆上运输而言，铁路运输的运输能力是最大的。特别是重载铁路的修建，使铁路运输的运输能力比以前有了较大的提高。一列铁路车辆的平均运输能力可以达到 4 000t，远远大于公路运输的单车运量，因此铁路运输非常适合大宗物资的陆上运输。在我国，铁路运输仍然起到运输主动脉的作用。

（2）运输成本较低。由于铁路运输采用大功率机车牵引列车运行，故可承担长距离、大运输量的运输任务，而且由于机车的运行阻力较小、能源消耗低，所以铁路运输系统的运行价格较低。

（3）受自然条件的限制较小。由于铁路运输具有高度的导向性，所以只要行车设施无损坏，在任何自然气候条件下，列车均可以安全行驶，即受气候因素限制很小，因此铁路运输是较可靠的运输方式。

（4）客货运输到发时间准确性高。由于铁路运输统一调度，并且具有专用路权，先进的列车还可以通过计算机控制，实现全自动化，即完全不受人为的控制，所以能保证运输到发时间的准确性。

（5）初期建设投资高。铁路运输固定资产的比例要远远高于其他运输项目。对于铁路运输，其初始建设的投资包括铁路线路的修建和机车的购买，故投资成本高。此外，一旦铁路拆除，造成的损失也是很大的，因此铁路运输的投资风险就比较高。

（6）营运缺乏弹性。铁路运输只有达到一定的运输量，才能保证其经济性，这样势必影响铁路运输的机动灵活性；同时，铁路运输不会随着客源和货源所在地变更营运路线。

（7）货损较高。由于铁路运输在运输的过程中货物需要编组，故会出现货物的多次装卸搬运现象，如果不能精心处理，就会造成货物的损坏。

3. 水路运输的技术经济特点

(1) 运输能力强。在内河运输中,大型船队运输能力可达 3 万吨以上,而在远洋运输,大型船队的运输能力可达 40 万吨以上,集装箱船运输可达 7 万吨。

(2) 运输成本低。水运因其运输能力大、运程远、运行费用低而使运输成本低。据美国有关资料测算,其沿海运输成本只有铁路运输的 12%,其内河干流船运输成本只有铁路运输的 40%。

(3) 投资省。水运利用天然航道,投资省,特别是航运航道开发几乎不需要费用。内河则是要有一定的费用,如疏通航道投资。据测算,开发内河航道运输的投资仅有铁路的 17% 左右。

(4) 航速低。一般船舶航速只有 40km/h,在常用的 4 种运输方式中,其运输速度是最低的。

4. 航空运输的技术经济特点

(1) 航空运输的高技术特征。航空运输生产的工具是飞机,其导航、航管、气象、机场无不涉及先进技术,飞机本身更是世界高科技的结晶,如波音、空客等大型飞机。

(2) 航空运输的速度快。这个特点是其他任何运输形式均不可相比的。现在飞机的速度一般为 900km/h,是火车的 5~10 倍,是汽车的 10~15 倍,是海运的 20~25 倍。

(3) 航空运输的灵活性。这个特点是指飞机很少受地理条件限制,只要有机场就可有航空运输。当然直升机的灵活性更是显著,但其载重量极其有限。

（4）航空运输的安全性。航空运输平稳安全，货物在运输中受震动冲击的机会更少，更优于其他几种运输方式。

（5）航空运输的国际性。这种特征主要体现在其适于国与国之间的运输交往，满足国家之间的远距离贸易需要和友好往来的需要。国际航空运输的飞行标准、适航标准、运输组织管理、机场标准都由国际航空组织统一进行规范。

（6）航空运输在物流中所占比重最小。一方面是由于其货运量限制，另一方面是由于其运费极高，一般货运采用航空运输极不合理。只有一些价值高或易腐品等少量货物适用。

5. 管道运输的技术经济特点

（1）运量大、成本低。由于管道运输能够不间断输送，故其连续生产性强、运量大，而且成本低廉。

（2）管道运输具有高度机械化特点。管道运输主要靠每隔60km的加压泵提供压力来运送货物，设备简单且易于自动化和集中管理，此外，由于采用自动化运行故其费用很低。

（3）有利于保护环境。管道运输不产生废气、噪声，货损少、污染少，有利于环境保护。

（4）管道运输不受地理条件、气候条件影响，可以长期连续输送运行。

（5）管道运输建设工程简单。由于管道埋在地下，除首站、泵站需一些土地外，管道占用土地很少，其建设周期短、收效快。同时管道可以通过穿越江河、湖海、铁路、公路，走捷径建设，即可大大缩短管道运输距离。

（6）管道运输适用的局限性。由于本身结构特点而决定了其适用范围的极大局限性，即只适用于液体、气体物资和长期、定向、定点的运输。

【知识小结】

表 1-1 所示是各种运输方式技术经济特征的比较（按数序由小到大，表示优劣的大体次序）。

表 1-1 各种运输方式技术经济特征的比较

运输方式	基建投资		运载量	运 价	速 度	连续性	灵活性	劳动生产率
	线 路	运 具						
铁路	5	1	2	3	3	1	3	3
河运	3	3	3	2	5	5	4	2
海运	1	2	1	1	4	4	5	1
公路	4	4	4	4	2	2	1	5
航空	2	5	5	5	1	3	2	4

1.2.2 几种新兴的运输方式

1. 成组运输

成组运输是采用一定的办法，把分散的单件的货物组合在一起，成为一个规格化、标准化的大运输单位进行运输。成组运输便于机械化、自动化操作，且提高运输、装卸效率，减少货损货差，降低运输和搬运成本，使运输效率大幅度提高。此外，货主也可从中得到好处，例如享受对成组运输货物的特别优惠运费等。目前，世界各国最常用的成组运输方式包括托盘运输和集装箱运输。

（1）托盘运输。在运输、搬运和存储过程中，将物品规整为货物单元时，作为承载面并包括承载面上辅助结构件的装置，称为托盘。使用托盘，货物既可以充分利用叉车搬运，并与集装箱配合完成远洋运输，从而带来时间和成本的大量节约。托盘运输的优势主要体现在加速货物搬运和降低运输成本方面。

（2）集装箱运输。集装箱运输是指使用集装单元器具或利用捆扎方法，把裸状物品、散状物品、体积较小的成件物品，组合成为一定规格的单元进行运输的方式。集装单元器具"集装箱"是运输包装货物与无包装货物的成组运输工具（容器）的总称。其产生于英国，发展于美国。20 世纪 60 年代开始的运输集装化，被人们称为国际运输业的一次革命。此前，国际航运中的班轮经营者面临提高效率的难题。虽然使用快速的船舶可以使航行时间大大缩短，但这一优势却由于船舶在港口的滞留、不断上涨的装卸搬运费用而丧失了许多。集装箱的产生和发展使这些问题带来的损失降到最低。

集装箱运输中，集装箱是运输设施的一个组成部分。普通的货运集装箱形状是长方体，能不受天气影响运输和存储一定数量的货物（包括包装物料或散装物料），能保护其中的货物不受灭失、毁损，无须重新装卸，从而确保货物顺利地运送到收货人处。

2. 联合运输

联合运输简称为联运，是一种综合性的运输组织模式，指联运经营人通过一次托运、一次结算、一票到底、全程负责的运输组织程序提供两种以上运输方式或两种以上运输相衔接的全程运输服务，以及产、供、运、销等各主体间的运输协作。联运经营人可以是运输企业、货运代理、多式联运经营人等。

联运按全程使用的运输方式是否相同分为单一方式联运(简称为单式联运)和多种方式联运(简称为多式联运)。单式联运是指由联运经营人组织的同一运输方式不同运输企业的两种或两种以上的全程连续运输服务，如铁路－铁路联运、公路－公路联运、海路－海路联运。多式联运是指由多式联运经营人组合的两种或两种以上运输方式的全程连续运输服务，如铁路－海路联运、铁路－道路联运、铁路－海路(内河)－道路联运。

 ## 1.3 运输与物流的关系

1.3.1 运输在物流中的作用

物流是通过运输、储存、装卸、包装、流通加工、配送、信息处理等基本物流活动，实现物品从供应地到接收地的实体流动过程。创造物品的空间效用和时间效用是物流系统的两项最主要的功能，且其分别通过运输和储存来实现，因此运输和储存被看成是物流系统的两大支柱。随着技术进步和管理水平的提高，现代物流系统通过储存创造时间效用的功能正在弱化，而且合理地组织运输，特别是实现准时制配送，对这种弱化起到了加速作用，因而使运输在物流系统中的重要地位更加凸显出来，发挥的作用也更大。

1. 运输是构成物流网络的基础

生产和消费是物流的源泉。就生产而言，从原材料的采购开始，便要求有相应的供应物流活动，所采购的原材料通过长途或短途运输运送到位，以保证生产的顺利展开；在生产过程中，有原材料、半成品的物流过程，以实现生产的流动性、延续性；部分余料、不合格物品的返修、退货及周转使用的包装容器等，需要有废弃物物流。就消费而言，无论是政府消费还是个人消费，无论是生产性消费还是生活性消费，产品经过工业生产企业制造出来以后，都要经过空间移动才能到达消费客户。可见物流的全过程始终伴随着生产和消费的过程，而整个物流过程的实现，也始终离不开运输。在物流网络结构系统中，运输使物品在空间位置上发生位移，称线路活动；其他物流活动是在物流据点(物流中心、配送中心或车站、码头)上进行的，称节点活动。线路活动和节点活动构成物流网络，从而满足生产和消费的需要。从网络结构看，如果没有运输的线路活动，网络节点的物流客体将不存在，网络节点的物流活动如装卸、搬运等也不可能发生。

2. 运输功能在物流系统中处于核心地位

在社会化大生产条件下，产品生产和消费在空间位置上的矛盾不但不会消除，反而会随着经济全球化进程的深入不断扩大，从而增加对物流特别是运输业务的需求。相关数据显示，在已设置独立物流管理部门的工商企业中，成品仓储和运输是物流管理部门职能中选择比例最高的两种类别。

3. 运输是成本消耗最大的物流活动

有关研究表明，货物运输费用占物流总成本的1/3～2/3。对许多货物来说，其运输成本和费用要占货物价格的 5%～10%，也就是说，运输成本占物流总成本的比重较其他物流环节要大。从中国物流与采购联合会公布的数据看，运输费用占社会物流总费用的一半左右。

4. 运输合理化是物流系统合理化的关键

物流合理化是指在各物流子系统合理化的基础上形成的最优物流系统总体功能，即系统以尽可能低的成本创造更多的空间效用、时间效用、形质效用。或者从物流承担的主体来说，即其以最低的成本为用户提供更多优质的物流服务。运输是各功能的基础与核心，直接影响着其他物流子系统，只有运输合理化，才能使物流系统结构更加合理，总体功能更加优化。因此，运输合理化是物流系统合理化的关键。

1.3.2 运输与第三方物流

1. 第三方物流

第三方物流是指由供方与需方之外的物流企业所提供的物流服务业务模式。从某种意义上讲，第三方物流是物流专业化的一种形式。

1) 第三方物流的类型

（1）资源性第三方物流。这种第三方物流，一般指具有运输等基本物流设施和设备的运输从业者所提供的运输服务。

（2）非资源性第三方物流。这种第三方物流，主要指各类货物运输代理从业者所提供的运输代理服务。

2) 第三方物流的优势

目前，第三方物流已经成为物流发达国家的主要经营模式，是现代化物流发展的大趋势，其优势表现在以下几点。

（1）使企业集中精力发展核心业务。第三方物流所推崇的理念是首先确定企业的发展优势，然后把企业的资源集中在具有核心竞争力的项目上，并把物流业务外包给专业物流公司。

（2）减少固定资本投入、加速资本周转。对于生产企业来说，物流成本在整个生产成本中占有很大的比重。据统计，我国工业品物流成本占商品成本的 55% 左右。如果企业自己投资物流设施设备，则需要投入很大一笔资金建仓库、购设备和构建信息网络。这个方案对于一个缺乏实力的企业来说，是一个可望而不可即的设想。如果企业把物流业务外包给第三方物流，就可以省去这笔固定资本投入，并可把其用到其他更需要的经营业务之中去，从而加速企业资金周转，获得主营行业更大的效益。

（3）第三方物流拥有规模经营优势。它可以从其他物流服务商那里获得比其他用户更优惠的运输价格的运输能力，从而降低单位成本。同时第三方物流企业拥有自己的物流网络和针对不同物流市场的能力，包括许多运输、仓储的主要物流信息，如运输量、报关、清关信息、运输报价等通常由第三方物流收集。把这些信息的获取成本分摊到多个用户，必然会降低其运营成本。

（4）灵活运用新技术实现以信息换库存，可以降低成本。信息化技术日益发展的今天，第三方物流企业能不断地提升、更新物流信息技术和设备，而单个生产企业通常难以实现。此外，不同的零售商有多样性变化的配送和信息需求，而要满足这些多样化的需求，就势必会增大企业库存。这时第三方物流就可以利用信息技术，灵活、快捷的速度，低廉的成本优势来满足企业这种库存要求，并以快速的响应和及时的物流配送来换取企业在不增大库存的情况下满足用户的需求，而这些都是单独一家生产企业很难做到的。

（5）提供灵活多样的服务，为用户创造更多的价值。通过第三方物流服务满足用户需求，故不必因自建和租用物流设施设备占用大量资金而使自己不能灵活经营。第三方物流能够向用户提供更多的个性化的服务，比如生产企业一时难以满足用户的暂时缺货、短暂的仓储服务等。另外设施先进的第三方物流还可对其服务进行全程监控，通过先进的信息技术对在途货物跟踪监控、管理，及时发现问题，避免配送中的意外事故发生，从而保证货物及时、安全地送达用户。

2. 运输企业是第三方物流企业

按照"第三方物流企业"的定义，运输企业是供方和需方之外的物流运输服务提供者，也就是现代物流中常称的"第三方物流企业"。从现代物流的角度分析，物流运输企业大体可进行如下分类。

（1）资源型运输企业。从第三方物流类型定义的资源型运输企业一般是指具有运输等基本物流设施和设备的运输从业者。

（2）非资源型运输企业。各种货物运输代理公司就是这种非资源型运输企业，货运代理是运输服务的延伸，主要包括揽货、配载、运送、报关、装运、装拼箱、转运、编制有关运单、垫付和结算运杂费、运输咨询、提供货运信息等业务。货代企业的出现是以市场营销为出发点，其彻底解决了市场和物流分离，市场服务与物流服务分离的问题，并提供更加专业的运输服务，同时货代企业也是现代物流企业的基础和雏形。

（3）运输关联企业。其又有以下两种分类。

① 运输管理软件企业。杰合伟业软件公司研制的中国第一个城市配送管理应用软件——杰合配送管理系统以及该公司针对城市物流配送领域的应用服务提供的解决方案，拉开了物流配送业务的序幕。随后许多 IT 企业纷纷加入到运输管理系统软件开发应用的竞争行列中，而成为现代运输行业的一个新型成员。

② 运输装备制造企业。实际上运输装备企业发展得很早，而且一直是以机械制造企业来划定其归属的。现在，从现代物流和供应链管理的思想来讲，运输装备企业也是物流运输企业的重要组成部分。近十几年我国物流装备企业发展很快，如运输货物的各种类型的载重汽车、高速火车、万吨巨轮、大型飞机、长距离输送管道等输送设备，极大地改善了物流运输技术条件，丰富了物流运输手段，提高了物流运输效率，为实现现代物流打下了良好的基础。

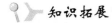
知识拓展

花王公司的复合运输

花王公司是日本著名的日用品生产企业，其物流不仅以完善的信息系统闻名，而且还拥有极为发达且相当合理的运输体系，其主要手段是建立公司独特的复合运输来优化各种方式及路线。

花王公司复合运输的主要特征表现在自动仓库、特殊车辆、计划运输、组合运输等方面。公司的所有工厂全部导入了自动立体化仓库，从而完全实现了自动机械化作业。商品从各工厂进入仓库时，均用平托盘装载，然后自动进行库存。出货时根据在线供应系统的指令，自动备货分拣，并装载在货车上。

复合运输系统的终点是销售公司的仓库，为了提高销售公司仓库的效率，花王公司配备了三段式的平托盘和叉车,商品托盘运输比率为100%,从而充分发挥了复合运输的优势。

在花王公司积极推进工厂仓库和销售公司仓库自动机械化的同时,起着连接作用的运输方式也是花王物流系统变革中的重要一环。这方面的成就主要表现在特殊车辆的开发上,花王公司开发了能装载19t货物、24个平托盘的新型货车。同时,针对从销售公司到零售店的商品运输,花王公司开发出了"特殊架装车",特殊架装车是由面向量贩店的厢式车、对应不同托盘的托盘车以及衣架展示运输车等8种特种车辆组成,后来又积极开发和推动了集装箱运输车,后者现已成为对零售店配送的主力工具。

在花王的物流运输体系中,最有名的是其计划运输系统。所谓计划运输系统,就是为了避免交通阻塞,提高物流作业效率,而选择最佳的运输路线和运输时间,力求在最短的时间内将商品运抵客户的计划系统。例如,面向日本静冈花王销售公司的货车一般在夜里2点钟从东京出发,走东名高速公路,于早上7点钟抵达静冈花王,从而使货车能避开交通高峰,顺利通畅地实现商品配送。依此类推,花王公司针对每个销售公司的地理环境、交通道路状况和经营特点,安排了不同的运输时间和运输路线,而且所有这些计划都是用图表的形式表示,真正确保商品的及时配送,最终实现全公司商品输送的高效率。

花王公司计划运输体系与花王公司的另一个系统——商品组合运输系统相联系,商品组合运输系统要解决的问题是防止货车往返之中的空载。显然,要真正防止货物空载,就必须搜寻运输的商品。开始时,花王公司主要是与花王的原材料供应商进行组合运输,即花王公司将商品从工厂或总公司运抵销售公司后,与当地的花王公司供应商联系,将生产所需的原材料装车运回工厂,这样就不会出现空载。后来,商品运输组合的对象逐渐扩大,已不仅仅限于与花王公司经营相关联的企业,而是所有其他企业都可以利用花王公司的车辆运载商品。花王公司的组合运输之所以能实现并得到大力发展,一个最大的原因是其计划运输系统确保了商品运输的定时和及时运输,换句话说,正是因为花王的运输系统能确保及时、合理的运输,才有越来越多的企业都愿意加入组合商品运输,如果没有前者的效率化,是不可能真正实现组合运输的。

1.4 运输市场

运输市场的形成是因客观上存在对运输的需要,指有了合适的运输工具及有可供运输工具运行的铁路、公路、航道和港站等,即存在着为满足运输需求而提供的设施和劳务。因此运输市场表现为在相当广阔的空间里,并在一定时间的推移中实现运输的需求和供给,从而完成客货位移。运输市场随运输需求和供给而产生,通过市场机制的调节发挥作用,在价值规律作用下运行。

1.4.1 运输市场的含义

运输需求和运输供给构成了运输市场,狭义的运输市场是指运输劳务交换的场所,该场所为旅客、货主、运输业者、运输代理者提供交易的空间。广义的运输市场则包括运输参与各方在交易中所产生的经济活动和经济关系的总和,即运输市场不仅是运输劳务交换的场所,而且还包括运输活动的参与者之间、运输部门与其他部门之间的经济关系。

运输市场可以在以下几个方面发挥作用。

(1) 提供运输供求信息。

(2) 协调经济比例。运输市场协调经济比例关系的功能表现在两个方面:一是协调运输业与其他行业在国民经济中的比例关系;二是在运输体系内部,运输市场调整各种运输方式在市场中应该占有的比例。

(3) 刺激社会生产力发展。充足的运输能使一个国家的工农业生产实现专业化、规模化、区域化和科学化,使社会生产成为世界性的,同时加强全球各个区域的联系。

1.4.2 运输市场的构成

1. 物流中运输的参与者

运输交易与一般的商品交易不同,一般的商品交易只涉及买方和卖方,而运输交易往往受到5方的影响,其分别是托运人(起始地)、收货人(目的地)、承运人、政府和公众。

1) 托运人和收货人

托运人和收货人的共同目的就是要在规定的时间内以最低的成本将货物从起始地转移到目的地。运输服务中应包括提取货物和交付货物具体的时间、预计运输时间、货物损失率,以及精确、适时地交换装运信息和签发凭证。

2) 承运人

承运人也称中间环节,其期望以最低的成本完成某次运输任务,同时获得最大的运输收入。因此,承运人希望按托运人(或收货人)愿意支付的最高费率收取运费,从而弥补转移货物所需的劳动、燃料和运输工具成本,并最大程度获取利润。另外,承运人还期望在提取和交付货物的时间上具有灵活性,以便能够使个别的装运整合成批量经济运输。

3) 政府

由于运输业是一种经济行业,所以政府要维持交易中的高效率水平。政府期望形成稳定而有效率的运输环境,促使经济持续增长,使产品有效地转移到全国各地市场,并以合理的成本获得产品。为此,政府会干预和控制承运人的活动。这种干预和控制往往采取规章制度、政策促进、拥有承运人等形式进行。政府通过限制承运人所能服务的市场或规定其所能收取的费用来规范其行为,通过支持研究开发或提供诸如公路或航空交通控制系统之类的通行权来促进其发展。

4) 公众

公众关注运输的可达性、费用、效果以及环境上和安全上的标准。公众按合理价格产生对产品的需求并最终决定运输需求,为保证产品的价格在合理价格范围内,运输企业必须加强管理、控制、降低运输成本。另外,运输的环境和安全标准也是公众非常关注的。尽管目前在降低污染和安全事故防范方面已有了重大进展，但空气污染和运输事故等产生的影响仍是运输的一个重大问题。

各方的参与使运输关系变得很复杂，运输决策也很复杂。这种复杂性要求运输管理考虑多方面的因素，顾及各方面的利益。

2. 运输服务的提供者

运输服务是由各种提供者综合提供的，主要包括单一方式经营人、专业承运人、联运经营人和非作业性质的中间商。

1）单一方式经营人

最基本的承运人经营是仅利用一种运输方式提供服务的单一方式经营人，这种集中程度使承运人高度专业化，并有足够的能力和效率。例如，航空公司就是单一方式的货运或客运承运人，只提供机场至机场的服务，托运人或旅客必须自己前往机场和离开机场。

2）专业承运人

由于小批量货物装运和交付在运输中存在很多问题，主要是公共承运人很难提供价格合理的小批量装运服务，而且其服务质量较低。于是，提供专门化服务的专业承运人就乘机进入了小批量装运服务市场和包裹递送服务市场，如美国的 UPS 公司、联邦快递、DHL 和我国的中国邮政、EMS 及一些快递公司。

3）联运经营人

联运经营人使用多种运输方式，利用各自的内在经济，在最低的成本条件下提供综合性服务，组成托运人眼中的"一站式"服务。对于每一种多式联运的组合，其目的都是要综合各种运输方式的优点，以实现最优化的绩效。现在人们越来越强烈地意识到多式联运将成为一种提供高效运输服务的重要手段。

4）中间商

运输服务的中间商通常不拥有或经营运输设备，只是提供经纪服务。其职能类似于营销渠道中的批发商。中间商的利润是向托运人收取的费率和向承运人购买的运输服务成本的差额。货运中间商可以使托运人和承运人有机结合起来，既方便了小型托运人的托运活动，同时也简化了承运人的作业行为，并且还可以通过合理安排运输方式以避免物流运输的浪费。运输服务中间商主要有货运代理人、经纪人以及托运人协会。

1.4.3　运输市场的特征

运输市场是整个市场体系中的重要市场，是运输生产者与需求者之间进行交换的场所和领域。正如任何市场都由生产与消费两方面所构成一样，运输市场也由供给和需求两方面所构成。运输市场具有第三产业服务性市场的特征。

1. 运输市场是一个典型的劳务市场

运输企业主要为社会提供没有实物形态的运输劳务。运输劳务不能存储也不能调拨，其生产与消费具有同时性和同步性，所有权具有不可转移性。

2. 运输市场是劳动密集型市场

与工业相比，运输业技术构成相对较低，特别是公路运输业。运输业用人较多，每位就业人员占有的固定资产额较低，在企业劳动成果中，活劳动所占比重较大。

3. 运输市场的区域性较强

在市场的空间布局上存在着不同程度的自然垄断现象。运输市场具有一定的服务半径，超出了这个半径范围，企业的经济效益就会急剧下降。

4. 运输市场波动性较强

由于运输劳务没有实物形态，运输市场受各种因素影响后变动较大，因此波动性较强。运输市场每年、每季、每周甚至每天都在波动。例如，某些产品（如瓜果、蔬菜等）在生产和销售上具有很强的季节性，由此导致了运输需求具有很强的时间波动性。旅客运输在时间上的波动性表现更为突出，上下班时间、节假日时间往往是旅客运输的高峰期。

5. 运输市场受到企事业单位自给自足运输力量的潜在威胁

许多企事业单位组建有自己的车队和船队，有的甚至还拥有自己的铁路线和机车车辆。这些运输力量平时主要为本企业的生产服务，但随时可能进入运输市场参与竞争，是一支不可忽视的运输力量。例如，在汽车运输行业，社会企事业单位自备车辆占整个社会汽车拥有量的85%以上。

本章主要介绍了运输的概念、作用、运输形式等相关的内容，运输包括集货、分配、搬运、中转、装入、卸下、分散等一系列操作。

运输是使用运输工具对物品进行运送的活动，包括生产领域的运输和流通领域的运输。

运输是物流活动的重要组成部分，也是物流活动的中心环节。只有通过运输，物流的各环节才能有机地联系起来，物流的目标才得以实现。没有运输，就没有物流。

运输是运动中的活动，依靠大量的动力消耗才能实现这一活动，而运输又承担大跨度空间转移的任务，所以运输活动时间长、距离长、能源与动力消耗多。合理组织运输，以最小的费用，及时、准确、安全地将货物从一个地点运送到另一个地点，是降低物流费用的关键。

一、单选题

1. 稳定可靠、灵活便捷的运输是物流系统成功运作的关键，没有运输，就没有物流，运输是物流活动的（　　）。

　　A. 中心环节　　　　B. 其中环节　　　　C. 一般环节　　　　D. 基本内容

2. 合理运输是降低物流费用的（　　）。

　　A. 内容　　　　　　B. 关键　　　　　　C. 环节　　　　　　D. 组成部分

3. 运输提供两大功能：产品转移和（　　）。

　　A. 产品装卸　　　　B. 产品搬运　　　　C. 产品储存　　　　D. 产品加工

4. 运输市场是运输生产者和运输（　　）之间进行运输产品交易的场所和领域，是运输活动的客观反映。

　　A. 供应者　　　　　B. 发方　　　　　　C. 经营者　　　　　D. 需求者

二、简答题

1. 运输的特点有哪些?
2. 公路运输的技术经济特点有哪些?
3. 铁路运输的技术经济特点有哪些?
4. 运输在物流中的作用有哪些?
5. 什么叫联合运输?

【实训任务】

运输市场类型的识别。

【实训目标】

通过本次实训,使学生进一步理解运输市场的类型及各种运输市场的特点和竞争策略。

【实训内容】

要求学生自己选择某一种运输市场,然后围绕该运输市场进行调研,收集市场资料,在指导老师的帮助下,分析该市场的特征、总结该市场竞争类型属于何种竞争类型以及市场内相似企业间所用的竞争策略有哪些。

【实训要求】

将班级同学进行分组,每组成员不超过8人,指定组长1名,由组长安排各小组的进度,并负责总体的协调工作;各小组所选市场可以重复,但是至少保证整个班级所选市场多于4个;必要的情况下,可以按照运输市场的类型进行市场的选择,即指导老师事先考察某些特定的运输市场,然后将考察后的市场作为实训的对象。

【考核方法】

考核内容	标准分值	实训评分
资料收集整理	20分	
实训内容分析及结果	40分	
实训总结报告	20分	
实训过程表现	20分	

【案例讨论】

湖北捷龙快速货运股份有限公司(以下简称捷龙快货公司)是由湖北省公路货运服务广州公司、湖北捷龙快速客运有限公司等5家单位共同发起组建的现代化快速货运企业。

捷龙快货公司位于武汉市吴家山台商投资区,距武汉市中心12km、距汉口火车站7km,距武汉天河国际机场18km,距青山外贸码头20km,临近107国道、京珠高速公路、汉渝铁路、汉江航线、市外环路、市中环路、天河机场高速公路、金山大道。公司拥有运输生产车辆共计30辆,总运力296t,主要经营业务是时效快、价值高的货品的零担快货运输,主要经营方式是货物运输的班车化,实行定线、定班、定时运输。其主要的、较稳定的客户有 10 余家,这些较稳定客户分布于武汉市的轻纺、化工、建材、食品饮料、日化等行业。

捷龙快货公司经过两年多的经营和发展,在公路快速货运上具备了相当的经营实力,达到了一定的经营规模,以方便、快捷、可靠的经营特点在湖北省内形成了良好的品牌效应,开始步入良性循环。随着我国经济的进一步发展,经济全球化进程的加快,我国加入 WTO 后,社会生产、流通、消费方式的改变,以及当前货运市场的恶性竞争,捷龙快货公司在运输业务上的利润空间和发展空间已经十分有限。向现代物流发展,寻求新的发展空间和利润增长点已成为捷龙快货公司的一项紧迫战略任务。

发展现代物流,必须具备相应的物流资源,捷龙快货公司的现状与之相比还有相当的差距,因此,捷龙快货公司根据现有资源和市场环境分 3 阶段实现发展现代物流的战略目标。

第一阶段,构建现代物流基础。这一阶段是发展物流的起步阶段,主要任务是建立物流拓展筹备小组,完善业务流程,建立以吴家山物流中心为基地,以襄樊、荆州、宜昌、恩施、黄石为骨干网点的辐射省内地级市的物流网络,并加大物流营销力度,积极开展合同运输。

第二阶段,通过服务专业化、经营规模化、物流集成化,实现内部运作一体化。捷龙快货公司在实践中积累了从事合同运输、仓储、配送的丰富经验,其物流中心也已投入营运,并凭借良好的信誉和高质量的服务,取得了客户的高度信任,赢得了客户进一步合作的意愿,此外,其物流信息系统的功能也得到发挥,并初步具备向内部运作一体化发展的条件。第二阶段主要体现在提高客户服务水平方面。

第三阶段,发展战略合作伙伴,形成物流运作外部一体化。随着物流内部一体化的运作,客户对捷龙快货公司物流服务的满意度越来越高,为了将满意度提升为忠诚度,公司将和重要客户结成战略伙伴关系,为公司发展积累长期、稳固的实力。

(资料来源:石磊. 物流运输管理. 经作者整理)

讨论:
湖北捷龙快速货运股份有限公司的经营理念是什么?

第 2 章

公路货物运输

GONGLU HUOWU YUNSHU

【学习目标】

知识目标	技能目标	学时安排
(1) 掌握公路货物运输的特点； (2) 了解公路货物运输的设施与设备； (3) 掌握公路货物运输的业务流程； (4) 熟悉公路货物运输各环节的工作和相关运输单证	(1) 能提出公路合理运输方案； (2) 能提出公路不合理运输的解决办法	8 学时

【导入案例】

商务车型成为物流专业新贵

随着城市物流市场的成熟,商务车型已成为物流业新贵,受到越来越多的物流企业垂青。

在苏州等地,每月仅江铃全顺品牌就有 100 多辆新车销售到物流领域,显示了商务用车在物流市场巨大的潜力。商务车跻身物流业,不仅在油耗、车况、环保性能等方面具有优势,而且其极低的运输成本也是受到市场欢迎的法宝。近日,江铃全顺就打出的"全顺快运运输 1m³ 货物每千米只需要 0.16 元的成本"的宣传口号,再次吸引业界眼球。

(资料来源:石磊. 物流运输管理. 经作者整理)

思考:

商务车型在物流领域有哪些优势?

 ## 2.1 公路货物运输概述

公路运输主要承担近距离、小批量的货运,水运、铁路运输难以到达地区的长途或大批量货运及铁路、水运优势难以发挥的短途运输。由于公路运输有很强的灵活性,所以近年来,即使在有铁路、水运的地区,较长途的大批量运输也开始使用公路运输。

2.1.1 公路运输的概念

公路运输是指使用公路设备、设施运送物品的一种运输方式。在现代运输业的发展过程中,世界上许多国家都有一个共同的发展规律,即海运、铁路运输发展在先,公路运输则后来居上,20 世纪 60 年代以后,其发展速度大大超过铁路和其他运输方式。自 20 世纪 70 年代以来,世界上一些经济发达国家大都改变了一个多世纪以来以铁路运输为中心的局面,从而使公路运输在各种运输方式中的主导作用日益增强。20 世纪 70 年代起,美国、日本和西欧各国以货物量计的公路运输比重已超过 80%,我国于 20 世纪 90 年代初也达到了 75%。

由于汽车已成为公路运输的主要运载工具,因此,现代公路运输主要指汽车运输。目前,全世界交通运输网的总长度约为 3 700 万千米,其中公路运输网占 65%,可见,汽车运输占有极其重要的地位。

公路建设的增长量赶不上增加的货物周转量。大多数城市交通高度拥挤,如北京对货车运输的地点和时间进行严格的限制，根据牌照尾数单双日行驶。如果没有提前取得相应的许可证并预付费用的话，跨省市物流也有困难。

汽车运输的主要功能有两个：一是独立担负经济运距内的运输，主要是中短途运输。由于高速公路的兴建，汽车运输从中、短途运输逐渐形成短、中、远程运输并举的局面，这是一个不可逆转的趋势；二是补充和衔接其他运输方式，即当其他运输方式担负主要运输时，由汽车担负起点和终点处的短途集散运输，完成其他运输方式到达不了的地区的运输任务。

2.1.2 公路运输的特点

（1）快速。快速就是指汽车运输的运送速度比较快，运输途中不需中转。汽车除了可以沿公路网运行之外，还可以深入工厂、矿山、车站、码头、农村、山区、城镇街道及居民区，其空间活动领域大，这一特点是其他任何现代运输工具所不具备的，因而汽车运输在直达性上有明显的优势。

（2）灵活、方便。汽车运输具有机动灵活、运输方便的特点。汽车运输既可以成为其他运输方式的接运方式，又可以自成体系，机动灵活。其次是汽车的载重量可大可小，小者只有0.25t，大者有几十吨、上百吨，当使用牵引车拖（半）挂车时其载重量可达上千吨。汽车运输对客、货批量的大小，具有很强的适应性，既可以单车运输，也可以拖挂运输。

（3）原始投资少，经济效益高。据国外资料介绍，一般公路运输的投资每年可以周转1～3次，而铁路运输3～4年才周转一次。此外，我国有些汽车运输企业的经验表明，若企业经营得好，1年左右即可收回购车费。尽管高速公路的造价高，原始投资要比普通公路高出10余倍，但是，高昂的造价也可在短期内得到补偿。例如，某些发达国家利用大吨位汽车通过高速公路运输，在中短途运距内，其运送速度和经济效益均较普通公路和铁路运输优越，高速公路的建设费用一般7～8年即可收回。

（4）驾驶技术容易掌握。培训汽车驾驶员一般只需半年左右时间，而培训火车、轮船及飞机驾驶员则需几年时间。相比较而言，汽车驾驶技术比较容易掌握。

（5）可以提供"从门到门"的直达运输服务，速度快。

（6）近距离运输中，小量的货物运输运费比较便宜。

（7）能灵活制定运营时间表，货运的伸缩性极大。

（8）运输途中货物的撞击少，几乎没有中转装卸作业，因而货物包装比较简单。

由于公路运输具有上述优点，所以在世界范围内公路运输迅速发展，并超过铁路和其他运输方式。但是公路运输也存在一些问题，主要是装载量小，不适宜大批量运输；长距离运输运费相对昂贵；易污染环境，发生事故及失窃较多；能量消耗大。另外，公路运输虽然发展较快，但受劳动力不足、劳动时间缩短、公路交通效率下降、环境污染、紧急救灾运输等因素的制约。今后为发展公路运输，应提高运输效率，加强复合一贯运输（公路、铁路集装箱联运），提高协同配送、计划配送等配送效率，采用托盘一贯化等单元货载系统。同时还应注意提高社会效益，采用低公害车，保护环境，防止超载，以保安全，并采取措施缩短劳动时间等。

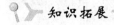

我国的公路状况与发达国家相比还有较大差距，公路运输特别是长途汽车运输还不发达。虽

然改革开放以来，公路基础设施建设持续快速发展，并取得了令人瞩目的历史性成就，目前我国公路总里程已达到 200 万千米左右，但与我国的国土面积和人口数量相比仍不相称。由于公路里程少，密度低，通达深度不够，所以很多地区尤其是中西部地区的经济发展仍将受到严重制约。目前我国公路网密度仅为美国的 1/5、德国的 1/13、日本的 1/22。

2.2 公路货运的分类及业务流程

公路货物运输的主要优点是灵活性强，公路建设期短，投资较低，且易于因地制宜，对收到站设施要求不高，可以采取"门到门"运输形式，即从发货者门口直到收货者门口，而不需转运或反复装卸搬运。公路货物运输也可作为其他运输方式的衔接手段。此外，公路运输的经济半径，一般在 200km 以内。

2.2.1 公路货运的分类

（1）按托运批量大小分类，公路货运可分为整车运输、零担运输、集装箱运输和包车运输。

凡托运方一次托运货物在 3t 及 3t 以上的，或虽不足 3t 但其性质、体积、形状需要一辆 3t 以上的汽车运输的业务，为整车运输。整车运输的货物通常有煤炭、粮食、树木、钢材、矿石、建材等，这些一般都是大宗货物，其货源的构成、流量、流向、装卸地点都比较稳定。整车运输一般多是单程运输，故应大力组织空程货源，提高经济效益。

凡托运方一次托运货物不足 3t 者，为零担运输。零担运输非常适合商品流通中品种繁杂、量小批多、价高贵重、时间紧迫、到达站点分散等特殊情况下的运输，其弥补了整车运输和其他运输方式在运输零星货物方面的不足。

集装箱运输是指将适合箱装货物集中装入标准化集装箱内，并采用现代化手段进行的货物运输方式。

包车运输是指应托运人的要求，经双方协议，把车辆包给托运人安排使用，并按时间或里程计算运费的业务。

（2）按运送距离分类，公路货运可分为长途运输和短途运输。

按交通部规定，公路运输运距在 25km 以上为长途运输；25km 及 25km 以下为短途运输，各地根据具体情况都有不同的划分标准。

长途运输是在各种不同类型和不同等级的公路上进行的运输，因此也称为公路货物运输。与铁路货运相比较，长途公路货运具有迅速、简便、直达的特点；与短途公路货运相比，长途公路货运具有运输距离长、周转时间长、行驶线路较固定等特点。

短途运输具有的特点是：运输距离短，装卸次数多，车辆利用效率低；点多面广，时间要求紧迫；货物零星，种类复杂，数量不确定等。

（3）按货物运送速度分类，公路货运可分为一般货物运输、快件货物运输和特快专运。

一般货物运输即普通速度运输或称慢运；快件货物运送的速度从货物受理当日 15 时起算，运距在 300km 内的 24h 运达，运距在 1 000km 内的 48h 运达，运距在 2 000km 内的 72h 运达；特快专运是指按托运人要求在约定时间内快速运达。

（4）按货物的性质及对运输条件的要求分类，公路货运可分为普通货物运输和特种货物运输。

被运输的货物其本身的性质普通，且在装卸、运送、保管过程中没有特殊要求的运输，称为普通货物运输。普通货物分为一等、二等、三等3个等级。

被运输的货物其本身的性质特殊，且在装卸、运送、保管过程中，需要特定条件、特殊设备来保证其完整无损的运输，称为特种货物运输。特种货物运输又可分为长、大、笨重货物运输，危险货物运输，贵重货物运输和鲜活易腐货物运输。各类运输都有不同的要求和不同的运输方法。

（5）按托运的货物是否保险或保价分类，公路货运可分为不保险（不保价）运输、保险运输和保价运输。

保险和保价运输均采用托运人自愿的办法，凡保险或保价的运输，托运人需按规定缴纳保险金或保价费。保险运输须由托运人向保险公司投保或委托承运人代办。保价运输时托运人必须在货物运单的价格栏内向承运人声明货物的价格。

（6）按运输的组织特征分类，公路货运可分为集装化运输和联合运输。

集装化运输也称成组运输或规格化运输，集装化运输最主要的形式是托盘运输和集装箱运输。集装化运输促进了各种运输方式之间的联合运输，构成了直达运输集装化的运输体系，是一种有效的、快速的运送形式。

联合运输是按照社会化大生产的客观要求组织两种以上运输的一种方法，用以谋求最佳经济效益。其对于充分发挥各种运输方式的优势，组织全程运输中各环节的协调配合，充分利用运输设备，加快车船周转，提高运输效率，加速港口、车站、库场周转，提高吞吐能力，缩短货运达期限，加速资金周转，方便货主，简化托运手续，活跃城乡经济，促进国民经济发展，提高社会经济效益等，都具有明显的实效。

2.2.2 公路货运的业务流程

按照货运过程的不同阶段，车站货运工作可分为发送工作、途中工作和到达工作。发送工作是指货物在始发站的各项货运作业，主要包括受理托运、组织装车和核算制票等内容；途中工作是指货物在运送途中发生的各项货运作业，主要包括途中货物交接、货物整理或换装等内容；到达工作是指货物在到达站发生的各项货运作业，主要包括货运票据的交接、货物卸车、保管和交付等内容。

1. 货物受理与发送

受理托运必须做好货物包装、确定重量和办理单据等作业。发货人办理货物托运时，应向起运地车站办理托运手续，并填写货物托运单作为书面申请。托运单是发货人托运货物的原始依据，也是车站承运货物的原始凭证，车站接到发货人提出的货物托运单后，应进行认真审查，确认无误后办理登记。车站受理托运后，开始组织装车，发货人应按规定向车站交纳运杂费，并领取承运凭证货票。货票是一种财务性质的票据，其是根据货物托运单填记的。在发站它是向发货人核收运费的收费依据，在到站它是与收货人办理货物交付的凭证之一。始发站在货物托运单和货票上加盖承运日期之时起即算承运。

2. 货物途中理货

货物在运输途中如发生装卸、换装、保管等作业，驾驶员之间，驾驶员与站务人员之间，应认真办理交接检查手续。为了方便货主，还允许整车货物中途拼装或分卸作业，考虑到车辆周转的及时性，对整车拼装或分卸时应严密组织。

3. 货物到达与接受

车辆装运货物抵达卸下地点后，收货人或车站货运员应组织卸车。卸车时，对卸下货物的品名、件数、包装和货物状态等应作必要检查。整车货物一般直接卸在收货人仓库或货场内，并由收货人自理。收货人确认所卸货物无误并在货票上签收后，货物交付即完毕。货物在到达地向收货人办完交付手续后，才算完成了该批货物的运输全过程。

2.3 公路货运设施与设备

2.3.1 公路

1. 公路的构成

公路是一种线性工程构造物。其主要承受汽车荷载的重复作用并经受各种自然因素的长期影响。因此，对于公路的要求，其不仅要有和缓的纵坡、平顺的线形，而且还要有牢固可靠的人工构造物、稳定坚实的路基、平整而不滑的路面以及其他必要的防护工程和附属设备。

公路的基本组成部分包括路基、路面、桥梁、涵洞、隧道、防护工程（护栏、挡土墙、护脚）、排水设备（边沟、截水沟、盲沟、跌水、急流槽、渡/抛/水槽、过水路面、渗水路堤）、山区特殊构造物（半山桥、路台、明洞）。此外，为适应行车还设置行车标志、加油站、路用房屋、通信设施、附属工厂及绿化栽植等。公路横断面一般布置如图2.1所示。

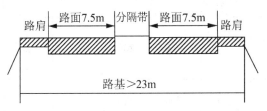

图2.1 公路横断面一般布置

(1) 公路路基。路基是路面的基础，与路面共同承受车辆荷载，同时抵御地表各种自然因素的危害。路基宽度与公路横向的路幅宽度相同，而路幅宽度为中间的路面宽度与两侧的路肩宽度之和。路基根据横断面的不同可分为路堤、路堑和半填半挖3种基本形式。为了满足车辆和行人的通行要求，公路路基必须坚固稳定。因此在公路选线时应考虑路基的坚固度，合理地设计路基的形状和尺寸，施工时应注意分层填筑、压实，特别是要处理好路基排水问题。

(2) 公路路面。公路路面是在路基上用坚硬材料铺筑的、供汽车行驶的层状结构物，其直接承受车辆的行驶作用力。公路路面一般分为面层、基层、垫层和土基。路面按面层材料的不同，可分为沥青路面、水泥混凝土路面、块料路面和粒料路面。按技术条件及面层类型不同，又分为高级、次高级、中级和低级路面。合理地选用和设计路面能显著降低公路的造价。

(3) 桥隧与涵洞。当公路跨越河流、沟谷，或与铁路、其他公路立体交叉时，需要修建桥梁或涵洞；当线路翻越山岭时，则需修筑隧道。按照有关技术规定，凡单孔跨径小于5m或多孔跨径之和小于8m的称为涵洞，大于这一规定值则称为桥梁。桥梁有梁式桥、拱桥、吊桥、钢构桥和斜拉桥之分。公路的隧道一般设置在公路线形的平坡和直线部分，也可设置在不设超高的大半径平曲线上。隧道内纵坡度应不小于0.3%，且不大于3%，以利于隧道排水和行车安全。较长的公路隧道，还需设有照明、通风、消防设施及报警等其他应急设施。

2. 公路设施

公路根据其使用任务、功能和适应的交通量可分为高速公路、一级公路、二级公路、三级公路、四级公路5个等级。各级公路主要技术指标见表2-1。

表2-1 各级公路主要技术指标

公路等级	高速公路		一		二		三		四	
地形	平原微丘	山岭重丘	平原微丘	山岭重丘	平原微丘	山岭重丘	平原微丘	山岭重丘	平原微丘	山岭重丘
计算行车速度/(km/h)	120	80	100	60	80	40	60	30	40	20
行车道宽度/m	2×7.5	2×7.5	2×7.5	2×7.5	9	7	7	6	3.5	
路基宽度/m	26	23	23	19	12	8.5	8.5	7.5	6.5	
最大纵坡/%	3	5	4	6	5	7	6	8	6	9
平曲线最小半径/m	650	250	400	125	250	60	125	30	60	15
停车视距/m	210	110	160	75	110	40	75	30	40	20

为确保高速公路安全、畅通，并为驾驶人员提供快速、优质的信息服务，高速公路装了先进的通信、监控系统，从而可以快速、准确地监测道路交通状况，并通过可变情报板、交通信息处理电台及因特网实时发布交通信息。

(1) 外场设施。应急电话、光缆、车辆检测器、气象检测器、可变情报板、可变限速板、可变标志牌、可调摄像机、电动封道栏杆、交通信息电台及供电设施等。

(2) 机房设施。主控台、监视器、大屏投影、服务器、计算机终端、光端机、供电设施及系统管理软件等。

(3) 应急电话。每2km设置1对，通过有线或无线传输至控制中心，有线主要通过高速公路专用通信网的电缆和光缆传输，无线则通过公众移动通信网（GSM）传输。

(4) 车辆检测器。采用环型检测线圈形式和压电电缆，巴黎环城快速公路每500m设置1组，高速公路每2km、20km或20km以上设置1组，其主要用于检测车流量、平均速度、占有率、车头间距及轴数、轴重等。

(5) 气象检测器。主要用于检测特殊路段的雨、雾、雪及冰冻情况，并将有关信息传输到控制中心，由控制中心通过可变情报板、交通电台及可变限速板发布警告和控制信息。

(6) 可变情报板。通常设置于高速公路分岔口及事故多发地段的前方，一般每20km设置1块，其是调节交通量和指挥高速公路交通非常重要的信息发布载体，用于发布以下有关信息，前方道路交通状况，如堵塞、拥挤、正常、事故、施工等；雨、雾、雪及冰冻等恶劣气象条件下的警示信息；在上述道路交通情况下，到达另一条高速公路的时间及交通流向调控。此外，正常情况下可变情报板显示时间，作时钟用。

(7) 可变限速板和可变标志牌。其特殊情况下，用于显示限速、前方施工和事故标志信息。

(8) 可调摄像机。通常设置于高速公路互通立交区、隧道、弯道及事故多发地段等，其焦距、方向均可调。

(9) 交通信息电台。高速公路专用电台，用于播发交通信息和播放音乐。

(10) 系统管理软件。委托专业软件公司开发编制，用于整个系统的数据采集、处理、计算和存储，并发布控制指令和信息。高速公路安装交通管理系统后，高速公路网的安全性和通行能力提高，从而使交通事故造成的损失减少了20%。同时，由于及时的信息提供，所以，也增加了驾驶人员的安全感。

(11) 供电设施。主要有市电、太阳能电池、蓄电池和汽、柴油发电机等。

(12) 高速公路设有完善的服务设施，每10~20 km设休息区，每40~50 km设服务区。休息区有公用电话、公厕、停车场、休息场所等，即为司乘人员提供临时休息场地。服务区设有加油、餐饮、住宿、公用电话、小卖部、公厕及停车场等，即为司乘人员提供各类服务。

(13) 运输站场。汽车运输站场包括汽车客运站和货运站两种类型。其中货运站又可分为集运站（或集送站）、分货站和中继站等。集运（送）站是集结货物或分送货物的场站；分货站是将货物按要求分开，并进行配送的场站；中继站是供长途货运驾驶员及随车人员中途休整的场站。

3. 交通控制设备

交通控制设备包括交通标志、路面标线和交通信号。其功能主要是对车辆、驾驶员和行人起限制、警告和诱导作用。

> **知识拓展**

公路等级应根据公路网的规划，从全局出发，按照公路的使用任务、功能和年平均日交通量综合确定。一条公路，可根据交通量等情况分段采用不同的车疲乏数或不同的公路等级。各级公路远景设计年限为：高速公路和一级公路为20年、二级公路为15年、三级公路为10年、四级公路一般为10年，也可根据实际情况适当调整。对于不符合本标准规定的已有公路，应根据需要与可能的原则，按照公路网发展规划，有计划地进行改建，提高其通行能力及使用质量，以达到公路标准相关等级的规定。分期修建的公路，必须进行总体设计，以使前期工程在后期仍能充分利用。

2.3.2 公路运输工具

公路运输车辆是指具有独立原动机与载运装置，能自行驱动行驶，专门用于运送旅客和货物的非轨道式车辆。汽车是公路运输最基本的运输工具，其按用途一般可分为载客汽车、载货汽车、专用运输车辆、特种车、牵引车和挂车等。

1. 载客汽车

载客汽车是指专门用于运送旅客的汽车。

2. 载货汽车

载货汽车是指专门用于运送货物的汽车，又称载重汽车。载货汽车按其载重量的不同分为轻型(3t以下)、中型(3~8t)、重型(8t以上)3种。

载货汽车的车身具有多种形式。敞车车身是载货汽车车身的主要形式，适用于运送各种货物。厢式车身可以提高货物安全性，多用于运送贵重货物。自卸汽车可以自动卸货，适用于运送散装货物，如煤炭、矿石、沙子等。

3. 专用运输车辆

专用运输车辆是指按运输货物的特殊要求而设计的车辆，主要包括：厢式车，即标准的挂车或货车，货厢封闭；敞车，即挂车顶部敞开，可装载高低不等的货物；平板，即挂车无顶也无侧厢板，主要用于运输钢材和集装箱货物；罐式挂车，用于运输流体类货物；冷藏车，用于运输需控制温度的货物；高栏板车，其车厢底架凹陷或车厢栏板特别高以增大车厢容积。

4. 特种车

特种车通常是指在普通汽车底盘上安装专用的设备或车身，专供特殊用途而制造的汽车，例如大件运输车辆。

5. 牵引车和挂车

牵引车也称拖车，一般不设载客或载货车厢，是专门用于拖挂或牵引挂车的汽车。挂车有全挂车、半挂车、厢式挂车以及重载挂车等类型。全挂车由牵引车或作为牵引车使用的汽车牵引。半挂车则与半挂式牵引车一起使用。厢式挂车是一种单轴车辆，专门用于运送长度较大的货物。重载挂车是大载重量的挂车，可以是全挂车，也可以是半挂车，专门用于运送沉重的货物，其载重量通常可达到200～300t。挂车结构简单，保养方便，而且自重较小，因此在汽车运输中应用很广。

牵引车与挂车组合在一起，便形成了汽车列车，如图2.2所示。

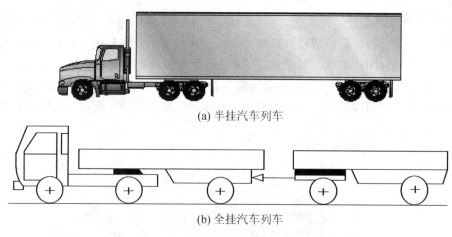

图 2.2 汽车列车

2.3.3 公路货运场站

公路货运站是指专门办理货物运输业务的汽车站，一般设在公路货物集散点。

1. 货运站的任务与职能

货运站的主要工作是组织货源、受理托运、理货、编制货车运行作业计划以及车辆的调度、检查、加油、维修等。

2. 汽车货运站的分类

（1）整车货运站。整车货运站主要经办大批货物运输，有的整车货运站也兼营小批货物运输。其作业包括托运、承运、受理业务、结算运费等。

（2）零担货运站。零担货运站专门办理零担货物运输业务，是进行零担货物作业、中转换装、仓储保管的营业场所。其作业的内容及程序是：受理托运、检货司磅、验收入库、开票收费、装车与卸车、货物交接、货物中转、到达与交付等。

（3）集装箱货运站。集装箱货运站主要承担集装箱的中转运输任务，所以又称集装箱中转站。其主要业务是：集装箱"门到门"运输与中转运输；集装箱适箱货物的拆箱、装箱、仓储和接取送达；集装箱的装卸、堆放和检查、清洗、消毒、维修；车辆、设备的检查、清洗、维修和存放；为货主代办报关、报检等货运代理业务。

 ## 2.4 公路运价

公路运价是公路运输经营者因提供公路运输服务而提取的运费的基准价格，其以运输产品价值为基础，以供求关系为依据。所以，运价包括客运运价（票价）、行李包裹运价和货物运价。在这里仅讨论货物运价。

2.4.1 公路货物运价的分类

1. 按运价适用的范围划分

（1）普通运价：普通运价是运价的基本形式，通常按货物的种类或等级制定。其常常被作为其他运价形式的参照基准。

（2）特定运价：特定运价是普通运价的一种补充形式，适用于特定货物、车型、地区或运输线路。其运价水平比普通运价高些或低些。

（3）优待运价：优待运价属于优待减价性质，适用于某些部门或有专门用途的货物，也适用于返程运输的货物带回空容器等。

2. 按货物托运数量及发运情况划分

（1）整车运价：整车运价适用于按其重量、体积或形状要求，需以一辆车装载，并按整车托运的货物。一般是指一次托运货物计费重量达到 3t 或 3t 以上时的运价。

（2）零担运价：零担运价适用于每批不够整车条件运输，而按零担托运的货物。一般是指一次托运货物计费重量不足 3t 时的运价。由于零担货物批量小，到站分散，货物种类繁多，且在运输中需要比整车花费较多的支出，所以同一品名的零担运价要比整车运价高。

（3）集装箱运价：集装箱运价是指运用集装箱运输货物时所规定的运价。集装箱运价一般有单独制定的集装箱运价和以整车或零担为基础计算的集装箱运价两种形式。集装箱运输价格一般低于零担运价，且高于整车运价。

3. 按运价计价形式划分

（1）计程运价：计程运价是指以吨·千米（t·km）或以千克·千米（kg·km）为单位计价。

（2）计时运价：计时运价指以吨·小时（t·h）为单位计价。

（3）长距价：长距价适用于长途运输的货物，其一般实行递远递减的运价结构。

（4）短距价：短距价适用于短途运输的货物，其一般按递近递增原则，采取里程分段计费的办法计费。

（5）加成运价：加成运价适用于一些专项物资、非常规运线单程货物的运输，特殊条件下货物的运输，以及特种货物的运输等。

4. 按运价与运距的关系划分

（1）与运距无关的运价，即指运距变化而运价率不变的运价，其适用于发到作业费（又称吨次费，即承运、交付货等环节上的费用）和中转作业费较高的货物运输。

（2）与运距有关的运价，即指随运距变化而有不同运价率的运价，其适用于运输费用占主导的货物运输。

5. 其他类型的运价

（1）协议运价，即指由承、托双方自由协商而达成的运价。这种运价在不受运价管制的地区或不受管制的时期适用。

（2）站到站运价，即指托运人和收货人自己完成所有货物的集运和交付，承运人只负责在站与站之间的货物运送时的运价。

(3)服务时间运价,其运价的高低与运输服务时间挂钩。运输时间短,运价高;反之,运价低。如正好按规定的时间完成运输,则按标准运价计费。

(4)总量运价,适合于零担运输,即托运人给予承运人的累计运量达到一定数额时,便可享受运价优惠。且运量越多,优惠越大。

(5)限额赔偿运价,限额赔偿是指如果在运输中出现货损货差,承运人只赔偿某一限额,而不是货物的全部价值。这种运价低于正常运价。

2.4.2 公路运输运价的特点

1. 公路运价的区域性强

公路运输成本受自然条件的影响大,不同地形、气候条件下的成本差异较大,这就必然使运输价格出现较大差异。由于运输产品不能储存,且不同条件下的运价不能相互替代,所以,公路运输不能制定全国统一运价。

2. 车型、运距、运量对运价都有影响

车型、运距、运量对运输效率影响大,其造成的运输成本的差异,必须在运价上给以补偿。因此,公路运输的运价一般会采取差价或加价的方法进行补偿,并根据不同情况制定不同的运价。

3. 货物种类对运价的影响

不同货物种类,对车型的要求、运输的要求都不同,且运输企业承担的风险也不同,从而造成成本差异,所以应对不同的货物制定不同的运价。

4. 运输质量对运价的影响

一方面,高水平的服务质量会增加产品的使用价值,增加货主的收益。例如,运送速度的提高可以减少货物在途时间,加速货物周转,即加速货物的资金周转,增强运输的时间效用。另一方面,运输质量的提高,也使得运输企业要支付较高的成本。因此,运价要依运输质量的不同采取优质优价原则,即制定不同的运价。

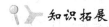
知识拓展

我国公路运输近几年得以快速发展

我国的公路运输在整个运输管理中占有十分重要的位置,据《2012年国民经济和社会发展统计公报》统计结果表明,2012年我国全社会完成公路货运量210亿吨千米,与2011年同期累计相比,增长了9%,货物周转量15 200亿吨千米,与2011年同期累计相比,增长了12%。由于目前我国运输业瓶颈效应尚未消除,而陆上运输方式中铁路运力增长有限,所以公路运输将是全社会物流量大幅增长的主要受益者。以2012年为例,公路货运量、货物周转量在综合运输体系中所占比重分别为70%和10%,其中货运量在5种运输方式中为第一位。

几年来,我国公路运输得以迅速发展主要是由于:①汽车越来越普及;②公路尤其是高速公路通车里程不断增加,可以直接开展"门到门"服务;③具有价格竞争优势;④汽车性能不断提高;⑤大型货车增多。

本章小结

本章主要介绍了公路运输的概念、作用、运输形式等相关的内容,公路运输是指主要使用汽车,也使用其他车辆(如人、畜力车)在公路上进行货客运输的一种运输方式。

公路运输主要承担近距离、小批量的货运和水运、铁路运输难以到达地区的长途、大批量货运及铁路、水运优势难以发挥的短途运输。

由于公路运输有很强的灵活性,近年来,即使在有铁路、水运的地区,较长途的大批量运输也开始使用公路运输。

公路运输的主要优点是灵活性强,公路建设期短,投资较低,易于因地制宜,对收到站设施要求不高,可以采取"门到门"运输形式,即从发货者门口直到收货者门口,而不需转运或反复装卸搬运。此外,公路运输也可作为其他运输方式的衔接手段。

课后习题

一、单选题

1. 公路运输的经济半径,一般在(　　)km 以内。
   A. 200　　　　　　B. 300　　　　　　C. 400　　　　　　D. 500

2. 高速公路是指能适应年平均昼夜汽车交通量在(　　)辆以上,具有特别重要的政治、经济意义,专供汽车分道高速行驶,全部立体交叉并全部控制出入口的公路。
   A. 20 000　　　　 B. 25 000　　　　 C. 30 000　　　　 D. 35 000

3. 公路运价是公路运输经营者因提供公路运输服务而提取的运费的基准价格,其以运输产品价值为基础,以(　　)为依据。
   A. 市场需求　　　 B. 产品价值　　　 C. 供求关系　　　 D. 服务水平

4. 限额赔偿是指如果在运输中出现货损货差,承运人只赔偿某一限额,而不是货物的全部价值。这种运价(　　)。
   A. 高于正常运价　　　　　　　　　　B. 等于正常运价
   C. 由双方协商　　　　　　　　　　　D. 低于正常运价

5. 零担运价适用于每批不够整车条件运输,而按零担托运的货物。一般是指一次托运货物计费重量不足(　　)时的运价。
   A. 3t　　　　　　 B. 4t　　　　　　 C. 5t　　　　　　 D. 6t

6. 公路运输按托运批量大小可分为整车运输、零担运输、集装箱运输和(　　)。
   A. 零星运输　　　 B. 包车运输　　　 C. 分散运输　　　 D. 集中运输

二、简答题

1. 汽车运输的主要功能有哪些?
2. 公路运输的优点主要有哪些?
3. 公路运输的缺点主要有哪些?
4. 公路运输运价的特点有哪些?
5. 公路的基本组成部分包括哪些?

本章实训

【实训任务】

了解货物运输企业。

【实训目标】

通过本次实训,使学生进一步了解货物运输企业的类型及各种货物运输企业的特点。

【实训内容】

要求学生自己选择货物运输企业,然后围绕该运输企业进行调研,收集货物运输资料,在指导老师的帮助下,分析该货物运输企业的特征,并总结各种货物运输企业间所用的竞争策略有哪些。

【实训要求】

将班级同学进行分组,每组成员不超过 8 人,指定组长 1 名,由组长安排各小组的进度,并负责总体的协调工作,选择 2~3 个货物运输企业进行实习,通过实习,指出该货物运输企业的优势和劣势,并提出改进意见。

【考核方法】

考核内容	标准分值	实训评分
资料收集整理	20 分	
指出该货物运输企业的优势和劣势	30 分	
提出改进意见	30 分	
实训过程表现	20 分	

【案例讨论】

三星公司从实施物流运输工作合理化革新以来,为减少成本和提高配送效率进行了"节约成本 200 亿"、"全面提高物流劳动生产率劳动"等活动,最终降低了成本,缩短了前置时间,减少了 40% 的存货量,并使三星公司获得首届韩国物流大奖。

1. 配送选址新措施

为了提高配送中心的效率和质量,三星公司将其划分为产地配送中心和销地配送中心两部分。前者用于原材料的补充,后者用于存货的调整。对每个职能部门都确定了最优工序,配送中心的数量减少,且其规模得以最优化,从而便于向客户提供最佳的服务。

2. 实物运输革新措施

为了及时地交货给零售商,配送中心在考虑货物数量和运输所需时间的基础上确定出合理的运输路线。同时,一个高效的调拨系统也被开发出来,这方面的革新加强了支持销售的能力。

3. 现场作业革新措施

为使进出工厂的货物更方便快捷地流动,公司建立了一个交货点查询管理系统,其可以查询货物的进出库频率,从而高效地配置资源。

4. 信息系统新措施

三星公司在局域网环境下建立了一个通信网络,并开发了一个客户服务器系统,将公司集成系统(SAPR)的1/3投入到物流中使用。由于其实现了生产配送和销售一体化，所以整个系统中不同的职能部门将能达到信息共享。如有涉及物流的问题，客户都可以通过实行订单跟踪系统得到回答。

另外，随着客户环保意识的增强，物流工作对环境保护负有更多的责任，三星公司不仅对客户许下了保护环境的承诺，还建立了一个由回收车组成的全天开放的回收系统，并由回收中心来重新利用那些废品，以此来提升企业自身在客户心目中的形象，从而更加有利于企业的经营。

（资料来源：石磊. 物流运输管理. 经作者整理）

讨论：
三星公司实施物流运输工作合理化的重点是什么？

第 3 章

铁路货物运输

TIELU HUOWU YUNSHU

【学习目标】

知识目标	技能目标	学时安排
（1）掌握铁路运输的概念； （2）熟悉铁路货物运输的种类； （3）掌握铁路货物运输组织流程； （4）了解铁路货物运输的设施与设备	（1）会设计铁路货物运输的流程； （2）能提出改善铁路运输服务的具体办法	8 学时

【导入案例】

铁路运输合同案例

山西省大同 A 公司与内蒙古自治区 B 公司通过函件订立了一个买卖合同。因货物采取铁路运输的方式,而作为卖方的内蒙古 B 公司将到达栏内的"大同县站"写成"大同站"。因此导致货物运错了车站,并造成了双方的合同纠纷。

铁路货物运输合同是指托运方与铁路运输部门就铁路运输货物所达成的明确双方权利义务关系的协议。从本合同之纠纷来看,其中所涉及的主要问题是铁路运输合同的条款问题。在本合同纠纷中,造成错发站的关键原因是发货方将"大同县站"写成了"大同站",一字之差,使货物被发到了百里之外,教训不可谓不深。在此,错发货的主要责任在于发货方,与铁路部门无关,故应由发货方承担对收货方的赔偿责任。

(资料来源:http://jpkc.dlmu.edu.cn/jpkc/wlx/xiti/anli.doc. 经作者整理)

思考:
从该运输合同案例中我们应该汲取哪些教训?

 ## 3.1 铁路货物运输概述

铁路运输是我国最主要的运输形式,中国铁路的运营里程虽然仅占世界铁路运营里程的 6%,却完成了世界铁路总运量的 22%。

3.1.1 我国铁路运输的发展概况

铁路运输在我国的对外贸易中起着非常重要的作用:第一,把欧亚大陆连成一片,为我国发展与亚洲其他国家和欧洲各国的经济贸易提供了便利条件;第二,联系我国的港澳地区,对于开展与港澳地区的贸易和经香港的转口贸易是必不可少的交通条件;第三,完成我国海运进出口货物的集散和我国各地区间有关外贸物品的调拨。

1. 优势

1) 规模和资源优势

我国国内已建立了强大的铁路运输网络,并建设了众多的作业基地,拥有巨额的固定资产。至 2012 年底,全国铁路营业里程达到 9.5 万千米,位居亚洲第一,世界第三,5 000 多个车站遍布纵横发达的铁路网络,覆盖全国各地;同时,我国铁路多元经营与物流有关资产、设施经过十多年发展,总资产已达到 100 多亿元人民币,使得铁路运输与其他运输方式相比有着巨大的规模和资源优势。

2)技术优势

我国已具有完善的货运作业管理技术,较先进的货运作业机制和完善的通信信息系统以及较好的员工技术素质,特别是在通信信息系统方面尤为突出。

在铁路主要干线建设了光缆和数字同步传输系统 SDH,普及了数字程控交换机,并实现了全路范围内三等以上车站的长途自动电话,同时还建成了铁路的卫星通信系统和电视电话会议系统等。在此基础上,铁路各种信息系统的建设都得到了长足的发展,并为提高铁路运输效率、行车安全和深化铁路的改革发挥了重要作用。

3)资金(产)优势

铁路运输业本身具有雄厚的资产、规模较大的资金存量、良好的融资信用、很强的资产重组空间以及较优的土地资源。此外,作为国家交通运输业的支柱产业,铁路企业更容易得到政府的投资。

4)市场优势

铁路站长期以来就是货物运输中心,与货主的长期合作使站场的信用资质无须时间审核,客户特别是大多数国有大中型企业对铁路的依赖已使铁路运输占有很大的市场优势,据初步统计,60%的企业都希望铁路为其提供物流服务。另外由于长期的承运关系,铁路运输企业与货主,尤其是与大型企业联系比较密切,路企双方基本上都建立了固定关系。这对双方发展成为战略联盟,从而满足现代物流对战略联盟的要求是非常有利的。

5)时机优势

在 WTO 规则的约束下,我国将向社会开放铁路货运市场,从而促使铁路运输企业进行改革重组,成立货运公司。这正是现代物流发展的一个良好时机。目前铁路企业逐步向市场经济体制转轨,同时其也正在考虑加快铁路运输企业内非运输业务的剥离和分立,通过专业化、市场化、社会化的途径,精干主业,提高市场集中度,增强市场竞争力。

2. 劣势

1)观念上的差距

目前,虽然铁路运输企业拥有庞大的业务网络,但其只提供运输、仓储等物流服务中某一局部的服务,而不能提供有关咨询、计划及全过程的物流服务。

2) 服务方面的差距

物流是信息、运输、存货、仓储、物料搬运和包装等多项服务的集成，而中国的物流企业只能完成某一项或某几项工作。

3) 运价方面的差距

运价问题是我国开放铁路货物运输市场的关键性问题，建立合理的铁路运价体系，是培育铁路运输市场的必要条件。目前的铁路运输价格受各种因素制约，难以体现公平竞争的原则。

4) 结构矛盾突出

虽然从总量上来说，铁路运输的基础建设已卓有成效，但运输设施的统筹规划建设、运输装备的发展以及运输经营管理都尚未形成有机整体。铁路网络结构不尽合理，繁忙线路的客货混行等影响了速度的提高和效率的发挥。

3.1.2 铁路货运的作业流程与特点

铁路运输是指利用机车、车辆等技术设备沿铺设轨道运行的运输方式。铁路运输是现代运输的重要组成部分，也是长途运送货物的主要交通工具，具有负载量大、运输成本低等优点。目前世界上的火车主要由内燃机车或电力机车牵引，运行速度大大提高。最先进的磁悬浮列车利用磁力使列车悬浮在铁轨上，其速度能达到500km/h以上。

1. 铁路货运的作业流程

1) 托运与承运

货物的托运是发货人组织货物运输的一个重要环节，主要包含托运准备工作及货物运单的填写。发货人在托运货物时，应向车站提出货物运单，以此作为货物托运的书面申请。车站接到运单后，应针对具体情况进行认真审核，确认可以承运后，应予签证。车站相关工作人员在运单上签字，应写明货物进入车站日期或装车日期，表示铁路已接受托运。

2) 货物发运

办理完货物托运和承运手续后，接下来是装车发运。货物的装车应在保证货物和人身安全的前提下快速进行，以缩短整车作业时间，加速车辆周转和货物运送。

货物应按铁路规定的时间进站，进站时，发货人应组织专人在车站接货，并会同铁路货运员对货物的包装状况、品名、件数、标记等进行逐项检验。检验完毕后，同货运员办理货物交接手续，在运单上签证确认，等待装车发运。

3) 货物的途中作业

货物装车发运后，在运输的过程中，托运人或收货人可按货物所在的中途站或到站提出变更到站或变更收货人的请求。但为了保证安全，液化气体罐车不允许进行运输变更，如遇特殊情况需要变更，须经铁路局同意。另外，下列情况承运人不受理货物运输到站和收货人的变更：违反国家法律行政法规的，违反物资流向的，变到站后的货物运到期限大于允许运输期限的，仅变更一批货物中的一部分货物的，二次变更到站的。

4) 货物交付

货物运达到站后，铁路应根据运单所记载的实际收货人，向其发出货物到达通知，通知收货人提取货物。收货人接到到货通知后，必须向车站领取货物并支付运送费。在收货人付清运单所记载的一切应付运送费用后，铁路将货物连同运单一起交付收货人。

2. 铁路货运的特点

1) 优点

(1) 运输能力大。铁路能够负担大量的客货运输。铁路运输能力取决于列车重量（旅客列车载运人数，货物列车载运吨数）和每昼夜线路通过的列车对数。其运载单元，即每一列车载运货物和旅客的能力远比汽车和飞机大得多。

(2) 适应性强。依靠现代科学技术，几乎可以在任何需要的地方修建铁路，并可以全年全天候运营，即受地理和气候条件的限制很少，具有较高的连续性和可靠性，而且适合于长短途和各类不同品类货物的双向运输。

(3) 运送速度较高。常规铁路的列车运行速度一般为60～80km/h，提速铁路可达140～160km/h，2007年铁路第六次大提速使部分旅客列车运行速度可高达200km/h。京哈、京沪、京广、胶济等提速干线部分区段可达到时速250km。

(4) 安全程度高。随着先进技术的采用和发展，铁路运输的安全程度越来越高。特别是近一二十年间，许多国家的铁路广泛采用了电子计算机和自动控制等高新技术，并安装了列车自动停车、列车自动控制、列车自动操纵、设备故障和道口故障报警、灾害防护报警等装置，从而大大降低了行车事故的损害程度。

(5) 能耗小。铁路运输轮轨之间的摩擦阻力小于汽车轮胎与地面之间的摩擦阻力。铁路机车车辆单位功率所能牵引的重量约比汽车高10倍，从而使铁路单位运量的能耗比汽车运输少得多。

(6) 环境污染程度小。铁路运输对生态环境影响程度较小，特别是电气化铁路，其对生态环境的不利影响更小。

(7) 运输成本较低。铁路运输成本与运输距离长短、运量的大小密切相关。运距越长、运量越大，单位运输成本就越低。一般地说，铁路的单位运输成本比公路运输和航空运输要低得多。

2) 缺点

(1) 货损较高，灵活性不高。铁路运输网络上的货物运输包括大量的货物列车解体和编组作业，故在运输过程的多次中转业务中容易造成货物遗失；铁路运输局限于线到线运输，不能根据客、货源变更营运线路，特别是与公路运输相比较，其灵活性较差。

(2) 投资高，资本密集，设备庞大且不易转移。由于当前铁路运输体制是线路、车辆同属铁路运输企业，故企业需自行购置机车车辆、车站设备，铺设线路，修建站场，所以投资大，同时保养、维修费用也相当高；此外，铁路设备、设施都是沿线建设，一旦停业便不能转移。铁路投资大部分属于固定设备投资，其固定资产比例较高，故铁路运输体系设备、设施十分庞大；铁路具有自然垄断性，铁路线路、信号基础设施如机车车辆具有资本密集投资的特点，沉没成本占基础设施总成本的比例很高，密度经济的特点显著。

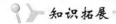

铁路运输适用作业

(1) 铁路运输适用于大宗低值货物的中、长距离运输，也较适用于运输散装货物（如煤炭、矿石、谷物等）和罐装货物（如化工产品、石油产品）。

(2) 铁路运输的运费相对也比较低，适用于大量货物一次高效运输。

3.2 铁路货运的分类与组织

3.2.1 铁路货运的分类

铁路货物运输按照一批货物的重量、体积、性质或形状等因素,可以分为整车运输、零担运输和集装箱运输 3 种。

1. 整车运输

一批货物的重量、体积、性质或形状需要一辆或一辆以上铁路货车装运(用集装箱装运除外)即为整车运输。整车运输应符合以下条件。

1) 货物的重量或体积

我国现有的货车以棚车、敞车、平车和罐车为主,标记载重量(简称为标重)大多为 50t、60t 及以上,棚车的容积在 100m^3 以上。达到这个重量或容积条件的货物,应按整车运输。有一些专为运输某种货物的专用货车,如毒品车、散装水泥车、散装粮食车、长大货物车、家畜车等,按专用货车的标重、容积确定货物的重量与体积是否需要一辆货车装载。

2) 货物的性质或形状

有些货物,虽然重量、体积不够一车,但按其性质、形状需要单独使用一辆(巨大货物至少需要一辆)货车时,也应按整车运输。下列货物除按集装箱运输外,应按整车运输办理(不得按零担运输运送货物)。

(1) 易于污染其他货物的污秽品。

(2) 根据规定应按整车运输的危险货物。

(3) 需要冷藏、保温或加温运输的货物。

(4) 不易计算件数的货物。

(5) 未装容器的活动物。

(6) 单件重量超过 2t、体积超过 3m^3,或长度超过 9m 的货物(经发站确认不影响中转站和到站装卸作业的除外)。

2. 零担运输

一批货物的重量、体积、性质或形状不需要一辆铁路货车装运(用集装箱装运除外)即属于零担运输,简称为零担。

1) 零担运输的条件

为了便于装卸、交接和保管,并提高作业效率且保证货物安全,除应按整车办理的货物外,一件体积最小不得小于 0.02m^3(一件重量在 10kg 以上的除外),每批件数不超过 300 件的货物,均可按零担运输办理。

2) 零担货物的分类

(1) 普通零担货物,简称普零货物或普零,即按零担办理的普通货物。

(2) 危险零担货物,简称危零货物或危零,即按零担办理的危险货物。

(3) 笨重零担货物,简称笨零货物,是指一件重量在 1t 以上、体积在 2m^3 以上或长度在 5m 以上,且需要以敞车装运的货物。或指货物的性质适宜敞车装运和需吊装吊卸的货物。

(4) 零担易腐货物，简称鲜零货物或鲜零，即按零担办理的鲜活易腐货物。

3) 整零车种类

装运零担货物的车辆称为零担货物车。其到站必须是两个（普零）或三个（危零或笨零）以内的零包车，称为整装零包车（简称为整零车）。此外，危零货物只能直接运至到站不得中转。

3. 集装箱运输

使用集装箱装运货物或运输空集装箱，称为集装箱运输（简称为集装箱）。其适用于运输精密、贵重、易损的货物。此外，凡适合集装箱运输的货物，也都应按集装箱运输进行办理。集装箱运输的要求如下。

（1）应在铁路集装箱办理站办理运输业务。
（2）必须是适合集装箱装载运输的货物。
（3）必须符合一批办理的条件。
（4）由发货人、收货人负责装拆箱。
（5）必须由收货人确定重量。

> **知识拓展**

什么是"一批"

"一批"是铁路货物运输的计数单位，铁路承运货物和计算运输费用等均以批为单位。按一批托运的货物，其托运人、收货人、发站、到站和装卸地点必须相同（整车分卸货物除外）。

整车货物每车为一批，跨装、爬装及使用游车的货物，每一车组为一批。零担货物或使用集装箱运输的货物，以每张货物运单为一批。由于货物性质、运输的方法和要求不同，所以易腐货物和非易腐货物、危险货物与非危险货物（另有规定者除外），根据货物的性质不能混装运输的货物、投保运输险的货物与未投保运输险的货物、按保价运输的货物与不按保价运输的货物等运输条件不同的货物均不能作为一批进行运输。不能按一批运输的货物，在特殊情况下，如不致影响货物安全、运输组织工作和赔偿责任的确定等，经上级承认也可按一批运输。

3.2.2 铁路货运的组织

按货物在铁路货物运输中所处阶段的不同，可以将铁路货物运输的基本作业流程分为货物发送作业、货物运输途中作业和货物到达作业3部分。

1. 货物发送作业

货物发送作业又称货物在发站的货运作业，包括托运人向作为承运人的发站申报运输要求，提交货物运单，进货、缴费，与发站共同完成承运手续；发站受理托运人的运输要求，审查货物运单，验收货物及其运输包装，收费，与托运人共同完成承运手续。承运手续认定因运输种类不同而异。整车货物是先装车后承运，零担和集装箱货物则是先承运后装车。

2. 货物运输途中作业

运输途中指途经区间和途经车站。途中作业包括重车运行和途中货物的常规交接与检查及特殊作业。货物常规交接与检查，是指货物运输途中车站人员同列车乘务员或列车乘务员相互间在规定地点和时间内办理的货车或货物的交接检查工作。特殊作业包括零担货物在中转站的作业、整车分卸货物在分卸站的作业、托运人或收货人提出的货物运输变更的办理等。

3. 货物到达作业

货物到达作业又称货物在到站的货运作业，包括收货人向作为承运人的到站查询、缴费、领货、接受货运单，与到站共同完成交付手续；到站作为承运人向收货人发出货物催领通知，接受到货查询、收费、交货、交单，与收货人共同完成交付手续。由铁路组织卸车或发站由承运人装车到站由收货人卸车的货物，在到站向收货人点交货物或办理交接手续后，即交付完毕；发站由托运人组织装车，到站由收货人组织卸车的货物，到站在货车交接地点交接完毕时，即交付完毕。

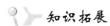

货物的到达与发运时间计算

货物运到期限是指铁路在现有技术设备条件和运输工作组织水平的基础上，根据货物运输种类和运输条件将货物由发站运至到站而规定的最长运输限定天数。货物运到期限按日计算。起码日数为3日，即计算出的运到期限不足3日时，按3日计算。运到期限由货物发送期间、货物运输期间、特殊作业时间3部分组成。货物发送期间是指车站完成货物发送作业的时间，包括发站从货物承运到挂出的时间，为1日。货物运输期间是货物在途中的运输日数，每250运价公里或其未满为1日；按快运办理的整车货物每500运价公里或其未满为1日。特殊作业时间是为某些货物在运输途中进行作业所规定的时间，具体规定为：①需要中途加冰的货物，每加冰1次，另加1日；②运价里程超过250km的零担货物和1t型集装箱另加2日，超过1 000km加3日；③一件货物重量超过2t、体积超过3m³或长度超过9m的零担货物，另加2日；④整车分卸货物，每增加一个分卸站，另加1日；⑤准、米轨间直通运输的货物另加1日。对于上述5项特殊作业时间应分别计算，当一批货物同时具备几项时，应累加计算。

货物运到逾期是指货物的实际运到天数超过规定的运到期限。货物的实际运输天数是指从起算时间到终止时间的这段时间。

起算时间是从承运人承运货物的次日（指定装车日期的，为指定装车日的次日）起算。终止时间是到站由承运人组织卸车的货物，到卸车完毕时止；由收货人组织卸车的货物，货车调到卸车地点或货车交接地点时止。

3.3 铁路运输设施与工具

铁路线路是由路基、桥隧建筑物与轨道组成的。铁路运输工具主要由铁路机车和车辆构成。

3.3.1 铁路运输设施

1. 铁路线路

（1）路基是轨道的基础，直接承受轨道传递来的压力。

(2) 桥隧建筑物是指桥梁、隧道建筑物。桥梁是铁路跨越江河、干谷、道路与铁路的架空建筑物。隧道是修建在地层内的建筑物。一般在山区修建铁路时，为避免开深路堑或修过长的迂回线而开凿隧道。

(3) 轨道是由钢轨、轨枕、联结零件、道床、道岔及防爬设备等组成的整体工程结构。其引导机车车辆的运行方向，并将列车的巨大压力通过车轮首先作用在钢轨顶面，再依次传到轨枕、道床和路基或桥梁建筑物，使单位面积受力逐渐减小，直到能适应路基或桥梁建筑物的承载力。

铁路线路按轨距（两股钢轨头部顶面下 16mm 范围内两作用边之间最小的距离）不同可分为准轨铁路（轨距 1 435mm）、宽轨铁路（轨距大于准轨的铁路）、窄轨铁路（轨距小于准轨的铁路）。轨距 1 000mm 的窄轨铁路又称米轨铁路。

2. 铁路信号设备

铁路信号设备是信号、联锁设备（主要用于保证行车、调车安全的设备）与闭塞设备（用于保证区间行车安全和提高通过能力的设备）的总称。

信号设备是向有关人员指示行车和调车工作命令的设备。铁路信号按信号形式分为视觉信号和听觉信号两大类。我国规定用红色、黄色与绿色作为信号的基本颜色，红色表示停车，黄色表示注意或减速运行，绿色表示按规定速度运行；听觉信号是指号角、口笛、响墩发出的音响和机车、轨道车的鸣笛声。此外，铁路信号按设备形式分为固定信号、移动信号与手信号三大类。在固定地点安装的信号设备叫固定信号，固定信号是铁路信号的主要信号；临时设置的信号牌、信号灯等叫移动信号；手拿信号灯、信号旗或用手势显示的信号叫手信号。信号标志表示线路所在地点或状态，能够使司机和作业人员及时、正确地作业。

3. 铁路车站

铁路车站是铁路系统的基层生产单位，是办理客、货运输的场所。在铁路车站里，除了办理旅客与货物运输的各项作业外，还要办理与列车运行有关的各项作业，例如列车的接发、会让与越行、车站列车解体与编组、机车的换挂与车辆的检修等，以提高铁路运输效率和运输能力。

(1) 铁路车站按业务性质不同分为客运站、货运站与客货站。客运站是专门办理旅客运输业务的车站，其主要任务就是保证安全、正点地接发旅客列车，迅速、有序地组织旅客上下车及行包邮件的装卸与搬运，方便旅客办理旅行手续和候车，并保证铁路与城市交通有良好的衔接，使旅客能够迅速集散。货运站是专门办理货物的承运、交付、装卸作业、货物联运或换装作业的车站，有的还办理货物换装及车辆的洗刷除污、上水、加冰等作业。

(2) 铁路车站按技术作业的不同分为技术站与中间站。技术站又可分为编组站与区段站。技术站主要办理货物列车的解体、编组、更换机车等作业。货物运输途中，托运人或收货人办理的货物变更到站，多在技术站尤其是编组站进行。编组站是铁路网上办理货物列车解体与编组作业，并为此设有比较完善的调车设备的车站，其主要任务是根据列车编组计划的要求，大量办理各种货物列车的解体和编组作业，并且按照运行图规定的时刻正点发车。中间站主要办理列车的接发、会让与越行作业。多数中间站都办理货运作业。

4. 调车设备

铁路上的调车设备，有平面牵出线、特殊断面牵出线和调车驼峰等，调车驼峰又可分成非机械化驼峰、机械化驼峰与自动化驼峰。平面牵出线与特殊断面牵出线均属于平面调车范畴,其缺点是调车效率不高、改编能力较低、安全性较差、劳动强度较大、车辆留放以机车动力为主。而驼峰调车则以利用车辆重力为主,以机车推力为辅。

3.3.2 铁路运输工具

1. 铁路机车

铁路机车即火车头,是牵引铁路列车的动力来源。根据其动力源的不同,机车可以分为蒸汽机车、内燃机车和电力机车。

1) 蒸汽机车

蒸汽机车是早期的铁路机车类型,如图 3.1(a)所示,其主要由钢炉、汽机、走行部、车架、煤水车、车钩缓冲装置及制动装置等部分组成。

蒸汽机车的构造比较简单,制造和维修比较容易,成本比较低,因此最早被世界各国铁路采用。但是,蒸汽机车牵引力不够大,热效率太低,其总效率一般只有 5%~9%,煤水消耗量很大,需要大量的装煤、给水设备,而且会污染空气。因此,在现代铁路运输中,蒸汽机车已逐渐被其他新型机车所取代。

2) 内燃机车

内燃机车系利用柴油作燃料,以内燃机运转带动发电机产生的电流作为动力来源,再由电流牵引马达使其带动车轮转动。图 3.1(b)所示是内燃机车的一种。

内燃机车一般以柴油为燃料,其热效率高,可达 30%左右,内燃机车是各类机车中热效率较高的一种。内燃机车机动灵活,机车的整备时间短,用水量少,持续工作的时间长,上足一次油后能运行较长距离,故适用于长途路,且其初期投资比电力机车少。

3) 电力机车

电力机车本身不带原动机,以接收到的接触网送来的电流作为动力来源,并由牵引电动机驱动机车的车轮。电力机车具有功率大、热效率高、速度快、过载能力强和运行可靠等主要优点,而且不污染环境,特别适用于运输繁忙的铁路干线和隧道多、坡度大的山区铁路干线。图 3.1(c)所示是电力机车的一种。

电力机车由于速度快、爬坡能力强、牵引力大、不污染空气,因此发展很快。此外,地下铁路也随着电车的出现而得以发展。

(a) 蒸汽机车

图 3.1 铁路机车类型

(b) 内燃机车

(c) 电力机车

图 3.1　铁路机车类型(续)

2. 铁路车辆

铁路上用于装运货物的车辆称为铁路货车。铁路货车按其用途一般可分为通用货车、专用货车及特种货车 3 类。通用货车装运的货物种类多不固定，一般有敞车、棚车、平车等。专用货车一般只装运一种或很少几种货物的车辆，如罐车、冷藏车、集装箱车、矿石车、长大货物车、毒品车、家畜车、水泥车、粮食车等。特种货车是装运特殊货物的车型。铁路货车的车种、用途及特点见表 3-1。

表 3-1　铁路货车的车种、用途及特点

货车分类	车种名称	车种编码	用途及特点
通用货车	敞车	C	车体无顶棚，有固定的车墙，墙高一般在 0.8m 以上；可装运不怕日晒雨淋的货物；如装货后加盖篷布，也可装运怕日晒雨淋的货物
	棚车	P	车体有顶棚、车墙及门窗，可装运贵重及怕日晒雨淋的货物；有的车内设有安装火炉、烟囱等设备的装置，必要时可以运送人员或马匹
	平车	N	车体为一平板或设有可翻下的活动底侧、端墙板；可装运大型钢梁、混凝土梁、大型机械以及带轮自行货物，或装运矿石、砂石等块、粒状货物

续表

货车分类	车种名称	车种编码	用途及特点
专用货车	罐车	G	车体呈罐形的车辆,用来装运汽油、原油、黏油、植物油、液氨、酒精、水、酸碱类等液体以及水泥、氧化铅粉等粉末状货物
	冷藏车	B	车体装有隔热材料,车内设有冷却、加温等装置,具有制冷、保温和加温3种性能,用来装运鱼、肉、鲜果、蔬菜等易腐货物
	集装箱车	X	供运送 TBJ$_{10}$ 10t 箱以及 GB 1413—85 系列集装箱之用;无车底板和车墙板,车底架上表面设固定式、翻转式锁闭装置和门止挡,以便锁闭集装箱
	矿石车	K	供运送矿石、煤炭等货物之用;有的车体下部呈漏斗形并设底、侧开门卸货(称为漏斗车),有的车体能向一侧倾斜,由侧门卸货(称为自翻车)
	长大货物车	D	供运送长大货物之用,一般载重量为90t以上和长度在19m以上,只有底架而无墙板
	有毒物品车	W	供运送农药等有毒货物之用,空闲时可装运化肥;车体为黄色,有墙板、车顶,在车顶外部增设遮阳板;在车内地板四角处,各设一个排水口,以便车内洗刷时排水
	家畜车	J	供运送猪羊等家畜及家禽用;车墙木条间有空隙可以通风,有的还设有饲料槽
	水泥车	U	供运送散装水泥之用;车内有密封式罐形车体,车顶有装货口,设气卸式卸货装置,利用空气压力卸货
	粮食车	L	供运送散装粮食用;车顶有6个装货口,车体下部倾斜,车底有3个漏斗,每个漏斗底部设一个卸货口,漏斗下部两侧还各设一个拉板式卸货口
特种货车	特种车	T	按特种用途设计制造的货车,其结构和用途与上述车种不同,如检衡车、救援车、除雪车等

知识拓展

中国铁路之最

(1) 唐胥铁路——中国人自己修筑的,真正成功并保存下来加以实际应用的第一条铁路。

(2) 淞沪铁路——中国土地上的第一条铁路,1876年英资怡和洋行在上海修建,此路全长30km。

(3) 上海浦东高速磁浮铁路——中国第一条高速磁浮铁路。全长30km,平均运行速度达到60~70m/s。

(4) 成渝铁路——新中国自行设计施工的第一条铁路,完全采用国产材料修建的第一条铁路。

(5) 粤海铁路——中国第一条跨海铁路,2003年1月7日正式开通。总投资45亿元,由"两线一渡"工程组成,即广东境内的湛江至海安铁路139km、琼州海峡铁路轮渡24km、海南境内的海口至叉河西环铁路182km。

(6)包兰铁路——穿越茫茫腾格里沙漠的第一条沙漠铁路。经过当地人民防沙治沙,在铁路沿线建起绿色屏障,至今已安全畅通41年。这一治沙工程被誉为"世界奇迹",并荣获联合国"全球500佳环境保护奖"。

(7)宝成铁路——四川与全国沟通的第一条铁路,也是中国第一条电气化铁路。北起陕西宝鸡,过略阳、阳平关入四川,再经广元到达成都,全长669km,四川境内374km。

(8)京九铁路——我国铁路建设史上规模最大、投资最多、一次建成里程最长、工期最短的纵贯南北、跨越九省市的铁路大干线。全线正线长2 397km。

(9)成昆铁路——在禁区建成的铁路。成昆铁路所在的路线,曾经是外国专家断言根本不能修建铁路的"禁区"。这条铁路贯穿成都至昆明,全长1 085km,其1/3的路段落在地震地区。沿线山高谷深,川大流急,地质复杂,气候多变,凿穿大山数百座,修建隧道427座,架设桥梁653座,桥梁隧道总长400多千米,平均每1.7km有一座桥梁,每2.5km有一条隧道,其工程之艰巨,为世界铁路建设史所罕见。

(10)南疆铁路——一半是"火焰"一半是"冰山"的铁路。南疆铁路经过最低的陆地之一的吐鲁番盆地,进入天山山区,一处奇热,一处奇冷。铁路全长476km,全线除戈壁荒漠和盐渍地外,一半以上是深山峡谷,曲线占80%。

(11)南昆铁路——风景最美、最险峻的干线。南昆铁路东起南宁,西至昆明,北接红果,全长899.7km,是连接广西、贵州、云南的国家一级电气化铁路干线。其沿途高峡深谷,山水奇秀。很多的世界第一和亚洲第一都在这条干线上被创造出来,其中包括世界铁路第一高桥——清水河大桥,亚洲第一险隧道——家竹菁隧道,亚洲第一墙——石头寨车站拉氏椿板墙,单线最长电气化隧道——米花岭隧道。

(12)青藏铁路——世界海拔最高又最让人期待的一条干线。修建在"世界屋脊"青藏高原上的青藏铁路,其沿线海拔在3 000m左右,最高达5 000m,是中国第一条高原铁路,也是目前世界上海拔最高的铁路。其工程量虽然比不上成昆线,但高原的气候、自然条件十分恶劣,地质十分复杂,使其修建难度十分巨大。

(13)武广客运专线于2005年6月23日在长沙开始动工,2009年12月19日试运行,2009年12月26日正式运营。该线使武汉到广州的运行时间缩短到2小时46分,广州至武汉,耗时2小时44分;长沙至武汉,耗时1小时33分。武广客运专线始于武汉新武汉站,经过咸宁、赤壁、岳阳、长沙、株洲、衡阳、郴州、韶关、花都等站到达广州的新广州站,全长约1 068.6km,设计时速350km/h,试车最高时速394.2km/h,投资总额1 166亿元。目前,武广客运专线已入选中国世界纪录协会中国里程最长、技术标准最高、投资最大、票价最高的铁路客运专线,创造了多项世界之最、中国之最。

本章主要介绍了铁路运输的概念、作用、运输形式等相关的内容,铁路运输是指利用机车、车辆等技术设备沿铺设轨道运行的运输方式。铁路运输是现代运输的重要组成部分,也是长途运送货物的主要交通工具,具有负载量大、运输成本低等优点。

速度是运输尤其是旅客运输最重要的技术指标,也是主要的质量指标。自铁路运输产生以来,人们一直致力于列车速度的提高。在发展高速铁路技术的同时,各个国家都在大幅度地提高列车速度。提高旅客列车速度是当前各国铁路运输发展的一大趋势。

铁路货物运输普遍采用重载技术。一些国家依靠科技进步,更新和采用先进的技术设备使重载铁路技术装备总体水平有了较大提高。重载运输是提高运输效率,扩大运输能力,加快货物运输和降低运输成本的有效方法。重载列车所能达到的载重量,在一定程度上反映了一个国家铁路重载运输技术综合发展的水平。

课后习题

一、单选题

1. 货物的托运,是发货人组织货物运输的一个重要环节,主要包含托运准备工作及( )。
   A. 货物运单的填写   B. 检验单的填写
   C. 接收单的填写   D. 结算单的填写
2. 铁路车站按业务性质不同分为客运站、货运站与( )。
   A. 编组站   B. 客货站   C. 发运站   D. 集货站
3. 铁路车站按技术作业的不同分为技术站与( )。
   A. 终点站   B. 编组站   C. 中间站   D. 连接站
4. 最先进的磁悬浮列车利用磁力使列车悬浮在铁轨上,其速度能达到每小时( )。
   A. 200多千米   B. 300多千米   C. 400多千米   D. 500多千米
5. 根据动力源的不同,机车可以分为蒸汽机车、内燃机车和( )。
   A. 电力机车   B. 磁力机车   C. 磁浮机车   D. 动力机车

二、简答题

1. 铁路货物运输优缺点有哪些?
2. 哪些货物应按整车运输办理?
3. 铁路运输作业流程有哪些?
4. 集装箱运输有哪些要求?
5. 铁路运输有哪些发展趋势?

【实训任务】

了解铁路运输业务。

【实训目标】

通过本次实训，使学生进一步了解铁路运输企业的业务及各种铁路运输企业的特点。

【实训内容】

要求学生自己选择铁路运输企业，然后围绕该运输企业进行调研，收集铁路运输资料，并在指导老师的帮助下，分析该铁路运输企业的业务、总结各种铁路运输单位的业务职责。

【实训要求】

将班级同学进行分组，每组成员不超过 8 人，指定组长 1 名，由组长安排各小组的进度，并负责总体的协调工作，选择 2~3 个铁路运输企业进行实习，通过实习，提出铁路运输企业的具体业务，并提出不同部门的工作职责。

【考核方法】

考核内容	标准分值	实训评分
资料收集整理	20 分	
提出该铁路运输企业的业务	30 分	
提出业务人员的工作职责	30 分	
实训过程表现	20 分	

【案例讨论】

海尔物流是海尔集团为了发展配送服务而建立的一套设备齐全、现代化的物流配送体系，海尔物流服务的主要对象分为两类：海尔集团内部的事业部和集团外部的第三方客户。

1. 订单聚集

海尔采用 SAPLES 物流执行系统，将运输管理、仓库管理以及订单管理系统进行高度一体化整合，使得海尔能够将顾客订单转换成为可装运的品项，从而有机会去优化运输系统。海尔可以集运和拆分订单去满足客户低成本运输的需要。这种订单的聚集和客户的订单观念直接联系在一起，从而使海尔能够更加准确、有效、简单、直观地管理客户的运输和相关物流活动。

2. 承运人管理和路径优化

海尔物流提供持续的一致的程序去管理费用和承运团队的关系，依靠对运输的优化而持续地更新海尔的运输费用折扣。海尔的流程和软件系统可以使其能够不断去改进其审计和付款、装运招标和运输追踪。海尔的运输管理系统可以允许海尔的运输工程师去设计和执行复杂的最佳运输路径，这有可能包括了多重停留、直拨与合并运输。所有这些都可以在路径设计、运输方法选择时被考虑。由于海尔的仓库管理系统和运输管理系统是高度集成的，所以在多地点停留的货车可以将装卸的信息直接与仓库的系统通信，以确保货车在正确的路径上准点到达。

3. 多形态的费率和执行系统

海尔物流管理管理系统中的各种形式的运输模式，包括了快递、整车、零担、空运、海运和铁路运输，并按照客户的需求，应用各种先进的费率计算系统向客户提出建议。海尔的运输管理系统还集成到海尔的财务收费系统，故可以向客户提供其综合性的财务报告。

4. 行程执行

海尔物流应用海尔总结出来的建立在相互协商、不同服务功能的界定和其他商业标准基础上的一整套的方法来计算运费。通过集中运输中心的设立，可以整合所有的承运者，并选择合适的承运工具，从而大幅度地降低偏差和运输成本。

5. 可视化管理

海尔物流的动态客户出货追踪系统可以对多点和多承运人进行监控，故相关的客户可以从系统上直观地查询到订单的执行状况甚至每个品种的信息。每次的出货，不论是在海尔集团系统内，还是在海尔的全国网络内，其所有的承运活动都被电子监控。所有的运输信息都可以在 Web 上查询。海尔的信息系统和以海尔文化为基础的管理系统可确保所有承运人和整个网络都能及时、准确和完整地获得所有可视化的数据。

6. 运输线合并

海尔物流将不同来源的发货品项，在靠近交付地的中心进行合并，并组合成完整的订单，最终作为一个单元送交到收货人手中。

7. 持续移动

海尔物流可以根据客户的需要去提高承运的利用率，降低收费费率。例如，海尔的运输工程师可以将家电从贵州运到上海，而在昆山将一批计算机产品补货到货车运送到重庆。这是因为海尔物流管理的运输网络和先进的工具可以追踪这些补货的路径安排需要，从而发现降低成本的机会。

8. 车队、集装箱和场地管理

许多客户都拥有自己的专有货车、集装箱和设施场地供自己的车队使用。海尔物流可以管理这些资源从而将其纳入海尔物流整体运输解决方案中。海尔的先进系统可以提供完整的车辆可视化管理，不论周转箱或集装箱在现场还是在高速公路上，海尔物流都能为这些独特的运输需要服务，包括散货、冷冻冷藏、周转箱的回转以及危险品等需要特殊处理和相关条例管理的运输。

(资料来源：http://jpkc.dlmu.edu.cn/jpkc/wlx/xiti/anli.doc. 经作者整理)

讨论：

海尔运输服务的经验有哪些？

第4章

航空货物运输

HANGKONG HUOWU YUNSHU

【学习目标】

知识目标	技能目标	学时安排
（1）掌握航空运输的方式及流程； （2）了解航空运输的发展及特点； （3）熟悉航空运输的设施与设备	学会如何进行航空运输货物的托运	8学时

【导入案例】

飞机去哪儿了

案例一：2014年3月8日凌晨2点40分，马来西亚航空公司称一架载有239人的波音777-200飞机与管制中心失去联系，该飞机航班号为MH370，原定由吉隆坡飞往北京。该飞机本应于北京时间2014年3月8日6:30抵达北京，但其于马来西亚当地时间2014年3月8日凌晨2点40分与管制中心失去联系。

案例二：一票从罗马经北京中转至大连的货物，一程航班XY940/05FEB 02，二程航班XY951/08FEB 02，货运单号888-34783442，1件320公斤，品名：尼龙粉，收货人：大连市保税区贸易公司。赔偿原因：内物丢失16公斤。调查情况：2012年2月7日装卸人员在倒板时发现有绿色粉末散落，并随即告知保管员，但保管员没有理会这些，随口说就那么装，也没有填开事故记录。货物价值：13 070马克，每公斤38马克，折合人民币约2 403元。

思考：
航空承运人的法律责任是什么？

 4.1 航空货物运输概述

航空运输是指使用航空器运送人员、行李、货物和邮件的一种运输方式，是目前国际上一种安全迅速的货物运输方式。

未来几年，我国航空运输将获得较为快速的发展，航空运输需求和供给也将进一步增加，但也会面临来自国外航空企业和其他运输方式的更激烈的竞争。

4.1.1 航空运输的概念及现状

航空运输又称飞机运输，是在具有航空线路和飞机场的条件下，利用飞机作为运输工具进行货物运输的一种运输方式。在我国运输业中，航空运输货运量占全国运输量比例还比较小，其主要是承担长途客运任务。伴随着物流的快速发展，航空运输在货运方面也将会扮演重要角色。随着经济建设的高速发展，科学技术的进步以及社会活动节奏的加快，高附加值、对运费承受能力强、追求运送速度的货物越来越多，这极大地推动了航空货物运输的发展。

国内环境方面，随着经济的发展和人们生活水平的提高，居民的消费将逐步向舒适型、发展型、享受型转变。航空运输作为各种运输方式中最舒适、快捷的一种，必然会越来越受到人们的青睐。产业结构的调整和升级在加快，故高附加值、时效性强的产品比例也随之增加，从而对航空货运的需求也将增加。此外，西部大开发、振兴东北老工业基地、中部崛起等区域战略的推进，使区域间的联系逐步加强，区域间人员往来逐渐增多，而我国幅员辽阔，区域联系跨度大、距离长，故区域间运输需求的增加也将为航空运输带来新的机会。最后，城镇化进程的加快，不仅为航空运输提供了市场，也为航空运输提出了扩大服务覆盖范围的要求。

国外环境方面，经济全球化进程加速推进，全球范围内经贸活动日益繁荣，为长距离运输提供了大量需求，航空运输作为最适宜长距离的运输方式，无疑将成为受益者。世界经济持续增长，国际旅游持续升温，我国的国际旅游业更是保持着强劲的增长势头，近年来出入境旅游人数屡创新高，这种趋势在未来一段时间内还将继续保持。航空运输作为国际旅游首选的运输方式，必将随着国际旅游业的繁荣而获得更为广阔的市场空间。

4.1.2 航线与航班

航空运输是承运人根据旅客或货主的需求，在规定的时间内，利用相关设施，按照某种价格，使用航空器将货物运送到指定目的地。由于航空运输具有速度快、航线不受地形条件限制、安全准确和手续简便等优点，故其在开辟新市场、适应市场需要与变化、及时调整运力等方面具有其他运输方式不可比拟的优越性。因此，自其问世以来，发展便十分迅速，在整个国际贸易运输方式中所占的地位日益显著，航空货物的周转量也在稳步增长。

1. 航线

民航从事运输飞行时，必须按照规定的线路飞行，这种路线称为航空交通线，简称航线。

航线不仅确定了航行的具体方向、经停地点，还根据空中管理的需要规定了航路的宽度和飞行的高度层，以维护空中交通秩序，保证飞行安全。

航线按飞机飞行的路线分为国内航线和国际航线。飞机飞行的线路起讫点、经停点均在国内的称为国内航线；飞机飞行的线路跨越本国国境，通达其他国家的航线称为国际航线。

由于国内运输与国际运输的规则不同，使用的一些规章制度以及索赔的赔偿标准也大相径庭，因此必须深刻理解两者的定义。《华沙公约》（我国于 1958 年 7 月 20 日宣布参加该公约，该公约于 1958 年 10 月 18 日正式对我国生效）中对国际运输的定义如下。

国际运输是指根据有关各方所订的合同，不论在运输中是否有间断或转运，其出发地和目的地是在两个缔约国的领土内，或是在一个缔约国的领土内，但在另一个缔约国或非缔约国的主权、宗主权、委任统治权或权力管辖下的领土内有一个议定的经停地点的任何运输。在同一缔约国的主权、宗主权、委任统治权或权力管辖下的领土间的运输，如果没有这种议定的经停地点，就本公约而言不得作为国际运输。

2. 航班

飞机由始发站起飞并按照规定的航线经过经停站至终点站做运输飞行称为航班。航班分为去程航班和回程航班。班次是指在单位时间内（通常用 1 个星期计算）飞行的班数,包括去程和回程。在机型不变的情况下,班次增多表明提供的运输能力增强。班次是根据客观需要和主观能力来确定的。按照一定的办法给各个航班编排不同的号码,前面再加上公司的英文两字代码(例如 CA 表示国航,JL 表示日航)组成航班号以方便区别和业务处理。

3. 航线的开辟

开辟航线属于航线网建设,应有计划有步骤地进行,其是民航企业经营的大事,在政治上和经济上都具有重大意义。开辟航线涉及国民经济中统一运输网的建立、全国机场兼顾民用军需的合理布局、生产力的配置、城市发展规划、国家基建投资、运输工具的类型及运输能力的发展规划等一系列需要进行全面规划与综合考虑的重大问题。一般来说,开辟航线是指在原有航线网的基础上增辟新线。这事先需要进行深入细致的可行性调查研究分析,主要包括 3 个方面:客观需要的情况,开辟航次的可能性,经济效益的预测。

民航运输是为满足国家的政治、经济、国防、外交、科学文化各方面的需要以及人民生活的需要服务的,故要以国家的方针、政策和任务为指导,对准备开航的地点进行调查,掌握当地及附近地区对航空运输的需求情况,同时还要摸清现有地面运输的客货流量、流向和变化规律。开辟航线不但要遵循客观经济规律,而且还要遵循自然规律。如果需要修建机场,就要对当地的气象、地质等情况进行深入的调查,并要了解器材、油料的运输条件,对机场建设包括选址、勘测、设计、施工以及建设周期、基建投资额等也都要做出计划。在经营管理方面,要研究适用的机型、班次密度、班期时刻、运价水平,并根据掌握的资料进行业务预测,估算收入和利润。在通盘考虑主客观条件后,如认为具有开辟航线的必要件和可能性,则应报请有关部门批准后执行。

4.1.3　航空运输的特点

1. 速度快

这是航空运输的最大特点和优势,现代喷气式客机,巡航速度为 $800\sim900\text{km/h}$,比汽车、火车快 $5\sim10$ 倍,比轮船快 $20\sim40$ 倍,而且距离越长,航空运输节约的时间越多,其快速的特点也越显著。

2. 不受地形限制,机动性大

飞机在空中飞行,受陆地高山等因素的限制较少,受航线条件限制的程度也远比汽车运输、铁路运输和水路运输小得多。航空运输可以将地面上任何距离的两个地方连接起来,并可以定期或不定期飞行。尤其对于灾区的救援、供应和边远地区的急救等紧急任务,航空运输已成为必不可少的手段。

3. 舒适、安全

喷气式客机的巡航高度在 $10\,000\text{m}$ 左右,其飞行不受低空气流的影响,平稳舒适。现代民航客机的客舱宽敞、噪声小,机内有供膳、视听等设施,旅客乘坐的舒适程度较高。且由于科学技术的进步和对民航客机适航性的严格要求,航空运输的安全性比以往已大大的提高。

4. 适用范围广

飞机尤其是直升机，不但可供客、货运输，而且还可以用于邮政、农业、渔业、林业、救济、工程、警务、气象、旅游观光和军事等各方面。因此，航空运输用途十分广泛。

5. 基本建设周期短、投资少

要发展航空运输，从设备条件上讲，只要添置飞机和修建机场就可基本满足。这与修建铁路和公路相比，具有建设周期短、占地少、投资省、收效快的优势。据计算，在相距1 000km的两个城市间建立交通线，若载客能力相同，修建铁路的投资是开辟航线的1.6倍。铁路修建周期为5～7年，而开辟一条航线只需要2年左右。

6. 航空运输的国际性

国际贸易的时效性尤其是国际交往对航空运输的要求，使得其具有跨国服务的特性。

7. 航空运输载重量较小，并受气象条件制约

由于受飞机机舱容积和载重量都比较小的制约，航空运输运载成本和运价比地面运输高。受飞行气象条件的限制，飞机的航期和安全常受到影响，且噪声污染也比较严重。

由于航空运输具有快速、机动的特点，可以为旅客节省大量时间，为货主加速资金周转。因此，航空运输在客运和进出口贸易中，尤其是在贵重物品、精密仪器、鲜活物资等的运输方面，起着越来越大的作用。

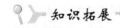
知识拓展

空运货物包装的一般规定

(1) 货物包装应坚固、完好，在运输过程中能防止包装破裂、内物漏出、散失；防止因码放、摩擦、震荡或因气压、气温变化而引起货物损坏或变质；防止伤害操作人员或污染飞机、地面设备及其他物品。

(2) 包装除应适合货物的性质、状态和重量外，还要便于搬运、装卸和码放；包装外表面不能有突出的钉、钩、刺等；包装要整洁、干燥、没有异味和油渍。

(3) 包装内的垫付材料(如木屑、纸屑)不能外漏。除纸袋包装的货物(如文件、资料等)，托运货物都应使用包装带捆扎。严禁使用草袋包装或草绳捆扎货物。

(4) 捆扎货物所用的包装带应能承受该货物的全部重量，并保证提起货物时不致断开。

(5) 如果货物的包装不符合本手册中的相关规定，应要求托运人改进或重新包装后方可收运。

部分货物的特殊包装要求如下。

(1) 液体货物。容器内部必须留有5%～10%的空隙，封盖必须平密；不得溢漏。用玻璃容器盛装的液体，每一容器的容量不得超过500mL。单件货物毛重不超过25kg为宜。箱内应使用衬垫和吸附材料填实，防止晃动或液体渗出。

(2) 粉状货物。用袋盛装的，最外层应使用塑料涂膜纺织袋作外包装，保证粉末不致漏出，单件货物毛重不得超过50kg；用硬纸桶、木桶、胶合板桶盛装的，要求桶身不破、接缝严密、桶盖密封、桶箍坚固结实；用玻璃装的，每瓶内装物的重量不得超过1kg；用铁制或木制材料作外包装的，箱内需用衬垫材料填实。单件货物毛重不超过25kg为宜。

（3）精密易损，质脆易碎货物。单件货物毛重以不超过25kg为宜，可以采用以下方法包装。

① 多层次包装：货物—衬垫材料—内包装—衬垫材料—运输包装（外包装）。

② 悬吊式包装：用几根弹簧或绳索，从箱内各个方向把货物悬置在箱子中间。

③ 防倒置包装：底盘大、有手提把环或屋脊式箱盖的包装；不宜平放的玻璃板，挡风玻璃等必须使用此类包装。

④ 玻璃器皿的包装：应使用足够厚度的泡沫塑料及其他衬垫材料围裹严实，外加坚固的瓦楞纸箱或木箱，箱内物品不得晃动。

（4）裸装货物、不怕碰压的货物，可以不用包装，如轮胎等；不易清点件数、形状不规则、外形与运输设备相似或容易损坏飞机的货物，应使用绳、麻布包扎或外加包装。

（5）大型货物。体积或重量较大的货物底部应有便于叉车作用的部位。

4.1.4 航空运输的发展阶段

20世纪人类在科学技术方面最伟大的贡献之一，就是发明了飞机。1903年12月17日，美国莱特兄弟驾驶自己制造的飞机，实现了人类首次持续的、有动力的、可操纵的飞行，从此开创了人类航空史上的新纪元。

1. 初始阶段(1903—1938年)

莱特兄弟的航空试验，实现了人类多年来在天空翱翔的梦想，进而实现了航空器动力升空自主飞行。20世纪20至30年代初，由于科学技术的日益发展，因而研究建立了飞机设计方法，并积累了空气动力、飞行力学和结构强度等方面的大量实验资料。这一时期，飞机从采用机翼面积很大的多翼机，发展到张臂式单翼机，从木布结构到全金属结构，从敞开式座舱到密闭式座舱，从固定式起落架过渡到收放式起落架。飞机的发展由此走过了初始阶段。

2. 完善阶段(1939—1945年)

这一阶段正处第二次世界大战期间，因战争的需要而促进了空军的迅猛发展，飞机数量、种类以及性能得到空前提高。在改进气动方面，采取了整流措施，如发动机加整流罩，大大降低了飞机的废阻力。这期间在翼型研究上也有突破，出现了层流翼型、尖锋翼型等低阻翼型。这一时期的飞机，仍然采用活塞式发动机，由于受到声障限制，飞行速度已经接近这类飞机的极限(时速750km/h左右)。因此，这一阶段也可以说是活塞式内燃发动机发展到极限的特殊阶段。

3. 突破阶段(1946—1957年)

在这一阶段主要解决了喷气动力飞机的三大航空科学技术难题，即声障、气动弹性和疲劳断裂问题。20世纪50年代中期，喷气战斗机的飞行速度已达到音速的两倍。

4. 高超音速阶段(1958年至今)

从1958年开始，航空器发展到高级阶段，其主要标志是人类社会开始进入航空超音速时代，航空高新技术不断出现并被综合应用。喷气发动机发展迅速，不仅使发动机的推力和推重比大大提高，而且其耗油率和经济性也大为改善。在民用航空领域，最引人注目的是欧洲联合研制的2.2马赫的"协和"式超音速客机。

4.2 航空货运的方式、托运与接收

新材料、新工艺、新技术、新概念的不断运用，使航空运输工具飞机的经济性能和舒适度不断提高，同时使航空运输的运营成本不断降低，从而使航空运输的供给能力得以不断提高。此外，计算机技术、自动化系统、卫星导航系统的不断完善也使得机场运营、空管导航等航空运输保障服务的水平不断提高。

4.2.1 航空货运的方式

1. 航空货运的营运方式

1) 班机运输

班机运输是指根据班机时刻表，按照规定的航线，定机型、定日期、定时刻的客、货、邮、航空运输。一般的航空公司通常使用客货混合型飞机，在保证客运的前提下运载小批量的货物，只有一些货源充足、规模较大的航空公司才在一些航线上采用货运航班。由于航班定期、定站的特点，所以收货人能确切掌握起运、到达的时间，这对运输市场上急需的商品、鲜活易腐货物及贵重货物是非常有利的，所以比较受到托运人和收货人的喜爱。

2) 包机运输

包机运输是指包用民航飞机，在民航固定航线上或者非固定航线上飞行，用以载运旅客、货物或客货兼载的航空运输。包机运输的程序是"包机人申请包机→签订包机合同→填制航空货运单→押运人办理乘机手续"。包机运输必须符合国家法律法规，如果是国际航运，应由包机人自行办理有关手续，且其可以充分利用飞机吨位但不得超载。

包机运输按照租用舱位多少可以分为整机包机和部分包机。整机包机指航空公司或包机代理公司，按照与租机人事先约定的条件和费率，将整架飞机租给租机人，从一个或几个航空站装运货物运达指定目的地的运输方式。部分包机指由几家航空货运代理公司（或发货人）联合包租一架飞机，或者是航空公司把一架飞机的舱位分别租给几家航空货运代理公司（或发货人）装载货物的运输方式。

2. 航空货运的组织方法

1) 集中托运

集中托运在国际航空运输界开展比较普遍，是航空货运代理公司的主要业务之一。近年来，我国在与美国、日本、西欧的航线上都开展了集中托运业务，但贵重物品、危险物品、活动物、文物等货物不能办理集中托运。

集中托运是指航空货运代理公司（也称集中托运商）将若干批单独发运到同一方向的货物，组成一整批，填写一份主运单，发到同一目的站，且由航空货运代理公司委托目的站当地的代理人（也称分拨代理商）负责收货、报关并交付给每个实际收货人。航空货运代理公司对每一发货人都发一份代理公司签发的分运单，以便发货人转给收货人并使之凭以提取货物或收取货物价款。

2) 快件运输

航空快件运输也叫国际快递服务，一般是指航空快递公司与航空公司合作，以最快的速

度在发货人与收货人之间传递物品,也有航空快递公司其自己就拥有货运航空公司,如全球最大的包裹运送服务公司之一 UPS。航空快运的业务性质和运输方式与普通航空货物运输基本上是一样的,可以视为航空货物运输的延续。其业务形式大致有门到门、门到机场、专人运送 3 种。

3) 邮件运输

邮件运输是邮政部门与航空公司以运输合同(或协议)方式合作组织的包裹、信件等小件物品的航空运输,其在全部航空货运中约占 10% 的比例。

4) 联合运输

由于航线不能延伸到货主所需要的每一处所,所以就出现了航空运输与其他运输方式的联合运用,尤其是与陆路运输的联运。这里联合运输方式主要是指陆空联运,主要有以下 3 种类型。

(1) 火车—飞机—卡车的联合运输方式,简称 TAT。
(2) 火车—飞机的联合运输方式,简称 TA。
(3) 卡车—飞机的联合运输方式,简称 AT。

我国空运出口货物经常采用陆空联运方式,也有海空联运的联运方式,海空联运又叫空桥运输,这种运输方式的优越性在于其运输时间比全程海运少,且运输费用比全程空运便宜。因此一般比较适用于对运费比较敏感而又要求快速运达的货物。但是这种联运方式要求换装;同时要求机场位于海岸,且设有机场码头,并开通海上航线。

我国虽然幅员辽阔,但可开辟国际航线的航空港(即口岸)却较少,虽然省会城市和一些主要城市每天都有班机飞往北京、上海、广州等,但班机所带货量有限,且费用较高。如果采用国内包机运送,费用昂贵,手续也比较复杂。因此,在货量较大的情况下,内地空运出口货物一般都采用联合运输方式。即先陆运至国际航空口岸,再与国际航班衔接。我国南方各省份出口的普通货物,常利用中国香港机场航班较多、普通货物运价便宜等优点,先用铁路将货物运至深圳北,然后卸载装汽车后运至香港,再从香港机场用班机运至目的地或中转站。鉴于陆空联运的需要,不少国家和地区在新建和扩建大型机场时,除修建对外联系的公路外,还修建机场铁路,如我国的香港就已建成了机场铁路。此外,一些大型航空公司与公路或铁路结盟,开展联运,如美国盐湖城、波兰特机场与机场铁路及公路合作。此外,由于汽车具有机动灵活的特点,在运送时间上更可掌握主动性,因此国际贸易中的出口货物一般都采用陆空联运的方式。

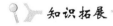

特种货物的航空运输

凡需使用飞机对对人体、动植物有害的菌种、带菌培养基等微生物制品进行运输的货物,非经民航总局特殊批准不得承运。凡经人工制造、提炼,并进行过无菌处理的疫苗、菌苗、抗菌素、血清等生物制品,如托运人提供无菌、无毒证明则可按普货承运。微生物及有害生物制品的仓储、运输应当远离食品。植物和植物产品运输须凭托运人所在地县级(含)以上的植物检疫部门出具有效的"植物检疫证书"。骨灰应当装在封闭的塑料袋或其他密封容器内,外加木盒,且其最外层用布包装。

动物运输必须符合国家有关规定,并需出具当地县级(含)以上检疫部门的免疫注射证明和检疫证明书；托运属于国家保护的动物，还需出具有关部门准运证明；托运属于市场管理范围的动物要有市场管理部门的证明。

托运人托运动物，应当事先与承运人联系并定妥舱位。办理托运手续时，需填写活体动物运输托运申明书。需专门护理和喂养或者批量大的动物，应当派人押运。动物的包装，既要便于装卸又需适合动物特性和空运的要求，应能防止动物破坏、逃逸和接触外界，且其底部有防止粪便外溢的措施，以保证通风，防止动物窒息。此外，动物的外包装上还应当标明照料和运输的注意事项。

托运人和收货人应当在机场交运和提取动物，并负责动物在运输前和到达后的保管。有特殊要求的动物装舱时，托运人应当向承运人说明注意事项或在现场进行指导。承运人应当将动物装在适合载运动物的飞机舱内。若动物在运输过程中死亡，则除承运人的过错外，承运人不承担责任。

托运人托运鲜活易腐物品时，应当提供最长允许运输时限和运输注意事项，并定妥舱位，按约定时间到机场办理托运手续。此外，政府规定需要进行检疫的鲜活易腐物品，还应当出具有关部门的检疫证明。

包装要适合鲜活易腐物品的特性，不致污染、损坏飞机和其他货物。客运班机不得装载有不良气味的鲜活易腐物品。需要特殊照料的鲜活易腐物品，应由托运人自备必要的设施，必要时由托运人派人押运。在运输、仓储鲜活易腐物品过程中，承运人因采取防护措施所产生的费用，由托运人或收货人支付。

4.2.2 航空货运的托运流程

航空货物的托运是指航空货运公司从发货人手中接货到将货物交给航空公司承运这一过程所需通过的环节、办理的手续以及必备的单证，其起点是从发货人手中接货，终点是货交航空公司。

1. 托运受理

发货人（即托运人）在货物出口地寻找合适的航空货运公司，为其代理空运订舱、报关、托运业务；航空货运公司根据自己的业务范围、服务项目等接受托运人委托，并要求其填制航空货物托运书，以此作为委托与接受委托的依据，同时提供相应的装箱单、发票。

2. 订舱

航空货运公司根据发货人的要求及货物本身的特点（一般来说，非紧急的零散货物可以不预先订舱）填写民航部门要求的订舱单，注明货物的名称、体积、质量、件数、目的港、时间等，要求航空公司根据实际情况安排航班和舱位，也就是航空货运公司向航空公司申请运输并预定舱位。

3. 货主备货

航空公司根据航空货运公司填写的订舱单安排航班和舱位，并由航空货运公司及时通知发货人备单、备货。

4. 接单提货

航空货运公司去发货人处提货并送至机场，同时要求发货人提供相关单证，主要有报关单证，如报关单、合同副本、商检证明、出口许可证、出口收汇核销单、配额许可证、登记手册、正本的装箱单、发票等。

5. 缮制单证

航空货运公司审核托运人提供的单证，缮制报关单，报海关初审。缮制航空货运单，要注明名称、地址、联络方法、始发及目的港、货物的名称、件数、质量、体积、包装方式等，并将收货人提供的货物随行单据订在运单后面；如果是集中托运的货物，则要制作集中托运清单、航空分运单，一并装入一个信袋，并订在运单后面。最后将制作好的运单标签粘贴或拴挂在每一件货物上。

6. 报关

持缮制完的航空运单、报关单、装箱单、发票等相关单证到海关报关放行。海关将在报关单、运单正本、出口收汇核销单上盖放行章，并在出口产品退税的单据上盖验讫章。

7. 货交航空公司

将盖有海关放行章的航空运单与货物一起交给航空公司，由其安排航空运输，随附航空运单正本、发票、装箱单、产地证明、品质鉴定书等。航空公司验收单、货无误后，即在交接单上签字。

8. 信息传递

货物发出后，航空货运公司将及时通知国外代理收货。通知内容包括航班号、运单号、品名、数量、质量、收货人的有关资料等。

9. 费用结算

最后是费用结算问题。费用结算主要涉及发货人、承运人和国外代理3个方面，即向发货人收取航空运费、地面运费及各种手续费、服务费，向承运人支付航空运费并向其收取佣金，并可按协议与国外代理结算到付运费及利润分成。

4.2.3 航空货运的接收流程

航空货运货物到达目的地机场后，首先由承运人把货物卸下飞机，然后进行进港航班预报、单据处理，之后向收货人发出到货通知，最后由收货人领取货物。

1. 机场卸货工作

1) 卸货前检查

货物运抵目的地后首先进行卸货作业，但为使卸车作业顺利进行，防止误卸和确认货物在运输过程中的完整状态，便于划分责任，在卸车前应认真做好以下3个方面的检查工作。

（1）检查货位。主要检查货位能否容纳下待卸的货物，货位的清洁状态，以及相邻货位上的货物与卸下货物性质有无抵触。

（2）检查运输票据。主要检查运输票据记载的到站与货物实际到站是否相符，了解待卸货物的情况。

（3）检查包装。主要检查货物装载状态有无异状；施封是否有效；待卸货物与运输票据是否相符以及可能影响货物安全的因素等。

2) 卸车后的检查

（1）检查运输票据。主要检查票据上记载的货位与实际堆放货位是否相符。

（2）检查货物。主要检查货物件数与货运单记载是否相符，堆码是否符合要求，卸后货物安全距离是否符合规定。

2. 进港航班的预报

航空公司以当日航班进港预报为依据，在航班预报册中逐项填写航班号、机号、预计到达时间；同时还应了解到达航班的货物装机情况及特殊货物的处理情况。

3. 单据处理

在每份货运单的正本上加盖或书写到达航班的航班号和日期；认真审核货运单，注意运单上所列目的港、代理公司、品名和运输保管注意事项；核对运单和舱单，若舱单上有分批货，则应把分批货的总件数标在货运单号之后，并注明分批标志；把舱单上列出的特种货物、联程货物圈出；根据分单情况，在整理出的舱单上标明每票运单的去向；核对运单份数与舱单份数是否一致，做好多单、少单记录，将多单运单号码加在舱单上，多单运单交查询部门，并打印航班交接单。

4. 货物的领取

1) 到货通知

通知包括电话和书面两种形式。货物运至到达站后，除另有约定外，承运人或其代理人应当及时向收货人发出到货通知。急件货物的到货通知应当在货物到达后 2h 内发出，普通货物应当在 24h 内发出。动物、鲜活易腐物品及其他指定日期和航班运输的货物，托运人应当负责通知收货人在到达站机场等候提取。

2) 货物的暂存

对到达的货物，收货人有义务及时将货物搬出，航空公司也有义务提供一定的免费保管期限，以便收货人安排搬运车辆，办理仓储手续。免费保管期间规定为：由承运人组织卸车的货物，收货人应于承运人发出催领通知的次日起算 3 天内将货物搬出，不收取保管费。超过此期限未将货物搬出，对其超过的时间核收货物暂存费。

货物被检查机关扣留或因违章等待处理存放在承运人仓库内，由收货人或托运人承担保管费和其他有关费用。

3) 现货交付

收货人持加盖"货物交讫"的运单将货物搬出货场，门卫对搬出的货物应认真检查品名、件数、交付日期与运单记载是否相符，经确认无误后放行。

承运人应当按货运单列明的货物件数清点后交付收货人。发现货物短缺、损坏时，应当会同收货人当场查验，必要时要填写货物运输事故记录，并由双方签字或盖章。

收货人凭到货通知单和本人居民身份证或其他有效身份证件提货；委托他人提货时，凭到货通知单和货运单指定的收货人及提货人的居民身份证或其他有效身份证件提货。如承运人或其代理人要求出具单位介绍信或其他有效证明时，收货人应予提供。收货人提货时，对货物外包装状态或重量如有异议，应当场提出查验、核对要求。

收货人提取货物后并在货运单上签收而未提出异议，则视为货物已经完好交付。托运人托运的货物与货运单上所列品名不符或在货物中夹带政府禁止运输或限制运输的物品和危险物品时，承运人应当按下列规定处理。

(1) 在出发站停止发运，通知托运人提取，不退运费。

(2) 在中转站停止运送，通知托运人，不退运费，并对品名不符的货件，按照实际运送航段另核收运费。

(3) 在到达站，对品名不符的货件，另核收全程运费。

货物自发出到货通知的次日起14日内无人提取，到达站应当通知始发站，征求托运人对货物的处理意见；满60日无人提取又未收到托运人的处理意见时，按无法交付货物处理。对无法交付货物，应当做好清点、登记和保管工作。

凡属国家禁止和限制运输物品、贵重物品及珍贵文史资料等货物应当无价移交国家主管部门处理；凡属一般的生产、生活资料应当作价移交有关物资部门或商业部门处理；凡属鲜活、易腐或保管有困难的物品可由承运人酌情处理。如作毁弃处理，所产生的费用由托运人承担。

经作价处理的货款，应当及时交承运人财务部门保管。从处理之日起90日内，如有托运人或收货人认领，扣除该货的保管费和处理费后的余款应退给认领人；如90日后仍无人认领，则应当将货款上交国库。

对于无法交付货物的处理结果，应当通过始发站通知托运人。

5. 航空货运单

1) 航空货运单的作用

(1) 航空货运单是承运人和托运人缔结运输合同的书面证据。

(2) 航空货运单是承运人签发的已接收货物的证明。

(3) 航空货运单是收货人核收货物的依据。

(4) 航空货运单是报关凭证。

(5) 航空货运单是保险证明(如果托运人要求承运人代办保险，则航空运单即可以用来作为保险证书)。

(6) 航空货运单是承运人办理内部业务的依据，即路单。

(7) 航空货运单是承运人据以收运费的单据。

2) 航空货运单的种类

(1) 航空主运单。航空主运单(也叫总运单)是由航空公司(承运人)和航空货运代理公司(托运人)间签订的货物运输合同的初步证据，是货物运输的凭证。航空主运单一式12份，其中3份为正本(具有运输合同初步证据的效力)，其余为副本(不具有运输合同初步证据的效力)。正本(格式参见图4.1)背面印有运输条件，正面用不同颜色纸张印制：第一份(绿色)由承运人留存，作为收取运费和记账的凭证；第二份(粉红色)交收货人，作为收货人核收货物的依据；第三份(蓝色)交托运人，作为承运人接收货物的初步证据。副本中的一份为提货收据(黄色)，需收货人提货时在其上签字，到站留存备查；其余副本(均为白色)分别供代理人、到站机场和第一、第二、第三承运人等使用。

(2) 航空分运单。航空分运单是航空货运代理公司在办理集中托运时，签发给每一个发货人的货运单，是航空货运代理公司(作为承运人)与发货人(作为托运人)间签订的运输合同。航空分运单有正本3份，副本若干份。正本的第一份交发货人，第二份由航空货运代理公司留存，第三份随货物同行交收货人。副本分别作为报关、财务、结算及国外代理办理中转分拨等用的依据。航空分运单与航空主运单的内容基本相同。

AIRCHINA   货运单号码
国际货物托运书   NO. OF AIR WAYBILL
                              SHIPPER'S LETTER OF INSTRUCTION

托运人姓名及地址 SHIPPER'S NAME AND ADDRESS	托运人账号 SHIPPER'S ACCOUNT NUMBER	供承运人用 FOR CARRIER USE ONLY	
		航班/日期 FLIGHT/DAY	航班/日期 FLIGHT/DAY
收货人姓名及地址 CONIGNEE'S NAME AND ADDRESS	收货人账号 CONSIGNEE'S ACCOUNT NUMBER	已预留吨位 BOOKED	
		运费 PP	
代理人的名称和城市 ISSUING CARRIER'S AGENT NAME AND CITY			
始发站 AIRPORT OF DEPARTURE **BEIJING**			
到达站 AIRPORT OF DESTINATION			
托运人声明的价值 SHIPPER'S DECLARED VALUE		保险金额 AMOUNT OF INSURANCE	所附文件 DOCUMENTS TO ACCOMPANY AIR WAYBILL
供运输用 FOR CARRIAGE	供海关用 FOR CUSTOMS		
处理情况(包括包装方式货物标志及号码等)				

件数 NO.OF PACKAGES	实际毛重千克 (公斤) ACTUAL GROSS WEIGHT (kg)	运价类别 RATE CLASS	收费重量千克 (公斤) CHARGEABLE WEIGHT (kg)	费 率 RATE/CHARG	货物品名及数量 (包括体积或尺寸) NATURE AND QUANTITY OR GOODS (INCL. DIMENSIONS OF VOLUME)
CTNS	KGS				

托运人证实以上所填全部属实并愿遵守承运人的一切载运章程。
THE SHIPPER CERITIFES THAT THE PARTICULARS ON THE FACE HEREOF ARE CORRECT AND AGREES TO THE CONDITIONS OF CARRIAGE OF THE CARRIER

托运人签字   日期   经手人   日期
SIGNATURE OF SHIPPER   DATE   AGENT   DATE

图 4.1 中国航空公司货物运输单据

3）航空货运单的填写

目前世界上各航空公司使用的航空货运单基本相同，大多采用国际航空运输协会推荐的标准格式。以中国国际航空公司航空货运单为例，具体填写说明如下。

（1）托运人名称和地址。详细填写托运人全名，且其地址应详细填明国家、城市、门牌号码及电话号码。

（2）托运人账号，必要时填写。

（3）收货人名称和地址，详细填写收货人全名，且其地址应详细填明国家、城市、门牌号码及电话号码。此栏不得出现"To Order"字样。

（4）收货人账号，必要时填写。

（5）始发站，第一承运人地址及所要求之路线，填写始发站城市的英文全称。

（6）路线和目的站，由民航填写经由的航空路线。

（7）货币，填写运单上所用货币代码。

（8）运费/声明价值费、其他费用，选择预付或到付。并在选择付费方式栏内作"、"记号。预付费用，包括预付的运费总额、声明价值附加费、税金、代理人需要产生的其他费用、承运人需要产生的其他费用。到付费用，包括需到付运费总额、声明价值附加费、税金、分别属于代理人与承运人需要产生的其他到付费用。其他费用包括容器费（包括集装箱费）、中转费、地面运输费、保管费与制单费等。

（9）托运人向承运人声明的货物价值，托运人在填写运输货物时，需声明货物的价值总数。如托运人不需办理声明价值，则填写"NCD"。

（10）托运人向目的站海关声明的货物价值，需填写托运人向海关申报的货物价值。托运人未声明价值时，必须填写"NCV"。

（11）目的站，填写目的站城市的英文全称，必要时注明机场和国家名称。

（12）航班/日期，填写已订妥的航班日期。

（13）保险金额，托运人委托航空公司代办保险时填写。

（14）处理情况，本栏填写下列内容：货物上的喷头标记、号码和包装等；通知人的名称、地址、电话号码；货物在途中需要注意的特殊事项；其他需要说明的特殊事项；运往他国商品的规定。

（15）件数，如各种货物运价不同时，要分别填写，总件数另行填写。

（16）毛重，重量单位为"kg（公斤）"，分别填写时，另行填写总重量。

（17）运价类别，45kg以下普通货物运价、45kg以上普通货物运价、指定商品运价、附减运价（45kg以下普通货物运价的等级运价）、附加运价（45kg以上普通货物运价的等级运价）。

（18）品名编号，指定商品运价则填写其商品编号；按45kg以下普通货物运价的百分比收费的，则分别填写其具体比例。

（19）货物品名及体积，货物体积按长、宽、高的顺序，以cm（厘米）为单位填写最大的长、宽、高度。

（20）托运人或其代理人签字，表示托运人同意承运人的装运条款。

（21）运单签发日期，日期应为飞行日期，如货运单在飞行日期前签发，则应以飞行日期为货物装运期。

（22）承运人或其代理人签字，有此签字，航空货运单才能生效。

> **知识拓展**

航空货物运费计算

1. 计费重量

航空公司规定,货物体积小,重量大时,按实际重量计算;货物体积大,重量小时,按体积计算。集中托运时,一批货物由几件不同的货物组成,且有轻泡货也有重货。其计费重量则采用整批货物的总毛重或总的体积重量,并按两者之中较高的一个计算。

2. 航空公司运价和费用的种类

（1）运价(Rates)。承运人为运输货物对规定的重量单位(或体积)收取的费用称为运价。运价指机场与机场间的(Airport To Airport)空中费用,不包括承运人,代理人或机场收取的其他费用。

（2）运费(Transportation Charges)。根据适用运价计得的发货人或收货人应当支付的每批货物的运输费用称为运费。

航空公司按国际航空运输协会所制定的3个划区费率收取国际航空运费。一区主要指南北美洲,格陵兰等;二区主要指欧洲,非洲,伊朗等;三区主要指亚洲,澳大利亚。

主要的航空货物运价有4类:一是一般货物运价(General Cargo Rate "GCR");二是特种货物运价或指定商品运价(Special Cargo Rate;Specific Commodity Rate "SCR");三是货物的等级运价(Class Rate "CCR");四是集装箱货物运价(Unitized Consignments Rate "UCR")。

3. 起码运费

起码运费是航空公司办理一批货物所能接受的最低运费,不论货物的重量或体积大小,在两点之间运输一批货物应收取的最低金额。不同地区有不同的起码运费。

4. 有关运价的其他规定

各种不同的航空运价和费用都有下列共同点:一是运价是指从一机场到另一机场的运费,而且只适用于单一方向;二是不包括其他额外费用,如提货、报关、接交和仓储等费用;三是运价通常使用当地货币公布;四是运价一般以千克或磅为计算单位;五是航空运单中的运价是按出具运单之日所适用的运价。

4.3 航空运输工具与场站

航空运输同其他集中运输方式相比,是比较年轻的运输方式。法国于1909年率先创办商业航空运输,随后德国、美国、英国等也相继开办。航空运输作为一种国际贸易运输方式是在第二次世界大战以后才出现的。

4.3.1 航空运输工具

飞机有4个基本组成部分,即机体、动力装置、飞机系统和机载设备。飞机的外形构造示意图如图4.2所示。

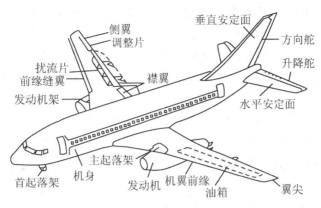

图 4.2 飞机的外形构造示意图

1. 飞机的分类

1) 按构造分类

(1) 按机翼数目。一般可分为双翼机和单翼机。

(2) 按发动机数目。可分为单发动机、双发动机、三发动机和四发动机飞机等。

(3) 按发动机类型。可分为活塞发动机及螺旋桨式飞机和喷气式飞机。

(4) 按起落方式。可分为滑跑起落式飞机和垂直/短距起落式飞机。

(5) 按旅客过道数目。大多数客机的客舱内只有一个旅客通道，若客舱内有两个客舱通道，则称其为宽体(或双通道)客机。

2) 按用途分类

(1) 民用机。民用机根据其起飞重量分为大型(最大起飞重量 100t 以上)、中型(最大起飞重量 40～100t)和小型(最大起飞重量 40t 以下)飞机；根据其航程分为远程、中程和近程飞机；根据其用途分为客机和货机。客机用于运载旅客和邮件，联络国内各城市与地区或其他国家的城市。客机按航线性质可分为：洲际航线上使用的远程(大型)客机、国内干线上使用的中程(中型)客机和地方支线上使用的近程(轻型)客机。目前各国使用的远程客机大都是亚音速机。货机是专用于运送货物的飞机，一般载重较大，有较大货舱和舱门，或其机身可转折，便于装卸货物。

(2) 军用机。包括歼击机(战斗机)、轰炸机、强击机、军用运输机、侦察机、军用教练机、早期警戒机和空中指挥机、反潜机、空中加油机、救护机、联络机、观察机等。

2. 飞机的构造

1) 机体

飞机机体由机翼、机身、尾翼(组)、起落架等组成，参见图 4.2。现代民用飞机的机体除起落架外一般都是以骨架为基础加蒙皮的薄壁结构，其特点是强度高、刚度大、重量轻。机体使用的材料主要有两大类：一是金属材料，大多采用比强度和比刚度高的铝合金；二是复合材料，多为纤维增强树脂基层状结构材料。

(1) 机翼。机翼是为飞机飞行提供升力的部件。亚音速飞机机翼的翼型几乎都是下表面平直而上表面凸起，并以此产生升力。机翼上装有很多用于改善飞机气动特性的装置，包括副翼、襟翼、前缘缝翼、扰流片等。

(2) 机身。机身是飞机的主体，左右对称并呈流线型。机身用来装载人员、货物、安装设备,并将飞机的部件连接为整体。大型客机机身一般由机头、前段、中段、后段和尾锥组成。

(3) 尾翼组。尾翼组由垂直尾翼和水平尾翼组成。垂直尾翼包括垂直安定面和方向舵,提供方向(航向)稳定性和操纵性。水平尾翼包括水平安定面和升降舵,保证俯仰稳定性和操纵性。

(4) 起落架。起落架的主要部件有支柱、机轮、减震装置、刹车装置和收放机构等。其功用主要是使飞机起降时能在地面滑跑和滑行,以及使飞机能在地面移动和停放。现代飞机的起落架都是可收放的,故可以大大减小飞机阻力,也有利于飞行姿态的控制。

2) 飞机系统

(1) 飞机操纵系统。飞机操纵系统将驾驶员在驾驶舱内发出的操纵指令传递给有关装置,驱动舵面,改变和控制飞行姿态。

(2) 液压系统。液压系统的作用主要是传动和控制操纵系统和起落架系统等。

(3) 燃油系统。燃油系统用于储存飞机所需的燃油,并在飞机的不同飞行状态和工作条件下按要求的压力和流量连续可靠地向发动机供油。同时,燃油还可以冷却飞机上的有关设备并平衡飞机。

(4) 空调系统。现代飞机都采用气密座舱加座舱空气调节系统以减轻飞机在高空飞行时的低压、缺氧和低温给人体带来的不适。

(5) 防冰系统。飞机在高空飞行时,大气温度都在 0℃ 以下,飞机的迎风部位,如机翼前缘、尾翼前缘、驾驶舱挡风玻璃、发动机进气道等均易结冰。防冰系统的功用为防止结冰给飞机飞行带来的危害,防水系统包括防止结冰与除去结冰。

3) 动力装置

航空发动机是飞机的动力装置,也称推进装置。飞机发动机有多种类型,民用飞机采用的主要是活塞式发动机和燃气涡轮发动机。

4) 机载设备

机载设备主要是为驾驶员提供有关飞机及其系统的工作情况的设备,通过机载设备驾驶员能随时得到飞行所必需的信息,并可在飞行后向维修人员提供有关信息。现代大型运输机,其驾驶舱内的机载设备包括飞行和发动机仪表、导航、通信和飞行控制等辅助设备。机载设备随着飞机性能不同而有所区别。

(1) 飞机的飞行仪表包括指示飞行速度、飞行高度、升降速度的全静压系统仪表,指示飞行姿态和方向的仪表,指示时间和加速度的仪表等。现代飞机上还有自动驾驶仪等。

(2) 发动机仪表测量并指示发动机的工作状态,其测量的参数包括不同部位的温度、压力、转速等。

(3) 导航、通信以及有关辅助设备是为了保证飞机的安全飞行,而提供定位信息和通信联络信息等。用于物流领域的航空运输设备主要有货机和客货机两类。客货机以运送旅客为主,运送货物为辅;货机专门用于运送各类货物,现役货机多由客机改装而来。目前世界上最大的货机是 B747F,该机可载货 100t,拥有 56m³ 的载货容积或 29 个 20 英尺(1 英尺 = 0.304 8 米)航空集装箱舱位。此外,世界上主要的飞机机型有波音系列(B-)、麦道系列(MD-)、空中客车系列(A-)、图系列(TU-)。除这些主要机型外,我国常见的运输机型如图 4.3 所示。

(a) 波音767

(b) 波音777

(c) 波音737

(d) 空客350

图 4.3　我国常见的运输机型

(e) 空客340

(f) 空客380

图 4.3　我国常见的运输机型(续)

4.3.2　航空运输场站

机场包括相应的空域及相关的建筑物、设施与装置。其是民航运输网络中的节点，也是航空运输的起点、终点和停经点。一方面要面向空中，送走起飞的飞机，迎来着陆的飞机；另一方面要面向陆地，供客、货和邮件进出。民用运输机场的基本功能是为飞机的运行服务，为客、货、邮件的运输以及其他方面服务。

机场又称航空站(航空港)，是供飞机起飞、着陆、停驻、维护、补充给养及组织飞行保障活动所用的场所。

1. 机场的分类

(1) 按航线性质划分，机场分为国际航线机场和国内航线机场。国际机场有国际航班进出，并设有海关、边防检查(移民检查)、卫生检疫和动植物检疫等政府联检机构。国内航线机场是专供国内航班使用的机场。我国的国内航线机场还包括"地区航线机场"，它是指我国内地城市与港澳地区之间定期或不定期航班飞行使用的机场，并设有相应的类似国际机场的联检机构。

(2) 按在民航运输网络系统中所起作用，机场分为枢纽机场、干线机场和支线机场。

① 国内、国际航线密集的机场称为枢纽机场。

② 干线机场是指各直辖市、省会、自治区首府以及一些重要城市或旅游城市的机场。干线机场连接枢纽机场，其空运量较为集中。

③ 支线机场空运量较少，航线多为本省区内航线或邻近省区支线。

(3) 按机场所在城市的性质、地位划分，我国将机场分为Ⅰ、Ⅱ、Ⅲ、Ⅳ类机场。

① Ⅰ类机场，即全国政治、经济、文化大城市的机场，是全国航空运输网络和国际航线

的枢纽，其运输业务繁忙，除承担直达客货运输外，还具有中转功能。北京、上海、广州三大城市机场均属于此类机场，也即枢纽机场。

② Ⅱ类机场，即省会、自治区首府、直辖市和重要的经济特区、开放城市及旅游城市，或经济发达、人口密集城市的机场，也即干线机场。

③ Ⅲ类机场，即国内经济比较发达的中小城市，或一般的对外开放和旅游城市的机场，也可以称为次干线机场。

④ Ⅳ类机场，即省、自治区内经济比较发达的中小城市和旅游城市，或经济欠发达，但地面交通不便的城市的机场，也称为支线机场。

2. 机场的构成

机场主要由3部分构成，即飞行区、航站区及进出机场的地面交通系统。

（1）飞行区由跑道系统、滑行道系统和机场净空区构成。

（2）航站区是飞行区与机场其他部分的交接部。航站区包括旅客航站楼、站坪、车道边、站前停车设施等。

（3）进出机场的地面交通系统通常是公路，也包括铁路、地铁（或轻轨）和水运码头，其把机场和附近城市连接起来，并将旅客和货邮及时运进或运出航站楼。机场的设施包括目视助航设施、通信导航设施、空中交通管制设施以及航空气象设施、紧急救援和消防设施、动力与电信系统设施、环保设施、旅客服务设施、安检设施、保安设施、货运区及航空公司办公区等。机场整体布局如图4.4所示。

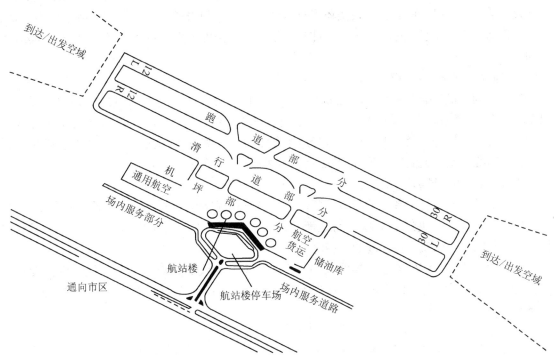

图4.4 机场整体布局图

根据机场跑道的长度、宽度、灯光设备和目视助航设备等情况、飞机航程的远近、能起降飞机的重量等条件，可以将机场分为4个等级。跑道是机场的重要组成部分，其决定了机场的等级标准，并且跑道及其相关设施的修建、标识等是有严格规定的。跑道的性能及相应的设施决定了什么等级的飞机可以使用这个机场，机场按这种能力分类，称为飞行区等级。机场的等级一般用飞行区等级来表示。飞行区等级用两个部分组成的编码来表示：第一部分是数字，表示与飞机性能所相应的跑道性能和障碍物的限制；第二部分是字母，表示飞机的尺寸所要求的跑道和滑行道的宽度。因而对于跑道来说飞行区等级的第一个数字表示所需要的飞行场地长度，第二位的字母表示相应飞机的最大翼展和最大轮距宽度。

3. 机场设施设备

1）目视助航设施

为了满足驾驶员的目视要求，保证飞机的安全起飞、着陆、滑行，应在跑道、滑行道、停机坪及相关区域内设置目视助航设施，包括指示标和信号设施、标志、灯光、标记牌和标志物。此外，还要设置表示障碍物及限制使用地区的目视助航设施。

2）航站楼

航站楼（主要指旅客航站楼，即候机楼）是航站区的主体建筑物。航站楼一侧连着机坪，另一侧又与地面交通系统相联系。旅客、行李及货邮在航站楼内办理各种手续，并进行必要的检查以实现运输方式的转换。旅客航站楼的基本功能是安排好旅客和行李的流程，为其改变运输方式并提供各种设施和服务，使航空运输安全有序。旅客航站楼的基本设施应包括车道边、公共大厅、安全检查设施、政府联检机构、候机大厅、行李处理设施（即指行李分拣系统和行李提取系统）、机械化代步设施（即指人行步道、自动扶梯等）、登机桥和旅客信息服务设施等。大型机场的旅客航站楼还设有特许商业经营和服务设施。因此，航站楼不仅是民航的营运中心，而且还是商业中心。此外，旅客航站楼内还设有机场和航空公司的办公机构和特许经营部门。

3）地面特种车辆和场务设备

进出港的飞机都需要一系列的地面服务，这些服务往往是由工作人员操作各种车辆（牵引车、电源车、清洗车、垃圾车、加油车、行李车、升降平台、客梯车等）或设备来完成。为了保证飞机在飞行区内正常运行，机场应配备维护、检测设备（清扫车、吹雪车、推雪车、割草机、道面摩擦系数测试车等）以及驱鸟设备等。

4）地面活动引导和管制系统

地面活动引导和管制系统是指由助航设备、设施和程序组成的系统。该系统的主要作用是使机场能安全地解决运行中提出的地面活动需求问题，即防止飞机与飞机、车辆、障碍物，车辆与障碍物以及车辆之间的碰撞等。

机场的设施还应该包括通信导航设施、空中交通管制设施、航空气象设施、供油设施、应急救援设施、动力与电信系统、环保设施、旅客服务设施、安检设施、保安设施、货运区及航空公司区等。

知识拓展

航空运输区划分

与其他各种运输方式不同的是，国际航空货物运输中与运费有关的各项规章制度、运费水平都是由国际航协统一协调、制定的。在充分考虑了世界上各个不同国家、地区的社会经济、贸易发展水平后,国际航协将全球分成3个区域,简称为航协区(IATA Traffic Conference Areas),每个航协区内又分成几个亚区。

一区(TC1):包括北美、中美、南美、格陵兰、百慕大和夏威夷群岛。

二区(TC2):由整个欧洲大陆(包括俄罗斯的欧洲部分)及毗邻岛屿,冰岛、亚速尔群岛,非洲大陆和毗邻岛屿,亚洲的伊朗及伊朗以西地区组成。本区也是和大家所熟知的政治地理区划差异最多的一个区,主要有3个亚区。①非洲区,含非洲大多数国家及地区,但非洲北部的摩洛哥、阿尔及利亚、突尼斯、埃及和苏丹不包括在内;②欧洲区,包括欧洲国家和摩洛哥、阿尔及利亚、突尼斯3个非洲国家和土耳其(既包括欧洲部分,也包括亚洲部分),俄罗斯仅包括其欧洲部分;③中东区,包括巴林、塞浦路斯、埃及、伊朗、伊拉克、以色列、约旦、科威特、黎巴嫩、阿曼、卡塔尔、沙特阿拉伯、苏丹、叙利亚、阿拉伯联合酋长国、也门等。

三区(TC3):由整个亚洲大陆及毗邻岛屿(已包括在二区的部分除外)、澳大利亚、新西兰及毗邻岛屿,太平洋岛屿(已包括在一区的部分除外)组成。其中:①南亚次大陆区包括阿富汗、印度、巴基斯坦、斯里兰卡等南亚国家;②东南亚区包括中国(含港、澳、台)、东南亚诸国、蒙古、俄罗斯亚洲部分及土库曼斯坦等独联体国家、密克罗尼西亚等群岛地区;③西南太平洋区包括澳大利亚、新西兰、所罗门群岛等;④日本、朝鲜区仅含日本和朝鲜。

本章小结

本章主要介绍了航空运输的概念、作用、运输形式等相关的内容,航空运输是指承运人根据旅客或货主的需求,在规定的时间内,利用相关设施,按照某种价格,使用航空器将货物运送到指定目的地的一种运送活动。

航空运输是指使用航空器运送人员、行李、货物和邮件的一种运输方式,是目前国际上一种安全迅速的货物运输方式。

航空运输同其他集中运输方式相比,是比较年轻的运输方式。由于航空运输具有速度快、航线不受地形条件限制、安全准确和手续简便等优点,因此,其在开辟新市场、适应市场需要与变化、及时调整运力等方面具有其他运输方式不可比拟的优越性。

一、选择题

1. 民航从事运输飞行,必须按照规定的线路飞行,这种路线称为航空交通线,简称(　　)。
   A. 航线　　　　　B. 航班　　　　　C. 航程　　　　　D. 航距

2. 飞机系统包括飞机操纵系统、液压传动系统、(　　)、空调系统、防冰系统等。
   A. 机械系统　　　B. 燃油系统　　　C. 发动系统　　　D. 引导系统

3. 根据用途的不同飞机可分为民用机、军用机和(　　)。
   A. 客机　　　　　B. 货机　　　　　C. 研究机　　　　D. 教练机

4. (　　)是指根据班期时刻表,按照规定的航线、定机型、定日期、定时刻的客、货、邮、航空运输。
   A. 班机运输　　　B. 航空运输　　　C. 包机运输　　　D. 零担运输

二、简答题

1. 航线的开辟应考虑哪些方面的情况？
2. 航空运输的特点有哪些？
3. 航空货运单的作用有哪些？
4. 什么是航空货物的托运？
5. 什么叫航班？什么叫班次？

 本章实训

【实训任务】

了解航空运输业务。

【实训目标】

通过本次实训，使学生进一步理解航空运输企业的业务及各种航空运输企业的特点。

【实训内容】

学校负责联系航空企业，然后围绕该航运企业进行调研，收集航运资料，并在指导老师的帮助下，分析该航运企业的业务，总结航运单位的业务职责。

【实训要求】

将班级同学进行分组，每组成员不超过 8 人，组长 1 名，由组长安排各小组的进度，并负责总体的协调工作，选择 1 个航运企业进行实习，通过实习，提出航运企业的具体业务，并提出不同部门的工作职责。

【考核方法】

考核内容	标准分值	实训评分
资料收集整理	20 分	
提出该航运企业的业务	30 分	
提出业务人员的工作职责	30 分	
实训过程表现	20 分	

【案例讨论】

物流快运涉及的问题主要有以下 3 个方面：一是被托运的货物不能按时送到；二是被托运货物中途丢失；三是物流托运公司突然"蒸发"，携带收款逃跑。因此，一些贵重物流托运时，货主为了掩人耳目，防止被盗，往往没有按真实品填写托运单，如手机、数码相机等填写为"电子配件"，货品声明的价值也没有实际的高，这也是出于无奈。

货主托运的货物时常收不到货，或是丢货少货、货物损坏，或是收货时间被无故拖延，其主要原因是缺乏必要的管理。

货主：高科技数码产品最常丢失。

据接触到的 3 位货主反映，他们都是于 2006 年 7 月份寄货的，收货方分别在上海、杭州和长沙。虽然地方不同，但结果都是收不到货或缺货。而且他们丢失的都是高科技数码产品。

外地到广州做生意的魏先生也遭遇了类似情况,他委托一家快运公司托运一批MP3到上海。到了上海后收货方发现有3个包箱封口被开过,其中缺少了14件MP3。于是,魏先生只好向公司投诉,经过三番四次的协商后,尽管公司向货主们承诺会按投保额进行赔偿,但却一直拖下去。什么时候才能拿到应有的赔偿,魏先生心里也没底。

在番禺经营摩托车配件的唐先生委托一家货运公司给杭州的客户发一批摩托车配件,说好第二天送到,可一直过了10多天,客户也没收到货。再去找这家货运公司时,却发现原来的货运公司已经改头换面,换成了另一家。唐先生多次打电话寻找老板,却一直找不到人,价值近万元的摩托车配件就这样不见了踪影。

货运公司:货主应买好保险。

广州某货运公司没有回避问题,主动地出示了相关单据包括货物托运书、航空货运单,还有目的地机场回复的货物不正常运输事故签证,签证上还能看到写着"卸件入库时发现此票货物收到4件,短收1件"的字样。

有业内人士认为,发生丢货、货损,有时候很大原因在于货主,如没有按真实品名填写托运单,一些易碎、贵重等产品包装不符合要求,不声明或少声明货物价值,不按规定买保险,甚至有些不法分子诈骗和诈保等,都给货物赔偿造成很多不必要的麻烦。当然,也不排除一些不正规的小货运公司、托运部,其经营、管理不到位,员工素质低,发生内盗的现象。

航空公司:正在不断完善监控措施。

南方航空公司货运部有关负责人表示,从2006年5月起,丢货现象就有所增多,"我们也不太清楚其中原因,因为,不是一家丢这么多的货物,各个机场都出现类似的情况,从济南等各机场反馈的信息看,每天都有十件八件货丢失,而且是高价值的货物。"这位负责人表示,空运货物被盗在整个中国民航,全世界,包括发达国家机场都有,而且他们承认被盗的情况存在,但不算很严重。

(资料来源:http://jpkc.dlmu.edu.cn/jpkc/wlx/xiti/anli.doc. 经作者整理)

思考:

发生丢货的原因是什么?

第 5 章

水路货物运输

SHUILU HUOWU YUNSHU

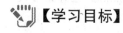【学习目标】

知识目标	技能目标	学时安排
（1）掌握水路运输特点和作用； （2）熟悉各种水路运输设备； （3）了解远洋运输业务内容和组织形式； （4）掌握远洋运输业务、班轮运输业务、租船运输业务、江河货运流程	（1）能提出方便客户货物运输的方法； （2）能提出水路货物运输的合理方案	4 学时

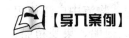【导入案例】

水运物流领域中的多式联运

当前,全球贸易的 90%基本依赖水运物流完成。近年来,水运物流领域的多式联运越来越受到重视。

2007 年,中国海运集团开通了从连云港到莫斯科的海铁联运通道。这使得从日本、韩国到莫斯科的货物运输节省了 30 多天的时间。

此前,日本、韩国运来的货物在经中国港口后,必须先运到德国的汉堡港,再经过陆路运输到达莫斯科,需要 40~50 天时间。海铁联运通道开通以后,可以将货物从连云港直接通过铁路运到莫斯科,仅仅需要 10 多天的时间。

不仅如此,中国海运集团在东北以及天津、山东、上海等沿海重要港口都早已开通了海铁联运通道。单通过一种运输方式会增加这种交通运输的压力,成本也会相应上升,而联运能够有效地解决这样的困境。

进入 21 世纪以后,继中远集团、中外运集团之后,中海集团也在不断延伸其产业链,所提供的服务已从传统的航运主业延伸至物流产业。海铁联运作为一种航运企业延伸其产业链条的方式,更作为在简化的中转环节获取利润的方式,而成为这些航运"巨头"目前关注的焦点之一。

(资料来源:http://jpkc.dlmu.edu.cn/jpkc/wlx/xiti/anli.doc. 经作者整理)

思考:
水路运输有哪些优点?

 ## 5.1 水路货物运输概述

水路运输是利用船舶、排筏和其他浮运工具,在江、河、湖泊,人工水道以及海洋上运送旅客和货物的一种运输方式。水路运输是综合运输体系的重要组成部分,是现代运输的重要运输方式之一。水路运输是目前各主要运输方式中兴起最早、历史最长的运输方式,其技术经济特征是载重量大、成本低、投资省,但灵活性小,连续性也差,故较适于担负大宗、低值、笨重和各种散装货物的中长距离运输,特别是海运,更适于承担各种外贸货物的进出口运输。

5.1.1 水路运输系统的构成

1. 船舶

船舶是指能航行或停泊于水域内,用以执行作战、运输、工程作业、渔业、科学调查或游览等任务的各类船、舰、筏及水上作业平台等的总称。根据船舶的用途,物流中广泛使用的水上运输工具是运输船舶(通常又称商船)中的货船。货船又分为驳船、拖船、集装箱船、散货船和液货船等。

1) 驳船

驳船是内河运输货物的主要运载工具,本身一般无自航能力,需靠拖船或推船等机动船带动形成船队进行运输。其特点为设备简单,吃水浅,载货量大,并可根据货物运输要求而随时编组,适合内河各港口之间的货物运输。少数增设了机动装置的驳船称为机动驳船。驳船按载货用途不同分干杂货舱口驳船、散货甲板驳船、油驳船、滚装驳船等。

2) 拖船

拖船是用于拖带其他船只或浮动建筑物的船舶。其船身较小,而功率较大,自身并不载运货物。拖船有海洋拖船、内河拖船和港口拖船之分。海洋拖船又可分为远洋拖船和沿海拖船,可在相应的航区进行拖曳运输作业,并可执行救援任务。内河拖船主要在内河进行拖曳作业,如拖带船队、木排等。而港口拖船主要在港内作业,如协助大型船舶靠离码头、出入船坞等。

3) 集装箱船

集装箱船是一种专门载运集装箱的高速货船。货物在装船前先装入标准货箱(即集装箱,也称货柜)内,集装箱的装卸通常由岸上起重机进行。集装箱船一般不配备装卸设备。集装箱船的载货量以运载 20 英尺标准集装箱(TEU)的数量来表示。载货量在 1 000 标准集装箱以下的集装箱船称为支线船,其吨位在 3 000~5 000t,远洋航线集装箱船的吨位大都在 2 000t 标准集装箱以上,目前世界上在航的最大集装箱船的载货量在 10 000 标准集装箱以上。此外,集装箱船的船速多在 20 节(1 节=1 海里/小时=1.85km/h)以上。

4) 散货船

散货船是指专门用于载运粉末状、颗粒状、块状等散堆货物的船舶,主要有普通散货船、专用散货船、兼用散货船及特种散货船等。通常散货船的船型按其载重量分为 4 个等级,即约 3 万吨的大湖型散货船、2~5 万吨的灵便型散货船、6~7.5 万吨的巴拿马型散货船和约 15 万吨的好望角型散货船。为了适应散装货物的流动、散落等特性,散装货船一般采用抓斗进行装卸作业。

5) 液货船

液货船主要是指用于载运液态货物的船舶。液货船的运量在现代商船队的总运量中占有重要的比例(约 44.7%)。液货船主要有油船、液化气船和液体化学品船等。

2. 航线

航线是指船舶在一定港口之间从事客、货运输的路线,有客货航线、直达航线、非直达航线、国际航线、国内航线等。水运航线由航道、航标、灯塔和船舶组成。航道是船舶的进出港通道,是以水上运输为目的所规定或建造的船舶航行通道,其应具备足够的水深和宽度,以满足设计标准船型的满载吃水要求并使通行船舶顺利通过。航道的宽度可根据船舶通航的频繁程度分别采用单向航道和双向航道。

航标是由为导引和辅助船舶航行而设置在岸上或水上的标志、灯光、响声或无线电信号、雷达等组成的设施。航标应能准确地标示航道的方向、界限,以及航道内及周围航行水域中的水上或水下障碍物。灯塔一般是建立在岸边陆地上的固定航标,其是给予航行船舶测定方向,并提供风力、风向等航运环境信息的建筑物。夜晚灯塔探照灯的强大光柱,能使周围航行的船舶及时捕捉到目标,所以灯塔是功能最为丰富的航标。

3. 港口

港口是指位于江、河、湖、海或水库沿岸,具有一定设备和设施等条件,并能进行船舶停靠、上下旅客、装卸货物、补充给养,以及办理客、货运输或其他专门业务的场所。港口按所在位置可分为河港、海港和河口港。河港建在内陆水域中,包括江、河、湖和水库等岸线处,为内河运输服务;海港建在海岸线上,为海上运输服务;而河口港建在江、河入海口的江、河岸线上,为内河和海上运输服务。

港口由水域和陆域两大部分组成。港口水域指港口界线以内的水域面积,一般须满足两个基本要求:一是船舶能安全地进出港口和靠离码头,二是船舶能稳定地进行停泊和装卸作业。港口水域主要包括码头前水域、进出港航道、船舶转头水域、锚地及助航标志等几部分。码头前水域也称港池,是码头前供船舶靠离和进行装卸作业的水域;进出港航道是船舶进出港区水域与主航道连接的通道;转头水域是为船舶在靠离码头、进出港口需要转头或改换航向时而专设的水域;锚地是专供船舶(船队)在水上停泊及进行各种作业的水域。

港口陆域指港口界线以内供货物装卸、堆存、转运和旅客集散用的陆地面积。港口陆域包括进港陆上通道(铁路、道路、运输管道等)、码头前方装卸作业区和港口后方区。前方装卸作业区供分配货物,布置码头前沿铁路、道路、装卸机械设备和快速周转货物的仓库或堆场(前方库场)及候船大厅等之用。港口后方区供布置港内铁路、道路、较长时间堆存货物的仓库或堆场(后方库场)、港口附属设施(车库、停车场、机具修理车间、工具房、变电站、消防站等)等之用。为减少港口陆域面积,港内可不设后方库场。

5.1.2 水路运输对国民经济的影响

(1) 水路运输是利用天然水道进行运输的一种方式。水路四通八达,通航能力大,且开发水道的投资远低于铁路和公路。此外,天然的江、河、湖、海不占用土地和森林等宝贵资源,具有节省能源的优点,故符合环保和可持续发展的趋势。

(2) 我国的城市常分布于沿海、沿江、环湖一带,这就为水运提供了货源保证。并且水运可以满足工业、城市和人口对大量物资的需要。

(3) 随着科技现代化的发展,水路运输越来越能满足安全和便利的要求。由于受自然、航道条件及造船水平和航行技术等因素影响,以往水路运输中的安全性往往没有保障。现在随着船舶设备和技术水平的提高,卫星定位、雷达等设备的使用,以及航道设施现代化程度的提高,水路运输的安全性有了可靠的保证。

(4) 随着世界工业中心从大西洋向太平洋的转移,海运逐渐成为国际贸易的重要通道。我国加入WTO以后,国际贸易增幅很快,而国际贸易主要依赖于国际海运和远洋运输,海运占我国国际贸易运量的90%以上。

5.1.3 水路运输的基本条件及现状

我国水路运输又可以分为内河运输、沿海运输和远洋运输3类。

(1) 内河运输主要指"三江两河"水系,即长江、珠江、黑龙江、京杭运河、淮河水运。

（2）沿海运输分别以广州、上海和大连为中心，形成南、北方航区，连通和辐射沿海主要港口。

（3）远洋运输以沿海港口为起点，分为东西南北 4 个方向，东行可达北美、南美和拉丁美洲，西行可至西亚和地中海，南行可通东南亚、澳洲各国，北行可到日本、朝鲜和俄罗斯东部港口，从而构成了四通八达的独特的水路运输网络。

世界第三大河长江深入我国内地，连接上海、江苏、安徽、江西、湖南、湖北、重庆、四川、云南等省市，常年不冻，雨量充沛，航道较稳定，被称为我国的"黄金水道"，也是我国内地最重要的内河航运通道。京杭运河将钱塘江、长江、淮河连成一体，年运输能力超过京沪铁路。珠江水系的水运作用仅次于长江，是粤桂两省以广州为中心的经济往来的重要通道。黑龙江及其支流松花江是季节性通航水系，也是北部水运的主要干线，其通航期在每年 3~11 月。黄河则因水浅、滩多、水急，航道多变，且每年有数月的断流期，故不适宜通航。

随着市场经济的完善和交通运输的进一步发展，我国水路运输的通航里程、港口码头泊位、运输装备总量大幅增加，运输能力显著增强，客货运量和港口吞吐量实现了历史最高水平。截至 2007 年年底，我国内河航道的通航总里程已经达到 13.3 万千米，位居世界内河第一，港口拥有生产用码头泊位36 000多个(其中万吨级泊位1 108个),拥有水上运输船舶22万余艘。上海港、宁波港、广州港、天津港、青岛港、秦皇岛港、大连港和深圳港年货物吞吐量均超亿吨,已发展成为综合性大型枢纽港,为当地和全国的经济建设发挥着越来越重要的作用。

5.1.4 水路运输的优缺点

1. 水路运输的优点

(1) 运量大。无论是远洋运输、沿海运输还是内河运输,水路运输的运输能力都很大。船舶货舱与机舱的比例比其他运输工具大,可供货物运输的舱位及载重量均比陆上运输或空运庞大。例如,世界上最大的石油船装载量达55万吨;巨型客轮已达8万吨;集装箱船已达7万吨,每次可装载集装箱4 000 TEU。内河运输中,美国最大顶推船队运载能力超过5~6万吨。

(2) 运费低。水路运输的港口费用很高,但货物的平均运输费用很低。这主要是因为船舶的装载量大,而燃料消耗量相对较小。故水路运输成本在各种运输方式中是最低的。但我国水路运输的成本与铁路运输成本相差不大,主要是因为我国水路运输量较小,技术装备落后。与一些发达国家相比,我国水路运输的成本还有较大的降低空间。

(3) 通过能力强。利用天然航道完成运输,航道四通八达,通过能力一般不受自然条件限制,故海上航道的通过能力几乎不受限制。

(4) 占地少,投资小。水路运输利用天然航道,节省土地资源,投资较少。水路运输的航道一般天然形成,不需太多投资。水路运输不像公路或铁路运输需要在线路上进行大量投资,海上运输航道一般不需支付费用,内河航道的投资也较公路或铁路运输少得多。而水路运输的投资主要集中在港口建设和船舶的购置上,故其初始建设投资是比较少的。

(5) 劳动生产率高。船舶的载运能力大,所需要的劳动力与载运量并不成比例增加,所以劳动生产率相对较高。

(6) 利于开展国际贸易。海洋运输是实现国际进出口贸易的主要运输方式。

2. 水路运输的缺点

(1) 速度慢。轮船在水中行驶,阻力较大,速度提高比较困难。水路运输无论在技术速度上还是在运送速度上都较公路运输和铁路运输低,这是由其阻力特性决定的。船舶要提高航速,其燃料消耗和运输成本都会大幅度上升。通常情况下,水路运输的运送速度仅是铁路运输的1/3~1/2。因此,水路运输不适合对运输的时间性要求高的货物。

(2) 受自然因素影响大。内河运输受自然条件的限制很大,如航道水深、航道走向、通航质量、季节性缺水,冬季冰冻等问题。海洋运输也受到港湾的水深、风浪等气候和水文条件的限制。

水路运输由于受雨、雪等气象条件及季节性条件的影响,如内河航道枯洪水期水位变化大,而海上运输常常受暴风和大雾的影响等,所以货物的到达期限难以准确保证,故经常出现问题。

(3) 直达性较差。如果托运人或收货人不在航道上,就要依靠公路或铁路运输进行转运。

(4) 其他缺点。大型船舶投资巨大且回收期长,面临国际化经营的激烈竞争,海运市场受经济的影响较大等。

5.1.5 水路运输的分类

按照不同的标准,水路运输可以有多种分类方法,见表5-1。

表5-1 水路运输的分类方法

分类标准	运输方式	含 义
按照贸易种类	外贸运输	本国同其他国家和地区间的贸易运输
	内贸运输	本国内部各地区间的贸易运输
按照航行区域	远洋运输	国际运输,主要是外贸运输,又分远洋和近洋运输
	沿海运输	几个临近海区间或本海区内的运输,主要是内贸运输
	内河运输	一条河流(包括运河)上或通过几条河流的运输,一般为国内运输
	湖泊运输	一个湖区内的运输,一般为国内运输
按照运输工具	船舶运输	船舶运输是使用船舶通过水路运送旅客或货物的一种运输方式,可以分为沿海运输和远洋运输
	排筏运输	选配适合具体营运条件的船舶,在规定航线上定期停靠固定港口的运输
	班轮运输	班轮运输是指轮船公司将船舶按事先制定的船期表,在特定海上航线的若干个固定挂靠的港口之间,定期为非特定的众多货主提供货物运输服务,并按事先公布的费率或协议费率收取运费的一种船舶经营方式
按照船舶营运组织方式	租船运输	按照运输任务或租船合同所组织的运输,没有固定航线
	专用船运输	企业自置或租赁船舶从事本企业自有物资的运输

我国水运布局十分理想:南北方向由四大沿海组成南北海上航线,东西向由长江、珠江、黑龙江、淮河、钱塘江、闽江等几大水系组成内河运输体系,海岸线蜿蜒曲折,岛屿众多,有多处天然良港。

水路运输部门主要按形态和性质对货物进行分类。

(1) 按货物形态分类,水运货物可分为件杂货物和散装货物。件杂货物包括包装货物、裸装货物、成组成捆货物和集装箱货物,散装货物包括干质散装货物和液体散装货物。

(2) 按货物的性质分类,水运货物可分为普通货物和特殊货物。普通货物包括清洁货物(清洁干燥的货物)、液体货物、粗劣货物(具有油污、水湿、扬尘和散发异味等特性的货物),特殊货物包括危险货物、易腐性冷藏货物、贵重货物、活的动植物、长大笨重货物和邮件货物。

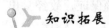
知识拓展

马士基航运在中国

总部位于丹麦哥本哈根的马士基航运集团是世界最大的航运巨头,是占中国市场份额最大的外资巨头及中国港口的主力投资者之一。

2007年，马士基航运在天津港先后开通了一条南美航线和一条欧洲航线。马士基开通的这条南美航线是天津港至南美洲的首条航线，马士基公司将6条集装箱船投入其中。航线沿途主要挂靠日本横滨、中国青岛、宁波、上海、韩国光泽，巴拿马巴尔博亚、巴拿马城，多米尼加的曼萨尼略，牙买加的金斯敦等国内外著名港口。马士基新开通的欧洲航线沿途主要挂靠西班牙的马拉加和阿尔格萨拉斯港口、苏伊士运河和中国的厦门、天津、大连、青岛、上海、香港等港口。2008年年初，马士基航运又率先推出针对小宗业务的网上在线航运服务。该公司的小型发货商与货运代理商可以在线享受17条由香港、鹿特丹和安特卫普3个港口出发的贸易航线上快捷和透明的航运服务。

 5.2 江河货物运输

过去较长一段时期人们对江河运输不够重视，导致其运输设施落后，发展较慢，优势未能得到充分发挥。

5.2.1 江河运输概述

1. 江河运输的含义

江河运输又称内河运输，指利用船舶和江河、湖泊等通航水域进行货物运输的方式，是水路运输的重要组成部分，也是国际货物运输方式之一。其载运量大、投资少、能耗少、成本较低。一般办理整船、整舱的租船业务，并以运输合同形式规范承租人与出租人的关系。

2. 江河货运的分类

（1）按货物运输组织形式分为直达运输、中转运输、多式联运等。

（2）按运输货物的性质和特点分为普通大宗货物运输（如煤、砂、矿石等）和特种货物运输（如活植物、活动物、危险品货物、笨重长大货物、易腐货物等）。

（3）按货物的包装状况分为散装货物（无包装）运输、件杂货物运输、集装箱运输、单元滚装运输等。

（4）按水路货物运输合同承租期限分为航次租船运输、定期租船运输、包运租船运输。

5.2.2 江河货物运输流程

1. 江河货物的托运

1）填写货物运单

水路货物运单一般为6联：第1联为起运港存查；第2联为解缴联，起运港航运公司留存；第3联为货运收据联，起运港交托运人留存；第4联为船舶存查联，承运船舶留存；第5联为收货人存查联；第6联为货物运单联，提货凭证，收货人交款、提货、签收后交到达港留存。运单应当按照下列要求填制。

（1）一份运单，填写一个托运人、收货人、起运港、到达港。

（2）货物名称填写具体品名，名称过繁的，可以填写概括名称。

（3）规定按重量和体积计费的货物，应当填写货物的重量和体积（长、宽、高）。

(4) 填写的各项内容应当准确、完整、清晰。

(5) 危险货物应填制专门的危险货物运单(红色运单)。

2) 提交货物

填制运单后即应向承运人提交货物,托运人应按下述规则和要求办理。

(1) 托运人应当按双方约定的时间、地点将托运货物运抵指定港口暂存或直接装船,并及时办理港口、海关、检验、检疫、公安和货物运输所需的其他各项手续,并将已办理各项手续的单证送交承运人。

(2) 托运人托运货物的名称、件数、重量、体积、包装方式、识别标志等应当与运输合同的约定相符。

(3) 需要具备运输包装的货物,应根据货物的性质、运输距离及中转等条件做好货物的包装。托运人应当保证货物的包装符合国家规定的包装标准;没有包装标准的,货物的包装应当保证运输安全和货物质量。

(4) 需要随附备用包装的货物,托运人应当提供足够数量的备用包装,并交承运人随货免费运输。

(5) 托运危险货物,托运人应当按照有关危险货物运输的规定,妥善包装,制作危险品标志和标签,并将其正式名称和危险性质以及必要时应当采取的预防措施书面通知承运人。

(6) 托运人应当在货物的外包装或者表面正确制作识别标志和储运指示标志。识别标志的内容包括发货符号、货物名称、起运港、中转港、到达港、收货人、货物总件数。

(7) 除另有约定外,对于运输过程中需要饲养、照料的活动物、植物,以及尖端保密物品、稀有珍贵物品和文物、有价证券、货币等,托运人应当向承运人申报并随船押运。

(8) 托运人托运易腐货物和活的动物、植物时,应当与承运人约定运到期限和运输要求;使用冷藏船(舱)装运易腐货物时,应当在订立运输合同时确定冷藏温度。

(9) 托运笨重、长大货物,应当在运单内载明货物总件数、重量和体积(长、宽、高),并随附清单标明每件货物的重量、长度和体积(长、宽、高)。单件货物重量或者长度超过标准的(沿海:重量5t,长度12m;长江、黑龙江干线:重量3t,长度10m),应当按照笨重、长大货物托运,并在运单内载明总件数、重量和体积。

(10) 散装液体货物只限于整船、整舱运输,由托运人在装船前验舱认可后才能托运装载。对整船散装的货物,如果托运人在确定重量时有困难,则需要求承运人提供船舶水尺计量数作为确定其重量的依据。

3) 支付费用

托运人按照约定向承运人支付运费。如果约定装运港船上交货,运费由收货人支付,则应当在运输单证中载明,并在货物交付时向收货人收取。如果收货人约定指定目的地交货,托运人则应交纳货物运输保险费、装运港口作业费等费用。

2. 江河货物的到达与接收

1) 货物的到达

运送货物的准备和执行过程中,承运人应当做到以下要求。

(1) 承运人应当按照运输合同约定的时间、地点、方式和数量接收货物,并使船舶处于适航状态,妥善配备船员、装备船舶和配备供应品,使干货舱、冷藏舱、冷气舱和其他载货处所适于并能安全收收、载运和保管货物。

(2) 承运人应当妥善地装载、搬移、积载、运输、保管和卸载所运货物。

(3) 承运人应当按照约定的航线将货物运送到约定的到达港。

(4) 承运人应当在约定期间，或者在没有这种约定时在合理期间内将货物安全运送到约定地点。

(5) 对于运输的活动物、有生植物，承运人应当保证航行中其所需的淡水。

2）货物的接收

承运人交付货物的过程也就是收货人接收提取货物的过程，这时承运人应做到以下几点。

(1) 承运人将货物运抵到达港后，应当在24h内向收货人发出到货通知。到货通知的时间：信函通知的，以发出邮戳为准；电传、电报、传真通知的，以发出时间为准；采用数据电文形式通知的，收件人指定特定系统接收数据电文的，以该数据电文进入该特定系统的时间为通知时间；未指定特定系统的，以该数据电文进入收件人的任何系统的首次时间为通知时间。发出到货通知后，承运人应当每10天催提一次，满30天收货人不提取或者找不到收货人时，承运人应当通知托运人，托运人在承运人发出通知后30天内负责处理该批货物。托运人未在规定期限内处理货物时，承运人可以将该批货物作无法交付货物处理。

(2) 根据运输合同的约定应当由收货人委托港口作业的，货物运抵到达港后由港口作业；收货人没有委托时，承运人可以委托港口经营人进行作业，由此产生的费用和风险由收货人承担。

(3) 应当向承运人支付的运费、保管费、滞期费、共同海损的分摊和承运人为货物垫付的必要费用以及应当向承运人支付的其他运输费用没有付清，又没有提供适当担保的，承运人可以留置相应的运输货物，但另有约定的除外。

(4) 承运人对收集的地脚货物，应当做到物归原主；不能确定货主的，应当按照无法交付货物处理。

(5) 承运人交付货物时，应当核对证明收货人单位或者身份以及经办人身份的有关证件。

3）办理提货手续

收货人接到到货通知后应办理提货手续，其主要有3项工作，即提交取货单证、检查验收货物和支付费用。具体程序如下。

(1) 提交取货单证。收货人接到到货通知后，应当及时提货，不得因对货物进行检验而滞留船舶。接到到货通知后满60天，收货人不提取或托运人也未来人处理货物时，承运人可将该批货物作为无法交付货物处理。

此外，收货人应向承运人提交证明收货人单位或者经办人身份的有关证件及由托运人转寄的运单提货联或有效提货凭证，供承运人审核。

如果货物先到，而提货单未到或单证丢失时，收货人还需提供银行的保函。

(2) 检查验收货物。收货人在到达港提取货物前或者承运人在到达港交付货物前，可以要求检验机构对货物状况进行检验；要求检验的一方应当支付检验费用，但是有权向造成货物损失的责任方追偿。收货人提取货物时，应当按照运输单证核对货物是否相符，检查包装是否受损、货物有无灭失等情况。

发现货物损坏、灭失时，交接双方应当编制货运记录，确认不是承运人责任的，应编制普通记录。

发生的运输事故按《国内水路货物运输规则》的规定,分清责任,并根据责任承担相应的后果。

收货人在提取货物时没有提出货物的数量和质量异议时,视为承运人已经按照运单的记载交付货物,除非收货人提出相反的证明。

(3) 支付费用。按照约定在提货时支付运费,并须付清滞期费、包装整修费、加固费用以及其他中途垫款等。因货物损坏、灭失或者迟延交付所造成的损害,收货人有权向承运人索赔;承运人可依据有关法规、规定进行抗辩。托运人或者收货人不支付运费、保管费以及其他费用时,承运人对相应的运输货物享有留置权,但另有约定的除外。

查验货物无误并交清所有费用后,收货人在运单提货联上签收,取走货物。

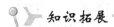 知识拓展

中国水运水系

中国有长江、珠江、黄河、淮河、辽河、黑龙江及海河七大水系,还有可贯通海河、淮河、长江、钱塘江水系的南北向大运河。此外,西南边境的澜沧江——湄公河水系是连接我国和柬埔寨、老挝、缅甸、泰国、越南的自然纽带。

 ## 5.3 远洋货运的方式与接收

远洋货物运输是指利用海路及远洋船舶将进出口货物运送至目的港的一种运输方式,主要针对对外出口和国内进口货物的运输,在运输设备、运输要求和运输组织等方面与江河货运有较大的区别。远洋运输最重要的营运方式是班轮运输和租船运输。

5.3.1 远洋货运的方式

1. 班轮运输业务

班轮运输(Liner Shipping)又称为定期船运输,是指船舶按照规定的时间表(船期表)在一定的航线上,以既定的挂靠港口顺序,经常地从事航线上各港间的货物运输的运输方式。班轮运输分为定期定线班轮运输和定线不定期班轮运输。定期定线班轮运输是指船舶严格按照预先公布的船期表运行,到离港口时间固定不变的运输。定线不定期班轮是指虽有一定的船期表,但船舶到离港口的时间可以有一定的伸缩性,虽然有固定的始发港和终到港,但中途挂靠港则视货源情况可能有所增减的运输。

1) 班轮运输的特点

(1) "四固定",即固定航线、固定港口、固定船期和相对固定的费率。这是班轮运输的最基本特征。

(2) 班轮运价内包含装卸费用,即货物由承运人负责配载装卸,且承托双方不计滞期费和速遣费。

(3) 承运人对货物负责的时段是从货物装上船起,到货物卸下船止,即"船舷至船舷"或"钩至钩"。

（4）承托双方的权利义务和责任豁免以签发的提单为依据，并受统一的国际公约的制约。

2) 班轮运输货运程序

班轮运输货运程序是远洋班轮运输从组货到运货，直至交货的一系列有顺序的基本工作环节，包括揽货与订舱、接受托运申请、接货、换取提单、装船、海上运输、卸船、交付货物8个部分。

（1）揽货与订舱。揽货就是揽集货载，即从货主那里争取货源的行为。货运公司为使自己所经营的班轮运输船舶能在载重和舱容上得到充分利用，以期获得最好的经济效益，通常都会采取一些措施来招揽顾客。揽货工作的好坏直接影响到货运公司的经营效益的好坏。订舱是指货物托运人或其代理人向承运人（即货运公司或其代理）申请货物运输，承运人对这种申请给予承诺的行为。承运人与托运人之间以口头或传真的形式进行预约，不需要签订运输合同。只要承运人对这种预约给予承诺并做出舱位安排，即表明承托双方已建立了有关货物运输的关系。

（2）接受托运申请。货主或其代理向货运公司提出订舱申请后，货运公司首先考虑其航线、港口、船舶、运输条件等能否满足发货人的要求，然后再决定是否接受托运申请。

（3）接货。为提高装船效率，加速船舶周转，减少货损，在杂货班轮运输中，对于普通货物的交接装船，通常由货运公司在各装货港指定装船代理人，装船代理人在各装货港的指定地点（通常是码头仓库）接收托运人送来的货物，办理交接手续后，将货物集中整理，并按货物的性质、包装、目的港及卸货次序进行适当的分类后进行装船，即所谓的"仓库收货，集中装船"。对于特殊货物如危险品、冷冻货、贵重货以及重大件货等，通常采取由托运人将货物直接送至船边，交接装船的方式，即采取现装或直接装船的方式。

仓库在收到托运人的货物后，应注意认真检查货物的包装和质量，核对货物的数量，无误后即可签署场站收据给托运人。至此，承运人与托运人之间的货物交接即已结束。

（4）换取提单。托运人可凭经过签署的场站收据，向货运公司或其代理换取提单，然后去银行结汇。

（5）装船。船舶到港前，货运公司和码头对本航次需要装运的货物制作装船计划，待船舶到港后将货物从仓库运至船边，按照装船计划装船。如果船舶系靠在浮筒或锚地作业，货运公司或其代理人则用驳船将货物从仓库驳运至船边再装船。

（6）海上运输。海上承运人对装船的货物负有安全运输、保管的责任，并依据货物运输提单条款划分与托运人之间的责任、权利和义务。

（7）卸船。船舶公司在卸货港的代理人根据船舶发来的到港电报，一方面编制有关单证，约定装卸公司，等待船舶进港后卸货；另一方面还要把船舶预定到港的时间通知收货人，以便收货人做好接收货物的准备工作。

与装船时一样，如果各个收货人都同时到船边接收货物，同样会使卸货现场十分混乱，所以卸货一般也采用"集中卸货，仓库交付"的方式。

（8）交付货物。在实际业务中，交付货物的过程是，收货人将已签章的提单交给船舶公司在卸货港的代理人，代理人审核无误后，签发提货单交给收货人，收货人凭提货单前往码头仓库提取货物，并与卸货代理人办理交接手续。

3) 班轮运输主要单证

（1）托运单。托运单是承运人或其代理人在接受发货人或货物托运人的订舱时，根据发货人的口头或书面申请货物托运的情况，安排货物运输而制定的单证。托运单一经承运人确认，便作为承托双方订舱的凭证。

（2）装货单。装货单是由托运人按照订舱单的内容填制，交船舶公司或其代理人签章后，据以要求船舶公司承运货物装船的凭证。

装货单是国际航运中通用的单证，一般由3联组成：第一联为留底联，用于缮制其他货运单证；第二联是装货单；第三联是收货单，是船方接收货物装船后签发给托运人的收据。

（3）装货清单。装货清单是本航次船舶待装货物的汇总，由货运公司或其代理人根据装货单的留底联制作，其制作要求是将待装货物按目的港和货物性质归类，并按照挂靠港顺序排列，编制出一张总表。装货清单是船舶大副编制船舶积载图的主要依据，其内容是否正确，对积载的正确、合理与否具有十分重要的影响。

（4）载货清单。载货清单是本航次全船实际载运货物的汇总清单，反映船舶实际载货情况，其由货运公司的代理人根据大副收据或提单编制，编好后再送交船长签字确认，编制要求是将所装货物按照卸货港顺序分票列明。

（5）装箱单。装箱单是在载运集装箱货物时使用的单证，其上面详细记载集装箱和货物的名称、数量等内容，且每个载货的集装箱都要制作这样的单据，它是根据已装进集装箱内的货物制作的，是记载每个集装箱内所装货物情况的唯一单据。

（6）码头收据（场站收据、港站收据）。码头收据一般都由发货人或其代理人根据公司已指定的格式填制，并跟随货物一起送至某装箱码头用场或码头仓库，由接收货物的人在收据上签字后交还给发货人，以证明托运的货物已收到。

（7）提单。传统件杂货运输的货运提单是在货物实际装船完毕后由船方在收货单上签署，表明货物已装船，发货人凭经船方签署的收货单（大副收据）去货运公司或其代理公司换取的已装船提单。

（8）货物残损单和货物溢短单。货物残损单是在卸货完毕后，由理货长根据现场理货人员在卸货过程中发现的货物的各种残损情况，包括货物的破损、水湿、汗湿、油渍、污染等情况的记录汇总编制成的，其是货物残损情况的证明。

货物溢短单是在卸货时，对每票货物所卸下的数量与载货清单上所记载的数量进行核对，如有不相符（发生溢卸或短卸）的情况，待船舶卸货完毕、理清数字后，由理货组长汇总编制的单据，表明货物溢出或短缺的情况。

（9）提货单。提货单是收货人或其代理人据以向现场（码头、仓库或船边）提取货物的凭证。提货单的性质与提单完全不同，它是货运公司或其代理人指令仓库或装卸公司向收货人交付货物的凭证，不具备流通或其他作用。为慎重起见，一般都在提货单上记有"禁止流通"字样。

2. 租船运输业务

租船运输（Shipping by Chartering）又称不定期船运输，是指包租整船或部分舱位进行运输。租船运输与班轮运输不同，其没有预先制定的船期表，航线、停靠港口，也不固定，且船舶的营运是根据船舶所有人与需要船舶运输的货主双方事先签订的租船合同来安排的。因此，船舶的航线、运输货物的种类以及停靠的港口都须根据货主的要求，由船舶所有人确认而定。

1) 租船运输的方式

租船运输按照船舶所有人与承租人之间签订的租船合同组织运输。根据承租人的不同要求，又分为航次租船、定期租船、包运租船和光船租船等不同的租船形式。

(1) 航次租船。航次租船又名"程租船"，是指由船舶所有人负责提供一艘船舶在指定的港口之间进行一个航次或几个航次运输指定货物的租船方式。简单来讲这种方式可用 4 个"特定"来概括，即特定的船舶、特定的货物、特定的航次和特定的港口。航次租船是租船市场上最活跃，且对运费水平的波动最为敏感的一种租船方式。在国际现货市场上成交的绝大多数货物(主要包括液体散货和干散货两大类)都是通过航次租船方式运输的。

航次租船的特点主要表现在以下几方面。

① 船舶的营运调度由船舶所有人负责，船舶的燃料费、物料费、修理费、港口费、淡水费等营运费用也由船舶所有人负担。

② 船舶所有人负责配备船员，并负担船员的工资、伙食费。

③ 航次租船的"租金"通常称为运费，运费按货物的数量及双方商定的费率计收。

④ 在租船合同中需要注明货物的装卸费由船舶所有人或租船人负担，并规定装卸时间的计算方法以及延滞费和速遣费的标准及其计算办法。

(2) 定期租船。定期租船又称期租船，是指由船舶所有人按照租船合同的约定，将一艘特定的船舶在约定的期间，交给租船人使用的租船方式。这种租船方式不以完成航次数为依据，而以约定使用的一段时间为限。在这个期限内，租船人可以利用船舶的运载能力安排运输货物，也可以用以从事班轮运输，还可以以航次租船方式承揽第三者的货物，以取得运费收入。关于租期的长短，完全由船舶所有人和租船人根据实际需要洽商而定。

定期租船的主要特点是：船长由船舶所有人任命，船员也由船舶所有人配备，船员的薪金、伙食等费用由船舶所有人负担，但船长应听从租船人的指挥，否则租船人有权要求船舶所有人予以撤换。船舶的营运调度由租船人负责，船舶的燃料费、港口费、货物装卸费、运河通行费等与营运有关的费用由租船人负担。而船舶所有人负担船舶的折旧费、维修保养费、船舶保险费等为使船舶在租赁期间保持适航状态而产生的费用。

(3) 包运租船。包运租船是指船舶所有人提供给租船人一定吨位(指运力)，在确定的港口之间，以事先约定的年数、航次周期和每航次较均等的货运量完成运输合同规定总运量的方式。

包运租船又称运量合同，包运租船区别于其他租船方式的特点如下。

① 包运租船合同中不确定船舶的船名及国籍，仅规定船舶的船级、船龄和船舶的技术规范等，船舶所有人只需比照这些要求提供能够完成合同规定每航次货运量的运力即可，这对船舶所有人在调度和安排船舶方面是十分灵活、方便的。

② 租期的长短取决于货物的总量及船舶航次周期所需的时间。

③ 船舶所承运的货物主要是运量特别大的干散货物或液体散装货物。

④ 船舶航次中所产生的时间延误的损失风险由船舶所有人承担，而对于船舶在港装、卸货期间所产生的延误，则通过合同中订有的"延滞条款"的办法来处理，通常是由租船人承担船舶在港的时间损失。

⑤ 运费按船舶实际装运货物的数量及商定的费率计收，通常按航次结算。

(4) 光船租船。与前述几种租船方式不同，其是一种财产租赁，而不是运输承揽方式。在这种方式下，船舶所有人向租船人提供一艘特定的"裸船"，租船人在合同规定的租期内，按所确定的租金率支付租金并负责配备船员，管理和经营船舶。从船舶交给租船人处置时起,租船人负责船舶营运的全部责任。

上述 4 种租船运输主要从事大宗物品的运输,如谷物、油类、矿石、煤炭、木材、砂糖、化肥、水泥等,并且经常以整船或整舱方式装运。

2) 租船运输的基本特点

(1) 租船运输的营运组织取决于各种租船合同。船舶经营人和承租人首先签订合同才能安排运输,合同中除了规定航线、停靠港口和货物外,还需明确双方的权利和义务。

(2) 租船运费或租金水平的高低,直接受租船合同签订时的航运市场行情好坏影响。

(3) 租船运输中有关船舶营运费等开支,取决于不同的租船方式。

3) 租船运输程序

租船业务按时间顺序分询价、报价、还价、接受和签订租船合同 5 个环节进行,租船人和船东按此程序,通过租船经纪人互通情况,讨价还价,最后达成一致,签订合同,实现租船运输。

(1) 询价。询价又称询盘,通常是指由承租人以自己期望的租赁条件,直接或通过租船经纪人寻求租用所需船舶的行为,即货求船。承租人发出的询价内容包括需要承租的船舶类型和装运货物种类、数量、装运港、装运期限、租船方式以及租船租金等事项。

询价也可是由船舶所有人为承揽货载而先通过租船经纪人向航运交易市场发出求货载信息的行为,即为船求货。船舶所有人发出的询价内容一般包括出租船舶的船名、国籍、船型、船舶的散装和包装溶剂以及可供租用的时间和希望承揽的货物种类等。

(2) 报价。报价也称报盘或发盘,是指船舶出租人对承租人询价的回应。若是船舶所有人先提出询价,则报价由承租人提出。报价的主要内容是关于租金的水平、选用的租船合同范本以及范本条款的修订和补充等。

报盘又分实盘和虚盘。实盘为报盘条件不可改变,并附加时效的硬性报价;虚盘则是可磋商、修改的报价。

(3) 还价。还价也称还盘,是询价双方通过平等谈判、协商、讨价还价的过程。

还价意味着询价人对报价人报价的拒绝和新的询价开始,因此,报价人收到还价后还需要对是否同意还价条件作出答复,或再次做出新的报价。这种对还价条件作出答复或再次做出新的报价的行为称为反还价或称反还盘。

(4) 接受。接受又称受盘,船舶所有人和承租人经过反复多次还盘后,最后达成一致意见即可成交。根据国际通常的做法,成交后交易双方当事人应签署一份"订租确认书",就商谈租船过程中双方承诺的主要条件予以确认,对于细节问题还可进一步商讨。

(5) 签订租船合同。签订确认书只是一种意向合同,正式签订租船合同才意味着最终成交。租船合同要明确租船双方当事人的权利和义务,且经双方当事人签署后即可生效。

5.3.2 远洋货运的接收

1. 船边交付货物

船边交付货物又称现提,是指收货人以提单在货运公司卸货港的代理人处换取提货单后,凭提货单直接到码头船边提取货物并办理交接手续的方式。收货人要求船边提货必须事先征得货运公司或其代理人的同意。船边交货适用于贵重货物、危险货物、冷冻货物、长大件货物以及其他批量较大的货物。

2. 选港货物

选港货物是指货物在装船时尚未确定卸货港，待船舶开航后再由货主选定对自己最方便或最有利的卸货港，并在这个港口卸货和交付货物。在这种情况下，提单上的卸货港一栏内必须记明两个或两个以上的卸货港的名称，如"选择神户/横滨"或"选择伦敦/鹿特丹"，货物的卸货港只能在提单上所写明的港口中选择。

3. 变更卸货港交付货物

变更卸货港交付货物是指在提单上所记载的卸货港以外的其他港口卸货和交付货物。如果收货人认为，将货物改在提单上所载明的卸货港以外的其他港口卸货并交付对其更为方便有利时，可以向货运公司提出变更卸货港的申请。货运公司接到收货人提出变更卸货港的申请后，必须根据船舶的积载情况，考虑在装卸上能否实现这种变更，比如是否会发生严重的翻舱、捣载情况，在变更的卸货港所规定的停泊时间能否来得及将货物卸下，是否会延误船舶的开航时间等，之后才能决定是否同意收货人的这种变更申请。

因变更卸货港而发生的翻舱、捣载费、装卸费以及因变更卸货港的运费差额和有关手续费等均由收货人负担。收货人在办理提货手续时，必须向货运公司或变更后的卸货港的船舶公司代理人交出全套正本提单之后才能办理提货手续。

4. 凭保证书交付货物

班轮运输中，有时会出现因提单延误导致提单到达的时间迟于船舶到港的时间（特别是装货港与卸货港间距离较短）的情况。此时，收货人无法交出提单来换取提货单提取货物，故需由收货人开具保证书，以保证书交换提货单，然后持提货单提取货物。保证书的内容一般包括收货人保证在收到提单后立即向货运公司或他的代理人交回这一提单，承担应由收货人支付的运费及其费用的责任；对因未提交提单而提取货物所产生的一切损失均承担责任并表明对于上述保证内容由有关银行与收货人一起负连带责任。

如果提单已经遗失，致使这种解除保证无法实现时，则应根据该国的法律规定，经过公告的形式宣布该提单失效，或经法院的免除效力的判决才能做到解除保证。

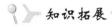知识拓展

中国主要海运航线

1. 近洋航线

（1）港澳线——到香港、澳门地区。

（2）新马线——到新加坡、马来西亚的巴生港、槟城和马六甲等港。

（3）暹罗湾线，又可称为越南、柬埔寨、泰国线——到越南海防，柬埔寨的磅逊和泰国的曼谷等港。

（4）科伦坡，孟加拉湾线——到斯里兰卡的科伦坡和缅甸的仰光，孟加拉的吉大港和印度东海岸的加尔各答等港。

（5）菲律宾线——到菲律宾的马尼拉港。

（6）印度尼西亚线——到爪哇岛的雅加达、三宝垄等。

（7）澳大利亚新西兰线——到澳大利亚的悉尼、墨尔本、布里斯班和新西兰的奥克兰、惠灵顿。

(8) 巴布亚新几内亚线——到巴布亚新几内亚的莱城、莫尔兹比港等。

(9) 日本线——到日本九州岛的门司和本州岛神户、大阪、名古屋、横滨和川崎等港口。

(10) 韩国线——到釜山、仁川等港口。

(11) 波斯湾线,又称阿拉伯湾线——到巴基斯坦的卡拉奇、伊朗的阿巴斯、霍拉姆沙赫尔、伊拉克的巴士拉,科威特的科威特港,沙特阿拉伯的达曼。

2. 远洋航线

(1) 地中海线——到地中海东部黎巴嫩的贝鲁特、的黎波里,以色列的海法、阿什杜德,叙利亚的拉塔基亚,地中海南部埃及的塞得港、亚历山大,突尼斯的突尼斯,阿尔及利亚的阿尔及尔、奥兰,地中海北部意大利的热那亚,法国的马赛,西班牙的巴塞罗那和塞浦路斯的利马索尔等港。

(2) 西北欧线——到比利时的安特卫普,荷兰的鹿特丹,德国的汉堡、不来梅,法国的勒弗尔,英国的伦敦、利物浦,丹麦的哥本哈根,挪威的奥斯陆,瑞典的斯德哥尔摩和哥德堡,芬兰的赫尔辛基等。

(3) 美国加拿大线——包括加拿大西海岸港口温哥华,美国西岸港口西雅图、波特兰、旧金山、洛杉矶,加拿大东岸港口蒙特利尔、多伦多,美国东岸港口纽约、波士顿、费城、巴尔的摩、波特兰和美国墨西哥湾港口的莫比尔、新奥尔良、休斯敦等港口。美国墨西哥湾各港也属美国东海岸航线。

(4) 南美洲西岸线——到秘鲁的卡亚俄,智利的阿里卡、伊基克、瓦尔帕莱索、安托法加斯塔等港。

5.4 水路运输工具、航道与港口

水路货物运输最基本的工具是船舶,船舶是指能航行或停泊于水域内,用以执行作战、运输、作业等的各类船、舰、舢板、筏及水上作业平台等的总称。

5.4.1 水路运输工具

船舶是水上运输和工程作业的主要工具,其种类繁多、数目庞大。船舶的分类方式也是多种多样,见表5-2。

表5-2 船舶的分类

分类标准	船舶类型
按用途分	民用船和军用船
按船体材料分	木船、铜船、水泥船和玻璃钢船等
按动力装置分	蒸汽机船、内燃机船、汽轮机船、电动船和核动力船等
按航行区域分	远洋船、近洋船、沿海船和内河船等
按航行状态分	排水量船、滑行艇、水翼船、气垫船、冲翼艇等
按推进器形式分	螺旋桨船、平旋推进器船、喷水推进器船、喷气推进器船、明轮船等

运输船舶通常又称为商船，是指载运旅客与货物的船舶。一般将其简单分为客船和货船两大类。

客船是用于运送旅客及其行李和邮件的运输船舶，因其多为定期定线航行，故又称客班船。《国际海上人命安全公约》中规定，凡载客超过12人者均视为客船。

目前物流中广泛使用的水上运输工具是货船。货船是运送货物的船舶的统称，一般不载旅客，分为干货船、液货船、驳船、拖船和推船。

1. 干货船

干货船是用于装载干货的船舶，常见的干货船有以下几种。

（1）杂货船：又称普通货船，也是目前最基本的一种货船，主要装运各种成捆、成包、成箱和桶装的杂货件。

（2）载驳船：又称子母船、载货驳船，是指专门以载货驳船为运输单元的船舶。其主要特点是载驳船在到达中转港时，由母船起重设备卸下驳船，然后用拖船或推船将载货的载驳船拉到目的港，不需占用码头泊位，货物不需换装捣载。

（3）滚装船：借助于轮子滚上滚下装卸作业的船舶。

（4）散货船：专门用于载运粉末状、颗粒状、块状等散堆货物如谷物、矿砂、煤炭、化肥、水泥等的船舶，有普通散货船、专用散货船、兼用散货船及特种散货船等。

（5）冷藏船：具有冷藏设备，装运易腐货物或低温货物的专用船舶。冷藏船温度范围为$-25℃\sim15℃$，要根据货物种类不同选择适宜的温度。

（6）集装箱船：以载运集装箱或以集装箱为主的混装运输船舶。

2. 液货船

液货船是指用于载运液态货物的船舶，其运量在现代商船队总运量中占有重要的比例（约44.7%），主要有油船、液化气船、液体化学品船等。

（1）油船：装运散装石油和成品油的液货船。一般分为原油船和成品油船。

（2）液化气船：是指专门装运液化气的液货船。

（3）液体化学品船：是指专门装运各种散装液体化学品如甲醇、硫酸等的液货船。

3. 驳船、拖船和推船

驳船是内河运输货物的主要运载工具，本身一般无自航能力，需拖船或推船等机动船带动形成船队进行运输，其特点为设备简单、吃水浅、载货量大，并可根据货物运输要求而随时编组，适合各港口之间货物运输，少数增设了机动装置的驳船称为机动驳船。驳船按载货用途不同分干杂货舱口驳船、散货甲板驳船、油驳船、滚装驳船等。

（1）拖船是指用于拖带其他船只或浮动建筑物的船舶。其船身较小，而功率较大，自身并不载运货物。拖船有海洋拖船、内河拖船和港口拖船之分。

（2）推船是指专门用于顶推非自航货船的机动船舶。与拖船相比，顶推航行时，驳船在前，推船在后，整个船队有较好的机动性。

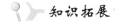

船舶的航行性能

（1）浮性。浮性是指船舶在各种装载情况下，保持一定浮态、漂浮于水面的一定位置的能力。浮性是船舶最基本的性能。

（2）稳性。船舶受到外力作用，离开原来平衡位置而发生倾斜，当外力消除后能自行恢复到原来平衡位置的能力，就称为稳性。

（3）抗沉性。船舶在一个舱或几个舱破损进水的情况下，仍能漂浮于水面，并保持一定浮态和稳性（不至于沉没和倾覆）的能力称为抗沉性。船舶破损后的浮性和稳性问题，其实质是关系到船舶安全的一个重要性能。

（4）快速性。船舶的快速性就是指对一定排水量的船舶，其主机以较小的功率消耗达到较高航速的性能，是船舶的一项重要技术性能，对船舶的经济性影响很大。

（5）适航性。船舶在多变的海况中的运动性能，称为适航性，也称耐波性。通常是指船舶在风浪中的摇摆性能。

（6）操纵性。船舶在航行时能够保持原来方向或按照驾驶员意图改变到所需航向的性能称为操纵性。其中，船舶保持其航向不变的能力，称为航向稳定性；船舶改变其航向的能力称为回转性或灵敏性。

5.4.2 水路运输航道与港口

1. 航道

1）航道含义及其分类

航道是船舶进出港通道，是指沿海、江河、湖泊、运河、水库内船舶、排筏可以通航的水域，是以水上运输为目的所规定或建造的船舶航行通道。航道的宽度可根据船舶通航的频繁程度分别采用单向航道和双向航道。

航道可分为海上航道、内河航道和人工航道。

（1）海上航道。海上航道属自然水道，其通过能力几乎不受限制。每一海区的地理、水文情况都反映在该区的海图上。而船舶每次的运行都根据海图，并结合当时的气候条件、海况和船舶本身的技术性能进行计算并在海图上标出。

（2）内河航道。内河航道大部分是由天然水道加上引航的航标设施构成的，与海上航道相比，其通行条件差别很大，反映在不同的通航水深（如各航区水深不同）、不同的通行时间（如有的区段不能夜行）和不同的通行方式（如单向或双向过船）等方面，因此在进行综合规划时，还应考虑航道分级和航道标准化。

（3）人工航道。人工航道是指由人工开凿，主要用于船舶通航的河流，又称运河。人工航道可缩短船舶航行路程，降低运费，方便生产和生活，并可扩大船舶航行的范围，进而形成一定规模的水运网络。著名的国际通航运河主要有苏伊士运河、巴拿马运河和基尔运河。我国有世界上最古老最长的人工运河——京杭大运河。

2）航道的等级

根据《内河航道标准》，我国内河航道分为7级。

（1）一级航道，可通航3 000t内河船舶的航道。

（2）二级航道，可通航2 000t内河船舶的航道。

（3）三级航道，可通航1 000t内河船舶的航道。

（4）四级航道，可通航500t内河船舶的航道。

（5）五级航道，可通航300t内河船舶的航道。

(6) 六级航道，可通航 100t 内河船舶的航道。
(7) 七级航道，可通航 50t 内河船舶的航道。

目前，我国四级以上的高等级航道里程仅占总里程的 11.3%，航道的通过能力、整治标准、渠化程度还需要提高。同时，我国的航道运力分布也极不均衡，长江三角洲、珠江三角洲占了我国航道运力的 80% 以上，2007 年长江干线航道的年运输量已经超过 11 亿吨，相当于 16 条京广铁路的运量。

3) 航道的航行条件

为保证船舶正常安全航行并获得一定的运输效益，航道必须具备一定的航行条件。

(1) 有足够的航道深度。航道深度是指全航线中所具有的最小通航保证深度，其取决于航道上关键性的区段和浅滩上的水深。航道深浅是选用船舶吃水量和载重量的主要因素。航道深度增加，可以航行吃水深、载重量大的船舶，同时也会提高整治和维护航道的费用。

(2) 有足够的航道宽度。航道宽度视航道等级而定。通常单线航行的情况极少，双线航行最普遍，在运输繁忙的航道上还应考虑 3 线航行。

(3) 有适宜的航道转弯半径。航道转弯半径是指航道中心线上的最小曲率半径。一般航道转弯半径不得小于最大航行船舶长度的 4～5 倍，最低不得小于船舶长度的 3 倍。

(4) 有符合规定的水上外廓。水上外廓是保证船舶水面以上部分通过所需要的高度和宽度。水上外廓的尺度按航道等级来确定，通常一、二、三、四级航道上的桥梁等建筑物的净空高度，取 20 年一遇的洪水期最高水位来确定，五、六级航道则取 10 年一遇的洪水期最高水位来确定。

(5) 有合理的航道许可流速。航道许可流速是指航线上的最大流速。船舶航行时，上水行驶和下水行驶的航线往往不同，下水在流速大的主流区行驶，上水则尽量避开流速大的水区而在缓流区内行驶。航道上的流速不宜过大，否则不经济，比较经济的船舶静水速度一般为 9～13 km/h，即为 2.5～3.5 m/s。

知识拓展

影响航道通行能力的因素

(1) 航道的深度、宽度和弯曲半径。
(2) 水流速度。
(3) 潮汐及季节性水位变化。
(4) 过船建筑物尺度。
(5) 航道的气象条件及地理环境。

例如，2011 年 9 月，长江武汉段一载煤船由于操作不当，碰擦武昌锚地 5 号基地引起船舶部分沉没事故。由于该期间适逢秋汛，汉江的水流速度过急，使得事发地长江水流速度大大增加，另外该地区泥沙沉积较多也容易搁浅。

2. 港口

1) 港口的含义

港口是指位于江、河、湖、海或水库沿岸，具有一定设备等条件，能提供船舶停靠、上下旅客、装卸货物，办理客、货运输或其他专门业务的场所。其任务是为船舶提供能安全停靠的设施，及时完成货物和旅客由船到岸或由岸到船以及由船到船的转运，并为船舶提供补给、修理等技术服务和生活服务。

现代港口不仅是交通运输的枢纽、水陆运输的衔接点、贸易往来的门户和窗口，而且在发展国内外贸易，促进国际友好往来，科学技术与文化的交流中也起着重要的作用，同时也是物流加工、仓储、运输、船舶维修、口岸服务、金融服务、劳动服务等多种功能的"经济场所"。

2）港口的分类

港口的分类多种多样，详见表5-3。

3）港口的构成

港口的主要功能是集散旅客与货物，现代港口构成从其平面布置上看，由水域和陆域两大部分组成。因此对港口的基本要求是：一要有良好的水域，保证进出港船舶航行安全；二要有功能齐全的陆上设施与机制健全、运行灵活的管理机构，以保证高效、安全地集散旅客与货物。

表5-3 港口的分类

分类标准	港 口	含 义
按用途分类	商港（贸易港）	以一般商船和客货运输为服务对象的港口，如我国的上海港、大连港、天津港、广州港，国外的鹿特丹港、安特卫普港、伦敦港
	渔港	是为渔船停泊、鱼货装卸、鱼货保鲜、冷藏加工、修补渔网和渔船生产及生活物资补给的港口，如我国舟山的定海港
	工业港	供大型企业输入原材料及输出制成品而设置的港口，如大连地区的甘井子化工码头、上海市的吴泾焦化厂煤码头及宝山钢铁总厂码头
	避风港	供船舶在航行途中，或海上作业过程中躲避风浪的港口
	旅游港	为海滨休憩活动的海上游艇设置的港口
	军港	供海军舰艇停泊并取得供给的港口，如我国的旅顺港
按地理位置分类	海港	在自然地理条件和水文气象方面具有海洋性质的港口
	河港	即位于河流沿岸，且有河流水文特征的港口，如我国的南京港、武汉港
	运河港	即位于运河上的港口，如我国的徐州港
按地位分类	国际性港	靠泊来自世界各国船舶的港口，如我国的上海港和大连港，以及国外的鹿特丹港和伦敦港等
	国家性港	主要靠泊往来于国内船舶的港口
	地区性港	主要靠泊往来于国内某一地区船舶的港口
按潮汐的影响分类	开敞港	港内水位潮汐变化与港外相同的港口
	闭合港	在港口入口处设闸，将港内水域与外海隔开，保证在低潮时港内仍有足够水深的港口，如英国的伦敦港
	混合港	兼有开敞港池和闭合港池的港口，如比利时的安特卫普港

（1）港口水域。港口水域是供船舶进出港，以及在港口运转、锚泊和装卸作业使用的。

因此要求其有足够的深度和面积,且水面基本平静,流速和缓,以便船舶安全停泊和进行技术操作。港口的水域包括港池、航道与锚地。

(2) 港口陆域。港口陆域是供旅客上下船,以及货物的装卸、堆存和转运使用的。因此陆域必须有适当的高程、岸线长度和纵深,以便于安置装卸设备、仓库和堆场、铁路、道路,以及各种必要的生产、生活设施。

4) 港口的水工建筑物

水工建筑物指的是大部分处于水中或经常与水接触,特别是遭受海水侵蚀等的一类建筑物,因此要求其结构和材质异常坚固又经久耐用。根据各种不同的用途,港口的水工建筑物大体可分成防护建筑物、码头建筑物和护岸建筑物3大种类。

(1) 防护建筑物。防护建筑物多数用于海港,以防止波浪对港内的冲击,也有的用来防止泥沙、流冰进入港内。这种建筑物常建在水域外围的深海中,要经受巨大的波浪振动和冲力,因此要做得既稳重又坚固,其规模往往很大,以便能阻抗深水波浪的侵袭。

(2) 码头建筑物。码头是港口的主要组成部分,码头上的建筑物也是港口的主要水工建筑物。

(3) 护岸建筑物。港口陆域和水域的交界地带除停靠船舶的码头岸线外,其他未被利用的天然岸坡因经常遭受潮汐、水流和波浪的作用,而造成边坡土质比较松软,非常容易被冲刷从而引起坍塌,这会影响陆域及其上建筑物的安全,同时也会影响水域的深度,故护岸建筑物的作用就是要对这种岸边进行加固。

5) 港口起重运输设备

港口起重运输设备主要是指用于装卸货物的起重机械和用于搬运货物的运输机械。现代港口装卸工作基本上都是由机械来完成的,在港口对船舶、火车、汽车车辆实施装卸作业;在船舱内进行各种搬运:堆码和拆垛等工作;在库场上进行起重、搬运、堆码、拆垛等工作。

港口机械分成4大类,即起重机械、输送机械、装卸搬运机械、专用机械。

(1) 起重机械有门座起重机、轮胎起重机、履带起重机、浮式起重机(浮吊)、龙门式起重机和装卸桥等。

(2) 输送机械有带式输送机、斗式提升机、气力输送机和螺旋输送机等。

(3) 装卸搬运机械有叉式装卸车、单斗车、跨运车、牵引车和底盘车等。

(4) 专用机械有装船机、卸船机、装车机和卸车机等。

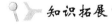

港口现代化的主要表现

港口现代化与船舶现代化一样都离不开经济贸易的发展和科学技术的进步。作为全球综合运输系统节点的港口,效率、服务质量及水平是其得以生存发展的关键因素。港口现代化主要表现在以下方面。

(1) 泊位深水化:当前世界各国有条件、有能力的港口先后加强了港口建设,扩大港口生产规模,建造深水泊位。据预测,至2020年世界上将有20%的国际集装箱班轮需要水深在13.5m以上的深水泊位和航道。

(2) 码头专业化:随着船舶运输的专业化港口必须建起适应专业化船舶运输的专业化码头。

(3)装卸机械自动化。
(4)信息网络化。

本章小结

本章主要介绍了水路运输的概念、作用、运输形式等相关的内容,水路运输是利用船舶、排筏和其他浮运工具,在江、河、湖泊、人工水道以及海洋上运送旅客和货物的一种运输方式。水路四通八达,通航能力大,且开发水道的投资远低于铁路和公路。

我国的城市常分布于沿海、沿江、环湖一带,这为水运提供了货源保证。水运可以满足工业、城市和人口对大量物资的需要。随着科技现代化的发展,水路运输越来越能满足安全和便利的要求。随着船舶设备和技术水平的提高,卫星定位、雷达等设备的使用,航道设施现代化程度的提高,现在水路运输的安全性有了可靠的保证。

随着世界工业中心从大西洋向太平洋的转移,海运逐渐成为国际贸易的重要通道。我国加入WTO以后,国际贸易增幅很快,而国际贸易主要依赖于国际海运和远洋运输,目前海运占我国国际贸易运输量的90%以上。

课后习题

一、单选题

1. 水路运输系统主要由船舶、航线和(　　)3部分构成。
   A. 港口　　　　B. 站台　　　　C. 仓库　　　　D. 货场
2. 根据《内河航道标准》,我国内河航道分为(　　)。
   A. 六级　　　　B. 七级　　　　C. 八级　　　　D. 九级
3. (　　)是指船舶在各种装载情况下,保持一定浮态、漂浮于水面的一定位置的能力。
   A. 浮力　　　　B. 支撑力　　　C. 浮性　　　　D. 重力
4. 上海港、宁波港、广州港、天津港、青岛港、秦皇岛港、大连港和深圳港年货物吞吐量均超(　　),已发展成为综合性大型枢纽港。
   A. 百吨　　　　B. 千吨　　　　C. 万吨　　　　D. 亿吨

5. ( )是指专门用于载运粉末状、颗粒状、块状等散堆货物如谷物、矿砂、煤炭、化肥、水泥等的船舶。

　　A. 散货船　　　　B. 冷藏船　　　　C. 干货船　　　　D. 运货船

二、简答题

1. 水路运输对国民经济有哪些影响？
2. 江河货运是如何分类的？
3. 班轮运输具有哪些特点？
4. 收货人接到到货通知后办理提货手续，主要做哪3项工作？
5. 租船运输的程序有哪些？

【实训任务】
了解水路运输业务。

【实训目标】
通过本次实训，使学生进一步理解水路运输企业的业务及各种水路运输企业的特点。

【实训内容】
学校负责联系水运企业，然后围绕该水运企业进行调研，收集水运资料，在指导老师的帮助下，分析该水运企业的业务、总结水运单位的业务职责。

【实训要求】
将班级同学进行分组，每组成员不超过8人，设立组长1名，由组长安排各小组的进度，并负责总体的协调工作，选择1个水运企业进行实习，通过实习，提出水运企业的具体业务，并提出不同部门的工作职责。

【考核方法】

考核内容	标准分值	实训评分
资料收集整理	20分	
提出水运企业的业务	30分	
提出业务人员的工作职责	30分	
实训过程表现	20分	

【案例讨论】
　　2007年1月12日，刘某雇佣船舶运送95t重型废钢，船舶的核定吨位为60t。刘到保险公司对该批货物进行投保，保险公司向刘签发了保险单，该保险单载明：投保人为刘某，被保险人为刘某，保险的货物为95t重型废钢，保险金额为99 750元。保单生效后，该船舶行驶途中沉没，船上的货物全部灭失。因无现场及其他旁证材料，海事部门无法认定沉船原因。事故发生后，刘某即向保险公司报告，保险公司也立即赶到现场了解有关情况。后刘请求赔偿保险金，但保险公司认为：刘雇佣的船舶不适航，货物严重超载，从而导致事故的发生。一方面刘投保时未履行如实告知义务；另一方面刘违章超载运输，有重大过错，保险公

司可以免责，故保险公司拒绝理赔。刘某即起诉至法院，要求处理。

本案在审理过程中，有两种不同的观点。

第一种观点认为：被告保险公司不应当承担赔偿责任，应驳回原告的诉讼请求。理由是：原告在投保时未如实告知被告货物超载运输情况，以致被告对存在重大安全隐患的货物承保，由于原告未履行如实告知义务，无论其是故意还是过失，被告保险公司都可以根据《中华人民共和国保险法》第十六条的规定，不承担赔偿或者给付保险金的责任，故应判决驳回原告的诉讼请求。

第二种观点认为：保险公司应承担赔偿责任。理由是：根据《中华人民共和国保险法》第十六条第一款规定，订立保险合同，保险人应当向投保人说明合同条款内容，并可以就保险标的或者被保险人的有关情况提出询问，投保人应当如实告知。从这一款规定中可以看出，我国保险法确立的投保人告知方法是询问告知的方法，而不是无限告知的方法，所以只要投保人如实回答了保险人的询问，即为履行了告知义务。对于保险人没有询问的事项，即使是重要事项，投保人也没有告知义务，所以对保险人没有询问的事项，投保人没有告知，不构成对告知义务的违反。本案被告向原告询问了货物的数量、船舶名称，原告已经作了如实告知，至于保险公司没有询问的船舶是否超载问题，原告则没有告知义务，故被告不可以以原告未履行如实告知义务来进行抗辩。

（资料来源：http://jpkc.dlmu.edu.cn/jpkc/wlx/xiti/anli.doc. 经作者整理）

思考：

你同意以上的哪一种观点？

第 6 章

管道货物运输

GUANDAO HUOWU YUNSHU

【学习目标】

知识目标	技能目标	学时安排
（1）掌握管道货物运输的概念、特点、运营方式； （2）掌握管道货物运输的运作业务流程； （3）了解管道运输的组织与管理； （4）了解管道运输的特点及其运用范围	熟悉管道运输的主要设施设备	4 学时

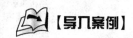【导入案例】

新奥燃气"点燃"未来

作为国内最具竞争力的民营燃气运营企业之一的新奥燃气发展有限公司（以下称新奥），其主要从事城市管道燃气的投资、建设和运行服务，且分销管道燃气、燃气器具并提供售后服务。新奥充分利用了中国政府大力推广使用天然气、鼓励民营企业投资城市基础设施的契机，除了为廊坊经济技术开发区及廊坊市供应管道天然气外，还开始积极拓展外埠市场，并取得廊坊以外 50 多个城市的燃气经营权，从而成为我国最大也是最重要的民营城市燃气营运商。

目前，公司的核心业务为天然气生产、采购、销售与燃气配送物流，新奥为全国 50 多个城市提供燃气供应和发展服务，其中非管道供气城市近 30 个，其产品主要采用公路运输方式予以配送，罐装方式分为 CNG（压缩天然气）和 LNG（液化天然气）两种。各成员企业统一向公司总部上游采购和结算，此外，其终端用户的城市主要分布在华北地区、华东地区和华南地区。

未来，新奥的业务将扩展到管道运输和非天然气的能源采购与分销业务，服务对象将由新奥集团内部成员企业扩展到市场客户，服务模式将逐渐由第三方扩展到第四方物流供应商的功能。

对于正处于快速发展期的新奥来说，显然已经无法实现总部对分散在全国各地的几十个城市、十几家供应商、几十万用户的燃气供需的协调与保障。如果再出现严重的供需矛盾或是能源危机，对于这样一个缺少信息系统支撑的庞大企业来说就更加是雪上加霜。例如，2004 年由于上游供应商的气源紧张给企业带来的"气"荒危机，以及年底江苏盐城出现的管道事故抢险情况，都让企业承受了不小的压力，同时也让企业领导层深刻体会到了信息系统支撑的必要性。

为了在激烈的市场竞争中争得先机，努力将自身打造成为具备国际竞争力的能源物流分销商，新奥确立了新的发展规划，以建立供应链一体化的气源分销与物流服务信息平台为手段，建立集成的一体化数据采集与分析系统，实现与上游供应商、下游用户的紧密的供需协同，在气源紧张的大前提下能够尽可能地确保用户用气的需求，从而能够使企业在快速发展的燃气营运市场中进一步提升核心竞争力。

（资料来源：http://jpkc.dlmu.edu.cn/jpkc/wlx/xiti/anli.doc. 经作者整理）

思考：

新奥目前仍采用人工方式或简单的信息传递方式来协调供应链中的各个环节的衔接，这对于处于快速发展期的企业来说存在什么弊端？

6.1 管道货物运输概述

近几年，随着经济的发展，特别是西气东输工程的实施，管道运输迅速发展起来。可以说，管道运输是衡量一个国家的能源与运输业是否发达的标准之一，也是国民经济综合运输的重要组成部分。

6.1.1 管道运输的概念

管道运输是指利用管道输送气体、液体和粉状固体的一种运输方式，其借助高压气泵的压力把货物经管道向目的地输送。管道运输是一种不需要动力引擎，运输通道和运输工具合二为一的运输方式，其原理相当于自来水管道将水输送到各家各户。管道运输与其他运输方式的最明显的区别在于管道运输的工具(管道设备)是固定不动的。

管道运输不仅运输量大、连续、迅速、经济、安全、可靠、平稳且投资少、占地少、费用低，而且可实现自动控制。除广泛用于石油、天然气的长距离运输外，还可用于运输矿石、煤炭、建材、化学品和粮食等。管道运输可省去水运或陆运的中转环节，故可缩短运输周期，降低运输成本，提高运输效率。当前管道运输的发展趋势是：管道的口径不断增大，运输能力大幅度提高；管道的运距迅速增加；运输物资由石油、天然气、化工产品等流体逐渐扩展到煤炭、矿石等非流体。

管道运输是各种运输方式中人们所不太熟悉的一种，在一般人看来，运输工具无外乎车、船、飞机3种，其实，管道运输是现代物流中发展越来越快的一种运输方式。管道运输是指利用管道输送气体、液体的一种运输方式。其机理是运输物品在管道内顺着压力方向不断流动，以实现输送到目的地的过程。比如石油或天然气运输，有些国家也开展煤浆管道运输。与其他运输方式相比较，管道运输最大的不同之处在于其运输载体是静止不动的。

管道运输特点明显，由于运输管道属于封闭设备，故可以避免一般运输过程中的丢失、散失等问题，同样也可以避免其他运输设备经常遇到的回程空驶等无效运输问题，从而无形中节约了成本。此外，管道运输具有运输速度快、流量大、环节少、运费低等优点，非常适合连续不断地输送相关物资。

当然，管道运输的局限性也很明显。能适合管道运输的物品还不多，因其仅仅适用于流体物质运输，并且管道敷设的成本很高，一般需由政府出面，才能实现输送管道的敷设，由个人或企业直接敷设或经营的可能性不大。当然，随着国家对基础设施投入的不断加大，以及与世界运输业的逐渐接轨，敷设的各种运输管道已经越来越多，距离也越来越长，从而使管道运输的效益越来越明显。

 知识拓展

我国石油石化业进入发展快车道

2009年，受国际金融危机影响，我国石油石化行业经营环境发生了重大而深刻的变化，但其凭借出色表现最终成为2009年全球的亮点和热点。

1. 原油进口首破2亿吨，对外依存度首破50%

随着国内经济平稳回升，2009年我国石油需求经历了一个走出低谷、逐步回升的过程，多种油品表观消费量变为正增长且增幅较大，甚至恢复到历史最高水平。原油进口量继续增长，全年首次突破2亿吨，达2.04亿吨，超过日本成为居世界原油进口量第二位的国家，原油对外依存度首次超过50%。

2. 炼油工业逆势上扬，乙烯产能产量双破千万

2009年我国炼油工业逆势上扬，建成广东惠州、福建、独山子、天津等多项大型炼油装置，我国炼油能力进一步增至4.83亿吨每年，成为仅次于美国的全球第二大炼油国。中国石化和中国石油分别成为世界第3和第8大炼油公司。2009年我国共建成福建、独山子、天津、沈阳4套乙烯装置，新增产能273万吨每年，年底全国乙烯产能首次突破千万吨大关，达到1 269.9万吨每年，稳居世界第二位。

3. 海上石油产量增长，油气管道建设进入高峰

2009年我国石油生产先降后升。全年石油产量达1.9亿吨，与2008年持平。海上石油产量延续了近年来稳步增长的势头，占全国石油总产量的比重从2000年的6.7%升至11%。2009年国内油气管道建设飞速发展，成为一个建设高峰年。我国最长的成品油管道、中部成品油运输大动脉——中国石油兰州—郑州—长沙成品油管道全线贯通；中国石化近半加工原油实现管道运输，并实现了北起河北曹妃甸，南至浙江册子岛、大榭岛的中国石化东部原油管网全网连通……此外，还有一大批油气管道仍在建设中。

4. 成品油市场供应充裕，不同油品表现各异

金融危机爆发后，国内成品油市场供应由偏紧转为充裕。2009年前10个月成品油产量1.87亿吨，而表观消费量只有1.82亿吨，产大于需，全年成品油产量超过消费量500多万吨。2009年各主要成品油的需求情况首次表现各异，汽油需求增长较快，柴油需求在前8个月累计增速始终为负，而煤油需求在国内外经济逐步回暖的带动下大幅增长。

5. 陆上油气通道建成，战略石油储备获突破

2009年在政府主导下，签署"贷款换石油"等多项重大合作项目；中俄原油管道、中缅油气管道、中亚天然气管道三大陆上油气战略通道的正式开建或顺利投产，使我国海上加陆上通道的多元化油气供应渠道露出端倪。与此同时，我国国家战略石油储备建设进展顺利。企业商业石油储备建设也取得明显进展，国内石油企业已建立约3亿桶的商业原油储备能力。

6. 海外油气产量首超1.1亿吨，权益产量达5 500万吨

我国企业海外油气作业产量在2008年首次超过1亿吨，权益产量首次超过5 000万吨的基础上进一步稳步增长，2009年全年海外油气作业产量突破1.1亿吨，权益产量约达5 500万吨。同时，中国企业在全球油气并购市场频频出手，成为最大买家之一。据统计，2009年中国公司共宣布13起收购案，成功收购案达11起，交易金额近160亿美元，是近年来中国企业海外油气并购最多的一年。

7. 天然气消费较快增长，供应多元化格局初步形成

虽然受金融危机影响，2009年中国能源消费增速有所放缓，但能源消费继续保持较快增长，预计全年天然气消费量比上年增长11%。2009年中国天然气消费结构进一步向多元化、合理化方向发展，城市天然气和发电用气所占比重继续增长，工业和化工用气继续下降。

8. 新的成品油定价机制出台，部分问题有待改进

2009年元旦起，我国开始实施新的成品油定价机制。新的定价机制及其管理办法扭转了国内炼油行业多年连续亏损的局面，对促进国内炼油行业的健康发展，能源的合理消费起到了积极的

作用。但是，新机制和办法在实行中也暴露出一些问题：一是价格调整仍有很大不确定性，出现了调整不及时、不到位的情况；二是定价机制由模糊到清晰，市场预期和投机行为也随之放大，故给投机留下较大空间；3 是对今后油价攀升至 80 美元每桶以上乃至高于 130 美元每桶时如何定价不太明确。

9. 积极应对金融危机，大石油石化公司竞争力提升

2009 年是国有石油石化公司积极应对危机，努力提高国际竞争力的一年。在 2009 年 8 月公布的《财富杂志》世界 500 强排名中，中国石化首次升至第 9 位，中国石油跃居第 13 位；在 2009 年 11 月公布的美国《石油情报周刊》世界 50 大石油公司最新排名中，我国 3 大石油公司中国石油、中国石化、中国海油均榜上有名。

（资料来源：http://jpkc.dlmu.edu.cn/jpkc/wlx/xiti/anli.doc. 经作者整理）

6.1.2　管道运输的特点

1. 运输量大

由于管道运输的连续性，一条管道可以源源不断地完成输送任务。根据油管线管径的大小，每年的输油量可达数百万吨到几千万吨，甚至超过亿吨。直径 720mm 的输煤管道，年可输送煤炭 2 000 万吨，几乎相当于一条单线铁路的输送能力。

2. 管道建设周期短，投资费用低

管道建设只需要铺设管线、修建泵站，故土石方工程量等较修建铁路小。在相同运量条件下，其建设周期与铁路相比要短 1/3 以上。据有关资料统计，管道建设费用比铁路低 60% 左右。

3. 占地少

根据地面条件，管道可建在地面，也可埋在地下，且管道埋藏于地下的部分约占管道总长度的 95% 左右，因而占用的土地少，分别仅为公路的 3% 和铁路的 10% 左右。

4. 环境污染小

由于石油天然气易燃、易爆、易挥发、易泄漏，故采用管道运输不仅安全可靠，损耗减少，还可避免对空气、水源、土壤的污染，能较好地满足运输对绿色环保的要求。

5. 能耗小，成本低

由于管道运输采用密封设备，故在运输过程中可避免损失，且也不存在其他运输设备在运输过程中的无效运输问题，几乎不存在空载。此外，管道运输能耗小、成本低，根据有关研究资料，管道运输的成本一般只有铁路运输的 1/5，公路运输的 1/20，航空运输的 1/60。

6. 受气候影响小

由于管道密封且多埋藏于地下，不受气候的影响，故可长期稳定地运行，因而输送货物的可靠性高。其不会受到刮风、下雨、下雪等自然条件的影响，可以说，在 5 种运输方式中，管道运输是受气候影响最小的一种运输方式。

7. 灵活性差

管道运输不如其他运输方式（如汽车运输）灵活，除承运的货物比较单一外，也不容随便

扩展管线，实现"门到门"的运输服务。对一般用户来说，管道运输常常要与铁路运输或汽车运输、水路运输配合才能完成全程输送。此外，当管道运输量明显不足时，其运输成本会显著上升。

综上所述，管道运输适合于单向、定点、量大的流体状且连续不断运输的货物。运输管道如图6.1所示，管道运输如图6.2所示。

图6.1 运输管道

图6.2 管道运输

知识拓展

"第五大道"

管道运输是继公路、铁路、航空、水运之后的第5种运输方式，也是发展空间最大的运输手段。如果公路、铁路、航空、水运被形容为运输业的"四条大道"，那么管道运输正成为"第五大道"。

在西方发达国家，铁路运油早已成为历史，天然气管网更是密如蛛网。直到新世纪我国才真正迈进管道新时代。在许多地方，逶迤在漫长铁道线上的油罐车依然是一道让人尴尬的风景线。

1. 美式经验可借鉴

美国是世界上最大的天然气消费国和第二大天然气生产国，目前天然气年消费量稳定在6 500亿立方米左右，且85%以上为自产气，其进口天然气主要来自加拿大，此外，还包括从非洲等进口的LNG(液化天然气)作补充。

从美国天然气发展历程看，我国目前所处的阶段同美国20世纪三四十年代较为相似，但我国天然气管网建设丝毫不逊于美国,且起点更高,效率和水平更高,持续时间更长。我国天然气资源产地主要集中在西部,而天然气市场集中在东部,"西气东输"是我国天然气输送的基本格局。因此,在西气东输建成不到5年,西二线建设即迅速启动。不难想象,在不远的未来,一条自西向东的天然气运输管廊,将在西部丰富的天然气资源同东部市场间搭起一条名副其实的"第五大道",现代化的中国在这条大道上快速驶入"蓝金时代"。

此外,美国的天然气产业政策、天然气进口多元化战略,以及天然气立法等方面,同样有许多可借鉴之处。我国天然气产业应该学会在"拿来主义"的基础上,结合本国实际,走一条跨越发展之路。

2. "第五大道"中国造

当前世界输气管道建设发展的总趋势,主要体现在长运距、大口径、高压力和网络化。为适应资源地大多远离消费中心的事实,以及天然气跨国贸易的增加,长距离输送已成为一种必然。我国西气东输是"八千里路云和月"(干线全长近4 000km),横贯中国东西;西气东输二线同中亚天然气管道相连,构成一条穿越四国、长达1万多公里的"绿色长廊"。我国正积极推进的中俄原油管道、中缅油气管道等,都是天然气管道"越建越长"的体现。

大口径和高压力趋势同样明显,管道越修越大,输送压力越来越高。数据显示,输气管道的输送能力与管道直径的2.4次方成正比。因此,在输气量可以确定的情况下,建设一条高压大口径管线比平行建几条低压小管线更经济。所以,增大管径是提高管道输送能力的有效措施。

输气管道向高压方向发展的趋势,在一定程度上反映了一个国家输气管道的建设水平。高压方向的发展,得益于管材等级的不断提高。西二线干线采用X80钢,而西一线采用的还是X70钢,陕京管道当时还是首次采用X60钢。高钢级管材技术的突飞猛进,为"第五大道"提供了更好的品质保障。

管网概念日益普及。20世纪60年代以来,先后形成一些洲际、国际、全国性和地区性的大型输气管网,其由若干条输气干线、多个集气管网、配气管网和地下储气库构成,并将多个气田和成千上万的用户连接起来。我国管网建设起步较晚,目前主要的几条天然气骨干管网已经联成网。4大油气战略通道全面建成并同国内管网连通后,将极大提高我国天然气的保供能力。

3. 化解矛盾快发展

中国天然气快车已经驶入发展快车道,而且正在不断提速,但仍面临着3大矛盾,即规划、国产化和市场化问题。

(1) 总体规划刻不容缓。目前我国天然气建设主体主要集中在少数国有企业,以中国石油为主,这种以企业为主体的建设体制,有利于提高效率。但从国家整体及长远考虑,加强天然气管网建设的总体规划,成为当务之急。

(2) 核心技术国产化问题亟待解决。压缩机是管网的心脏,而目前我国几乎所有的"心脏",都是外国造。一些核心设备,一旦有个"三长两短",甚至需要运送到国外现场维修。受制于人,不仅对天然气产业发展极为不利,而且关系到国家的能源战略安全。

(3) 价格问题。尤其是管道联网后,东西南北的气源、"国产气"与"进口气"混合,如果不能实施科学灵活地定价政策,必然阻滞产业健康发展。例如,我国目前从中亚地区进口天然气,以现行国内终端销售价格为准,到霍尔果斯口岸,每立方米天然气净亏约1元钱,经过上万千米的输送到达终端市场后,亏损严重程度可想而知。虽然"以低价为主"成为我国现阶段天然气利用政策的基本共识,但低价也应建立在灵活科学的市场化定价政策基础上,而不是简单的价格管制。

(资料来源:http://jpkc.dlmu.edu.cn/jpkc/wlx/xiti/anli.doc. 经作者整理)

6.1.3 管道运输的发展概况

1. 世界管道运输的发展概况

现代管道运输始于 19 世纪中叶，那时人们开始试用铸铁管修建输油管道，但因漏失量大而未能实际应用。1865 年 10 月，美国人用搭焊的管径 50mm，长 4.6m 的熟铁管修建了一条全长 9 756m 的管道，由美国宾夕法尼亚州皮特霍尔铺至米勒油区铁路车站。1880 年和 1893 年相继出现管径 100mm 的成品油管道和天然气管道。1886 年，俄国巴库修建了一条管径 100mm 的原油管道。这是管道运输的创始阶段，管材、管子连接技术、增压设备和施工专用机械等方面还存在许多问题有待解决。20 世纪 50 年代石油开发迅速发展，各产油国开始大量兴建油、气管道。20 世纪 70 年代以来，管道运输技术又有较大提高，且大型管道相继建成。如 1977 年建成的纵贯美国阿拉斯加州南北、穿过北极圈的原油管道，其管径 1 200mm，全长 1 289km，设计年输原油 1.2 亿吨。中东国家的管道运输也迅速发展，如沙特阿拉伯的东西石油管道，管径 1 220mm，全长 1 195km。此外，随着北海油田、气田的开发，海洋管道逐渐由浅海走向深海，如从北海油田至英国的原油管道和北海油田至联邦德国的天然气管道都已建成投产。

最初，油、气管道的增压设备都是以蒸汽为动力直接驱动的，如蒸汽往复泵、卧式往复泵或压气机。19 世纪 90 年代初，出现的内燃机（如柴油机和燃气机），逐渐取代了蒸汽机。1920 年，由电动机直接驱动的高转速离心泵开始用于管道，其缩小了设备的体积，提高了管道输送效率。从此，柴油机、燃气机和电动机因各具优点一直并存应用于管道运输。目前，世界上规模最大的煤浆管道是美国 1971 年建成的长 439km 的黑梅萨煤浆管道，其管径有 457mm 和 305mm 两种，年输煤 500 万吨；而规模最大的矿浆管道是巴西的萨马科特铁浆管道，全长 400km。

国外工业发达国家的管道运输比较普遍。20 世纪下半叶，俄罗斯曾在极其短暂的时期内建成了输送天然气、原油和成品油的干线管道系统，这一系统是 20 世纪世界上规模最大的工程设施，干线管道长度达 21.5 万千米。俄罗斯的干线管道运输业预计将会在 21 世纪得到更大的发展。

美国仅 2000 年就建成管线 8 333km，这些长输管道将把能源从数千公里外的生产国输送到消费市场。世界能源环境的变化影响着未来的管道建设，全世界目前在建和计划建设的管道总里程数达 1.3 万千米，表现出强劲的势头，其中，欧洲、中东、非洲、南太平洋、远东、中美洲和南美洲地区均有大规模的管道工程项目。

2. 我国管道运输的发展概况

我国石油天然气管道工业是随着我国石油工业的创建而发展起来的。我国在 1958 年建设了克拉玛依油田到独山子炼油厂的双线输油管道，其全长 300km，是我国建设的第一条长输管道。改革开放以来，我国的管道运输得到较快发展，并逐步形成了一些局部网络。

我国已建设的特大型基础设施还有西气东输工程，其主要任务是将新疆塔里木盆地的天然气送往豫、皖、浙、沪等地区，该管线以新疆塔里木轮南油田为起点，沿线经过新疆、甘肃、宁夏、陕西、山西、河南、安徽、江苏、浙江，最后抵达上海。西气东输工程包括塔里木盆地天然气资源勘探开发、塔里木至上海天然气长输管道建设以及下游天然气利用配套设施建设。其主干管道全长 4 000km 左右，输气规模设计为年输商品气 120 亿立方米，目前已成为我国第一条大口径、长距离、高压力、多级加压、采用先进钢材并横跨长江下游宽阔江面的现代化、世界级天然气干线管道。

到2012年，中国已建成原油管道1.9万千米，成品油管道1.6万千米，天然气管道3.6万千米。油气管道总长超7万千米，比2011年末增长了10%，至此，中国已逐渐形成了跨区域的油气管网供应格局。随着中国石油企业"走出去"战略的实施，中国石油企业在海外的合作区块和油气产量不断增加，海外份额油田或合作区块的外输原油管道也得到了发展。

出于对中国能源供应的保证，中国长距离油气管道建设并未因为金融危机而降低速度。到2020年，中国长距离油气管道的建设里程将至少达到10~15万千米，由于中国的油气资源分布不均，进口油气量越来越大，所以中国需要加大投资建设油气管道的力度，并且未来10年将迎来中国修建跨国油气管线的高潮。

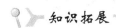 知识拓展

天然气和天然气管道运输

天然气是一种极为重要的日常能源。广义而言，天然气是指埋藏于地层中自然形成的气体的总称，而狭义上的天然气则是指从能源角度出发定义的储存于地层较深部的气态化石燃料，其是古生物遗骸长期沉积地下，经慢慢转化及变质裂解而产生的气态碳氢化合物，具有可燃性。

天然气的主要成分是烷烃，其中绝大多数是甲烷，根据不同的地质形成条件，还含有不同数量的乙烷、丙烷、丁烷、戊烷等低碳烷烃以及二氧化碳、氮气、氢气、硫化物等非烃类物质；有的气田中还含有氦气。在标准状况下，甲烷至丁烷以气体状态存在，戊烷以上为液体。

人类很早就认识到了天然气的利用价值。据史料记载，公元前61年今陕西、四川等地就有了火井，即天然气井。明代《天工开物》中也有了利用竹管输气作为燃料的详细记载。

经历了竹木管、铸铁管等之后，如今的天然气管道主要采用钢管，且利用天然气管道输送天然气也已成为陆地上大量输送天然气的主要方式。目前，在低温下利用管道长距离输送液化天然气还处于试验阶段。

通常而言，天然气输气管道系统由管道输气站和线路系统两部分组成，后者包括管道、沿线阀室、管道通信系统、调度和自动监控系统等。其中，天然气输气管道是由单根管子逐根连接组装起来的，是个连续密闭输送系统，从输送、储存到用户使用，天然气均处于带压状态。

总之，天然气管道运输是个比较复杂的系统，其涉及安全、防腐、质量控制等诸多环节。伴随着科学技术的发展，天然气的管道输送技术正在不断提高，出现了管道大口径、高压力的发展趋势，并出现了规模巨大的管网系统，俄罗斯通往欧洲的天然气管道系统就是其中之一。

 6.2 管道货运的分类与运输方式

现代管道运输随石油开发而兴起，并随着石油、天然气等流体燃料需求量的增长而发展。目前，大型国际管道已横跨北美、北欧、东欧乃至跨越地中海连接欧非两大陆，且年输送原油量亿吨以上和天然气百亿立方米以上管道的相继建成，对加速流体燃料运输起着重要

作用。近20年来，固体料浆管道的问世给大量运输煤炭等燃料开辟了途径，为管道运输开创了新领域，管道运输的发展正方兴未艾。

6.2.1 管道运输货物的分类

1. 液体

该类货物主要是各类油品，包括原油、成品油和液态烃（液化石油气和液化气）。

2. 气体

该类货物主要包括天然气、二氧化碳和氮气等。

3. 固体浆料、散料

该类货物又可分为煤浆、各类矿浆和粮食类小颗粒固体。

4. 其他

随着管道运输技术的不断发展，管道运输的货物不仅仅局限于以上货物，像邮包、信件、垃圾等货物也可从管理形式进行输送。

6.2.2 货物运输管道的种类

管道货物运输常按所输送的物品不同而分为原油管道、成品油管道、天然气管道和固体料浆管道（前两类常统称为油品管道或输油管道）。

1. 原油管道

原油一般具有比重大、黏稠和易于凝固等特性。用管道输送时，要针对所输原油的物性，采用不同的输送工艺。原油运输不外乎是将原油自油田输送给炼油厂，或输送给转运原油的港口或铁路车站，或两者兼而有之。其运输特点是输量大、运距长、收油点和交油点少，故特别适宜用管道输送。世界上的原油约有85%以上是用管道输送的。

2. 成品油管道

成品油管道用以输送汽油、煤油、柴油、航空煤油和燃料油，以及从油气中分离出来的液化石油气等成品油（油品）。成品油管道的任务是将炼油厂生产的大宗成品油输送到各大城镇附近的成品油库，然后用油罐汽车转运给城镇的加油站或用户。有的燃料油则直接用管道输送给大型电厂，或用铁路油槽车外运。成品油管道运输的特点是批量多、交油点多。因此，管道的起点段管径大，输油量大；经多处交油分输以后，输油量减少，管径也随之变小，从而形成成品油管道多级变径的特点。

3. 天然气管道

用以输送天然气和油田伴生气的管道，包括集气管道、输气干线和供配气管道。就长距离运输而言，输气管道系指高压、大口径的输气干线。

4. 固体料浆管道

固体料浆管道是从20世纪50年代中期发展起来的，到20世纪70年代初已建成能输送大量煤炭料浆的管道。其输送方法是将固体粉碎，与适量的液体配置成可泵送的浆液，再用泵按液体管道输送工艺进行输送。到达目的地后,再将固体与液体分离送给用户。目前料浆管道主要用于输送煤、铁矿石、磷矿石、铜矿石、铝矾土和石灰石等矿物,配置浆液主要用水作载体,还有少数采用燃料油或甲醇等液体作载体。

6.2.3 新兴的管道运输方式

现今管道运输货物业务,常见于城市生活和工业生产的自来水输送系统、污水排放系统、煤气或天然气输送系统及工业石油输送系统等。而新兴的管道运输主要指用管道来输送煤炭、矿石、邮件、垃圾等固体货物的运输系统。

运送固体货物的管道货物运输业务一般有以下几种方式。

1. 水力管道运输

水力管道运输原理是把需要运送的粉末状或小块状的固体(一般是煤或矿石)浸在水里,依靠管内水流,浮流运行。管道沿线设有压力水泵站,以维持管内水压、水速。管道起点设有调度室,控制整个管道运输。终点设有分离站,把所运货物从水中分离出来,并进行入库前的脱水、干燥处理。这种水力管道运输的缺点是固体货物损耗较大,管道磨损严重,使一些不能同水接触的货物受到限制。

2. 气力集装箱管道运输

气力集装箱管道运输同水力管道运输的主要区别是其用高压气流代替高压水流,推动集装箱在管内运行。由于气流压力较大,集装箱大小和管道直径配合适宜,箱体沿管道壁顺气流运行,运输速度可达每小时 20~25km。管道两端设有调度室、装卸货站,并用电子技术自动控制。气力集装箱管道运输除用来运输矿物、建筑材料外,一些国家还用来运送邮包、信件和垃圾。它的主要缺点是动力消耗太大,对集装箱耐压技术要求高。

3. 水力集装箱管道运输

水力集装箱管道运输的原理同水力管道运输一样,不同的是其预先用装料机把货物装在用铝合金或塑料制成的圆柱形集装箱内,然后让集装箱在水流中运行。管道终点设有接收站,并用卸料机把货物从箱内卸出,而空箱则从另一管道回路送回起点站。水力集装箱管道运输的优点是货物和能源消耗以及管道磨损都较小。

4. 真空管道气压集装箱运输

真空管道气压集装箱运输是在管道两端设立抽气、压气站,抽出集装箱前进方向一端的空气,并在集装箱后面送入一定气压的空气,通过一吸一推,使集装箱运行。其对箱体和管壁的光滑度、吻合度要求较高,但动力消耗较小。

5. 电力牵引集装箱管道运输

电力牵引集装箱管道运输不用水流或气流推动箱体,而是靠电力传送带或缆索牵引集装箱在管内的水中漂浮前进。由于这种方法中管道不承受压力,故可用廉价材料制作管道。

6.3 管道运输设施与设备

6.3.1 输油管道

1. 输油站

输油站包括首站、末站、中间输油站等。输油管道的起点称为首站,其任务是集油,经计量后加压向下一站输送,故首站的设备除输油机泵外,一般有较多的油罐。输油管道沿途设有中间输油站,其任务是对所输送的原油加压、升温,俗称中间泵站。中间泵站的主要设备有输油泵、加热炉、阀门等。输油管道末站接收输油管道送来的全部油品,供给用户或以其他方式转运,故末站有较多的油罐和准确的计量装置。

2. 管线

输油管道的线路(即管线)部分包括管道、沿线阀室、穿越江河山谷等的设施和管道阴极防腐保护设施等。为保证长距离输油管道的正常运营,还设有供电和通信设施。

6.3.2 天然气运输管道

输气管道系统主要由矿场集气管网、干线输气管道(网)、城市配气管网以及与此相关的站、场等设备组成。

1. 矿场集气

集气过程指从井口开始,经分离、计量、调压、净化和集中等一系列中间过程,再到向干线输送为止的总过程。集气设备包括井场、集气管网、集气站、天然气处理厂、外输总站等。

2. 输气站

输气站核心设备是压气机和压气机车间,其任务是对气体进行调压、计量、净化、加压和冷却,使气体按要求沿着管道向前流动。由于长距离输气需要不断供给压力能,故沿途每隔一定距离(一般为110~150km)设置一座中间压气站(或称压缩机站),首站是第一个压气站,第二站开始称为压气站,最后一站即干线网的终点——城市配气站。压气站也可按作用分为压气站、调压计量站、储气库3类。调压计量站多设在输气管道的分输处或末站,其作用是调节气体压力、测量气体流量,为城市配气系统分配气量并分输到储气库;储气库则设于管道沿线或终点,用于解决管道均衡输气和气体消费的昼夜及季节不均衡问题。

3. 干线输气

干线是从矿场附近的输气首站开始到终点配气站为止。由于输气管道输送的介质是可压缩的,故其输量与流速、压力有关。压气机站与管路是一个统一的动力系统。压气机的出站压力就是该站所属管路的起点压力,其终点压力为下一个压气机站的进站压力。一般地,输气管线可以有一个或多个压气机站。

压缩机站数可根据管线起终点最大供气量、压缩机站最大出站压力、全线管长、末段管线长度、压缩机性能、输送介质等因素来初步确定，再根据地形、地址、水、电、交通等条件最终确定。

4. 城市配气

城市配气是指从配气站(即干线终点)开始，通过各级配气管网和气体调压所并按用户要求直接向用户供气的过程。配气站是干线的终点，也是城市配气的起点与枢纽。气体在配气站内经分离、调压、计量和添味后输入城市配气管网。城市一般均设有储气库，可调节输气与供气间的不平衡。例如，当输气量大于城市供气量时，储气库储存气体，否则输出气体。

6.3.3 固体料浆运输管道

料浆管道的基本组成部分与输气、输油管道大致相同，但其还有一些制浆、脱水干燥设备。以煤浆管道为例，其整个系统包括煤水供应系统、制浆厂、干线管道、中间加压泵站、终点脱水与干燥装置。

1. 浆液制备系统

以煤为例，煤浆制备过程包括洗煤、选煤、破碎、场内运输、浆化、储存等环节。

为清除煤中所含硫及其他矿物杂质，一般要采用淘选、浮选法对煤进行精选，也可采用化学法或细菌生物法。

从煤堆场用皮带运输机将煤输送至储仓，经振动筛粗选后进入球磨机进行初步破碎，再经第二级振动筛筛分后进入第二级棒磨机掺水细磨，所得粗流量计浆液进入储浆槽，再由提升泵送至安全筛筛分，最后进入稠浆储罐。在进行管输前，为保证颗粒级配和浓度符合质量要求，要用试验环管进行检验。不合格者可返回油罐重新处理。

煤浆管道首站一般与制浆厂合在一起，首站的增压泵从外输罐中抽出浆液，经加压后送入干线。

2. 中间泵站

中间泵站的任务是为煤浆补充压力能。停运时则提供清水冲洗管道。输送煤浆的泵分容积式与离心式两种，其特性差异与输油泵大致相同。泵的选用要结合管径、壁厚、输量、泵站数等因素综合考虑。

3. 后处理系统

煤浆的后处理系统包括脱水、储存等部分。管输煤浆可脱水储存，也可直接储存。脱水的关键是控制煤表面的含水量，一般应保证在7％～11％。影响脱水的因素主要有浆液温度与细颗粒含量。浆液先进入受浆罐或储存池，然后再用泵输送到振动筛中区分为粗、细浆液。粗浆液进入离心脱水机，脱水后的煤粒可直接输送给用户，排出的废液输入浓缩池与细粒浆液一起，经浓缩后再经压滤机压滤脱水，最后输送给用户。

管道运输在我国还属于新兴产业，目前主要用于原油和天然气的运输，成品油管道尚在规划建设中。随着我国石油天然气工业的迅速发展，管道运输的发展步伐亟待加快，并通过逐步完善国内的输油输气管网，从而最终形成贯穿全国并与国外相连的管道运输网络系统。

随着国民经济的迅速发展，大力发展管道运输，优化配置我国的油气资源和运输资源，对于促进我国经济的长期可持续发展和提高人们的生活质量将产生不可估量的作用，并将带动钢铁、冶金、石化、化工、机械制造等相关产业的进一步发展。当前管道运输在我国正面临着良好的市场机遇，未来的发展前景十分广阔。

知识拓展

"气荒"出现的原因

随着2009年中亚天然气管道的建成,福建莆田和上海洋山 LNG 接收站的建成投产使全国 LNG 接收能力达930万吨(估计2009年 LNG 进口量将超过500万吨),加上国内几大公司供气能力的提升与供气管网的建成,天然气国内、国外多气源供应格局已初步形成。但2009年11月以来,我国出现大范围低温雨雪天气,天然气需求大幅攀升,使南方部分地区出现天然气供应紧张的现象。"气荒"的出现,有城市燃气居民用户发展过快与天然气生产商供应能力不匹配的原因,有储气调峰设施建设滞后的原因,也有因天然气价格偏低造成用气项目盲目上马等原因。它反映出我国天然气处于快速发展初期,相关的管理体制、价格机制、供应侧与需求侧的管理、应付突发事件的应急预案准备等尚不完善。

本章小结

本章主要介绍了管道运输的概念、作用、运输形式等相关的内容,管道运输是利用管道输送气体、液体和粉状固体的一种运输方式,其借助高压气泵的压力把货物经管道向目的地输送。管道运输是一种不需要动力引擎,且运输通道和运输工具合二为一的运输方式,其原理相当于自来水管道将水输送到各家各户。与其他运输方式的最明显的区别在于管道运输的工具(管道设备)是固定不动的。

管道运输货物,其管道是静止的,通过输送设备(如泵、压缩机等)驱动货物,使之通过管道流向目的地。近几年,随着经济的发展,特别是西气东输工程的实施,管道运输也迅速发展起来。可以说,管道运输是衡量一个国家的能源与运输业是否发达的标志之一,也是国民经济综合运输的重要组成部分。

我国"十五"期间已建设的特大型基础设施有西气东输工程,其主要任务是将新疆塔里木盆地的天然气送往豫、皖、浙、沪等地区。

课后习题

一、单选题

1. 输油站包括首站、末站、(　　)等。
   A. 中间输油站　　B. 首端输油站　　C. 末端输油站　　D. 油站

2. 管道货物运输常按所输送的物品不同而分为原油管道、成品油管道、天然气管道和(　　)。
   A. 液体管道　　B. 固体料浆管　　C. 固体管道　　D. 煤浆管道

3. 输油管道由输油站和(　　)两大部分组成。
   A. 油线　　B. 路线　　C. 管线　　D. 金属管

4. 干线指从矿场附近的输气首站开始到(　　)为止。
   A. 终点配气站　　B. 始点配气站　　C. 中点配气站　　D. 途中配气站

二、简答题

1. 管道运输有哪些优缺点？
2. 运送固体货物的管道货物运输业务一般有几种方式？
3. 管道运输的物品按输送货物的形态分为哪几类？

本章实训

【实训任务】
了解管道运输业务。

【实训目标】
通过本次实训，使学生进一步了解管道运输企业的业务及各种管道运输企业的特点。

【实训内容】
学校负责联系管道企业，然后围绕该企业进行调研，收集水运资料，并在指导老师的帮助下，分析该企业的业务，总结该单位的业务职责。

【实训要求】
将班级同学进行分组，每组成员不超过 6 人，设立组长 1 名，由组长安排各小组的进度，并负责总体的协调工作，选择 1 个管道运输企业进行实习，通过实习，提出该企业的具体业务，并提出不同部门的工作职责。

【考核方法】

考核内容	标准分值	实训评分
资料收集整理	20 分	
分析管道运输企业的业务	30 分	
总结业务人员的工作职责	30 分	
实训过程表现	20 分	

【案例讨论】
我国东北地区的输油干线有大庆—铁岭输油管道、大庆—铁岭输油管道复线、铁岭—大连输油管道、铁岭—秦皇岛输油管道，共计 4 条精油管道。这些管道的管径均为 720mm，共长 2 181km，形成了从大庆到秦皇岛和从大庆到大连的两大输油动脉，年输油能力为 4 000 万吨。

在我国其他地区的输油干线主要有秦皇岛—北京原油管道，管径 529mm，长 344km；任丘—北京原油管道，管径 529mm，长 120km；东营—黄岛原油管道，管径 529mm，长 250km；任丘—临邑—仪征原油管道，管径 529mm、720mm，长 882km。这些管道把我国主要油田与东北、华北地区大炼油厂及大连、秦皇岛、黄岛、仪征等主要港口连成一体，形成了我国东部地区的输油管网，满足了东部地区原油运输及出口的要求。此外，在我国的河南、湖北、陕甘宁、青海和新疆等地区也铺设了一些原油管道。

（资料来源：http://jpkc.dlmu.edu.cn/jpkc/wlx/xiti/anli.doc. 经作者整理）

讨论：
为什么说管道运输灵活性差？

第 7 章

集装箱和特殊货物运输

JIZHUANGXIANG HE TESHU HUOWU YUNSHU

【学习目标】

知识目标	技能目标	学时安排
（1）掌握集装箱货运的基本概念； （2）了解集装箱运输的意义； （3）掌握集装箱运输在物流中的作用； （4）了解集装箱货运的优点	掌握集装箱理货与货运事故处理的有关规定	4 学时

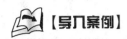

中远集运的发展

中远集装箱运输有限公司(简称中远集运)是中国远洋运输集团(中远集团)所属专门从事海上集装箱运输的核心企业。其经营范围主要包括国际、国内海上集装箱运输,接受订舱、船舶租赁、船舶买卖、船舶物料、备件、伙食、燃油的供应,与海运有关的其他业务以及陆上产业,国内沿海货物运输及船舶代理,通信服务,船员劳务外派业务,仓储、货物多式联运和物流服务。

中远集运目前拥有 120 艘标准箱位集装箱船,总箱位逾 23 万标准箱,年箱运量达到 400 万标准箱。运力排名世界前列,箱运份额约占全球总额的 4.2%;箱运份额占 8%,国内排名第一。该集团开辟了 20 多条全球运输主干航线,其船舶挂靠世界上 100 多个重要港口。集装箱运输业务遍及全球,其影响力辐射至五大洲各交通枢纽和经济热点地区,在全球拥有 1 000 多个代理分支机构,网点遍及欧、美、亚、非、澳五大洲,随着业务的不断拓展,客户迫切需要中远集运提供更高效的集装箱管理信息化服务,以便随时获得有关货物运输的信息。

为了适应国际货物运输的发展,并为全球用户提供高效、优质的信息增值服务,中远集运在集装箱运输业务流程的基础上,开始在全球的各分支机构推广 IRIS-2(综合地区性信息系统)应用系统,将原来全球分散的、仅属于本单位所用的数据在中远集运系统内实现全球数据共享。系统包括了国际集装箱运输的一个完整的运输途径,并全面优化了集装箱运输管理,从而为客户提供更为便捷、优质的集装箱全球运输服务。

(资料来源:http://jpkc.dlmu.edu.cn/jpkc/wlx/xiti/anli.doc. 经作者整理)

思考:
试介绍 IRIS-2 系统的功能。

7.1 集装箱运输

7.1.1 集装箱运输概述

集装箱运输是一种先进的现代化运输方式。由于集装箱运输使货物流通过程中各个环节发生重大改变,故被称为 21 世纪的"运输革命"。集装箱运输可促使运输生产走向机械化、自动化。

集装箱运输具有装卸效率高、运输工具利用率高、资金周转率高、节省包装运杂等的费用、库场使用率提高等特点。

1. 集装箱的定义

集装箱是具有一定强度、刚度和规格，专供周转使用的大型装货容器。使用集装箱运输货物，可以直接在发货人的仓库装货，中途更换车船时，无需将货物从箱内取出换装。

集装箱应具备以下条件。

（1）具有足够的强度，可以长期反复使用。

（2）适用于一种或多种运输方式运送货物，无需中途换装。

（3）装有便于装卸和搬运的装置，特别是便于从一种运输方式转移到另一种运输方式。

（4）便于货物的装满和卸空。

（5）内容积为 $1m^3$（$35.32ft^3$）或 $1m^3$ 以上。

要注意的是，集装箱是一种必须在取得有关检验机构签发的有效货运证书以后，才能投入营运的运载设备。国际上营运的集装箱一般都具有固定的符合国际标准化组织和其他国际公约规定的标记、标牌。目前，国际上发放这类证书的权威机构有美国船舶局、德国劳氏船级社、英国劳氏船级社、法国船级社、日本船舶用品检验局、日本海事协会、日本检查协会等。

在集装箱运输中，符合国际标准的集装箱是使货物标准化的装运设备和外包装，是集装箱运输的基本单元。在运输过程中，它既是货物的一部分，又是运输工具的组成部分。在运输过程中使用的集装箱除少数属货主自有箱或租赁箱外，绝大多数是由船舶公司或其他集装箱运输经营人提供的。

2. 集装箱运输的优点

集装箱运输，是指以集装箱这种大型容器为载体，将货物集合组装成集装单元，以便在现代流通领域内运用大型装卸机械和大型载运车辆进行装卸、搬运作业并完成运输任务，从而更好地实现货物"门到门"运输的一种新型、高效率和高效益的运输方式。

集装箱运输问世以来为什么会得到如此迅猛的发展？这与集装箱自身所具有的优点是分不开的。集装箱是用钢、铝、胶合板、玻璃钢或这些材料混合制成的，具有坚固、密封和可以反复使用等优越性，是任何运输包装都无法与之比拟的。集装箱放在船上等于是货舱，放在火车上等于是车皮，放在卡车上等于是货车。因此，无论在单一运输方式下，还是在多式运输方式下均不必中途倒箱，此外，集装箱的内部容量较大，而且易于装满和卸空，故在装卸设备配套的情况下能迅速搬运。

集装箱运输具有以下优点。

(1) 可露天作业，露天存放，不怕风雨，节省仓库。
(2) 可节省商品包装材料，且可保证货物质量、数量，并减少货损货差。
(3) 车船装卸作业机械化，节省劳动力并减轻劳动强度。
(4) 装卸速度快，提高了车船的周转率，从而减少港口拥挤，扩大港口吞吐量。据统计，一个集装码头的作业量等于7～11个普通码头，一台起吊设备装卸集装箱要比装卸件杂货快30倍，一艘集装箱船每小时可装卸货物400t，而普通货轮每小时只能装卸35t，每小时的装卸效率相差11倍。
(5) 减少运输环节，可实现门到门的运输，从而加快了货运速度，缩短了货物的在途时间。
(6) 减少了运输开支，降低了运费，据国际航运界报道，集装箱运费要比普通件杂货运费低5%～10%。

3. 集装箱的种类及规格

随着集装箱运输的不断发展并根据装运不同商品的需要，出现了各种类型的集装箱，常见的有以下几种。

1) 杂货箱

这类箱型除大部分箱头开门外，还有箱顶开门或箱侧开门，适用于装运各种杂货。

2) 保温箱

这类箱分两种：一种是防热箱，另一种是冷藏箱。其适用于装运因温度变化而容易变质的商品。

3) 散装干货箱

这类箱可用吸力或压力装卸，适用于装运散装的谷物、豆类、肥类、种子等。

4) 平板箱

这种箱的角柱和边围侧板均可拆开，折叠成平板，适用于装运钢材、木材等商品。

5) 罐装箱

这是一种圆筒形的不锈钢槽，适用于装运散装液体和压缩气体。

6) 牲畜箱

这类箱的箱壁为金属网且附有饲料槽，适用于装运马、牛、羊等活牲畜。

7) 载车箱

这是一种框架式的集装箱，适用于装运大型卡车、叉车等货物。

国际标准化组织于1970年制定的集装箱标准规格共有13种，详见表7-1。

表7-1　1A—3C型集装箱外部尺寸和载重量

系　列	箱　型	高/mm	宽/mm	长/mm	最大总重量/kg
Ⅰ	1A	2 438	2 438	12 191	30 480
	1AA	2 591	2 438	12 191	30 480
	1B	2 438	2 438	9 125	25 400
	1C	2 438	2 438	6 058	20 320
	1D	2 438	2 438	2 991	10 160
	1E	2 438	2 438	1 968	7 110
	1F	2 438	2 438	1 450	5 080

续表

系列	箱型	高/mm	宽/mm	长/mm	最大总重量/kg
Ⅱ	2A	2 100	2 300	2 920	7 100
	2B	2 100	2 100	2 400	7 100
	2C	2 100	2 300	1 450	7 100
Ⅲ	3A	2 400	2 100	2 650	5 080
	3B	2 400	2 100	1 325	5 080
	3C	2 400	2 100	1 325	5 040

随后国际标准化组织根据实际需要又于1991年5月1日在韩国汉城（现首尔）决定给集装箱增加以下几种规格。

（1）IAAA型：8英尺×9.5英尺×40英尺，总重30 480kg。

（2）IBB型：8英尺×8.5英尺×30英尺，总重25 400kg。

（3）IBBB型：8英尺×9.5英尺×30英尺，总重25 400kg。

（4）ICC型：8英尺×8.5英尺×20英尺，总重24 000kg。

在上述这些规格中应用较多较广的是20英尺（8英尺×8英尺×20英尺）和40英尺（8英尺×8英尺×40英尺）的箱型。20英尺的集装箱是国际上计算集装箱的标准单位，英文称为Twenty-foot Equivalent Unit，简称为TEU。一个40英尺的集装箱等于2个TEU，其余类推。20英尺的箱子最大毛重为20m/t，最大容积为31m^3，一般可装17.5m/t或25m^{3}的货物，40英尺的箱子最大毛重为30m/t，最大容积为67m^3，一般可装25m/t或55m^{3}的货物。

4. 集装箱内的货物积载

货物装在集装箱内，虽然由于装卸次数减少而不致残损，但若积载不当，或无视货物的性质和包装情况也会造成货损。

（1）要根据集装箱的长宽高的尺寸，考虑单件货物的包装尺寸，以确定堆码的层次和方法。在往箱内装货时，只要总重量（集装箱的自重加货重）不超过集装箱所允许的载重量，就充分利用箱容，不要使箱内留有较多、较大的空隙。

（2）不同的货物混装在一个箱内，应根据货物的性质、体积、重量及包装的强度调配货物摆放的位置，通常应将包装牢固、分量重的货物放在箱内的下层，将包装不牢、分量轻的货物放在箱内的上层。

（3）箱内的货物重量要分布均匀，以防箱内某一部分的负荷过大而使箱底弯曲或开脱，或在起吊时发生倾斜。

（4）在箱内堆码货物时，应视单件包装的强度决定堆码的层数。为了防止压坏下层货物，应在适当的层次间垫放缓冲器材。

（5）为了防止货物相互碰擦、沾污、弄湿，应视情况在货物之间加隔板或遮盖物。

（6）箱内如有空隙应加缓冲物料以防货物晃动，缓冲物料应选用清洁、干燥的材料。

（7）对于挂装货（服装）应根据服装的尺寸长短，尽量设法利用箱容，并要注意保洁，切勿弄脏服装。

（8）货物装完后，在关箱前应采取适当措施，以防开箱时箱口的货物倒塌造成货损甚至伤人。

（9）对于拼箱货，在拼箱时应注意水分大的货物与干燥的货物，气味浓的货物与怕串味的货物、粉状货物，危险品货物与其他货物的拼装问题。

5. 集装箱运输的进出口操作程序

1）出口操作程序

（1）订舱（即订箱）。发货人根据实务合同或信用证中的条款，或者货代根据委托人的委托书之内容向船舶公司或其代理填送集装箱货物托运单，办理订舱（即订箱）手续。

（2）接受托运并制作场站收据。理论上船舶公司或其代理接受订舱后应根据托运单的内容制作"场站收据"，但实际上包括"场站收据"在内的全套托运单均由发货人或货代制作。船舶公司或其代理接受订舱后应在托运单上加填船名、航次和编号（该编号应与事后签发的提单号相一致），同时还应再加盖船舶公司或其代理的图章以示确认，最后将有关各联退还发货人或货代以便其办理报关、装船和换取提单之用。

（3）发送空箱。整箱货所需的空箱由船舶公司或其代理送交，或由发货人领取；拼箱货所需的空箱由货运站领取。

（4）整箱货的装箱与交货。发货人或货代收到空箱后，应在装箱前（最晚不得晚于装箱前24h）向海关办理报关，并应在海关监管下进行装箱，装毕由海关在箱门处施加铅封，铅封上的号码称为"封志"。然后，发货人或货代应及时将重箱和场站收据一并送往堆场，堆场装卸区的工作人员点收货箱无误后，代表船方在场站收据上签字并将该收据退还来人，证明已收到所托运的货物并开始承担责任。

（5）拼箱货的装箱与交货。对拼箱货，发货人也应先行办理报关，然后将货物送交货运站，但也可委托货运站办理报关，如属这种情况，则发货人应将"报关委托书"及报关所需要的单证连同货物一并送交货运站。货运站点收货物后，根据货物的性质、流向、目的港（地）之不同进行拼装。这时发货人最好派人在现场监装，以防发生短装、漏装、错装等事故。货运站的工作人员在点收货物后或在拼装完毕后应代表船方在场站收据上签字并将该收据退交发货人证明已收到所托运的货物并开始承担责任。

（6）货物进港。发货人或货运站接到装船通知后于船舶开装前5天即可将重箱运进指定的港区备装，通常在船舶吊装前24h便停止货箱进港。

（7）换取提单。场站收据是承运人或货运站收货的凭证，也是发货人凭以换取提单的唯一凭证。如信用证上规定需要已装船提单，则应在货箱装船后换取已装船提单。

(8) 货箱装船。集装箱船在码头靠泊后，便由港口理货公司的理货人员按照积载计划进行装船。

(9) 寄送资料。船舶公司或其代理应于船舶开航前 2h 向船方提供提单副本、舱单、装箱单、积载图、特种集装箱的清单、危险货物集装箱清单、危险货物说明书、冷藏集装箱清单等全部随船资料，并应于起航后（近洋开船后 24h 内，远洋起航后 48h 内）采用传真或电传或邮寄的方式向卸货港或中转港发出卸船的必要资料。

2) 进口操作程序

(1) 寄送资料。起运港的船舶公司或其代理应在货轮抵港前（近洋 24h 前，远洋 7 天前）采用传真或电传或邮寄的方式向卸货港提供提单副本、舱单、装箱单、积载图、危险货物集装箱清单、危险货物说明书、冷藏箱清单等有关的必要的卸船资料。

(2) 分发单证。船舶公司或其代理应及时地将起运港寄来的有关货运单证分别送给有关的进口货代或收货人、堆场和货运站，以便有关单位在货轮抵港前做好各项准备工作。

(3) 发到货通知。船舶公司或其代理应预告进口货代或收货人货轮抵港日期，并应于船舶到港后发正式到货通知。

(4) 换取提货单。进口货代或收货人接到通知后应持正本提单向船舶公司或其代理换取提货单。

(5) 卸船提货。货箱自船上卸下后，整箱货先存放在堆场，拼箱货则先运往货运站。进口货代或收货人应在规定的时间内向海关办理进口报告，待海关放行后凭提货单到堆场提箱或在堆场开箱提货，如提箱还应在提箱前交付押金并办理设备交接单的手续。对于拼箱货凭提货单到货运站提货。

(6) 收货人或其代理在提箱时如发现铅封损坏或丢失、箱上有孔洞、货物短少或损坏，应在提货单的"交货记录"联上详细列明并要求堆场或货运站共同签认，以便事后凭以向船舶公司索赔；否则，船舶公司将不承担责任。

6. 集装箱管理

1) 集装箱管理工作的主要内容

(1) 集装箱船舶公司或其代理对集装箱在运输过程中的调度、分派、分配和使用进行跟踪管理。

(2) 对集装箱的起租、退租、修理、保险、报关进行跟踪记录。

(3) 协调各个货源地区的箱量，合理调配货箱以提高使用效率并加快周转率，从而最大限度地减少和避免集装箱的闲置、致残和丢失。

2) 集装箱的管理机制

大型集装箱船舶公司在集装箱管理机制上通常采用 4 级制，即全球的调配和管理；地区的调配和管理（如欧洲地区、北美地区、亚太地区等）；国家的调配和管理；各港口的调配和管理。各级箱管部门要对上一级箱管部门负责并应及时沟通货源和箱量，力求箱货平衡。

3) 箱管的一般操作程序

(1) 进港前的准备。在集装箱船尚未进港前，该船所载的集装箱情况便由上一级箱管或该船发运港箱管代理通过电脑或传真或电传通知卸货港箱管。这一通知通常称为"进口电"、"TDR"（Terminal Departure Report）或"CNTNR LIST"，其上均记载了该船所载的全部集装箱的箱号、尺寸、箱属（集装箱的所有人）、空重等情况，有的还载明各箱的收货人、货物数量和重量等内容。卸货港的箱管根据上述通知便可了解到港的集装箱情况。随即根据这一情况做出具体调度和安排并输入电脑，打印进口设备交接单，并通知各环节的箱管人员做好有关的准备工作。

(2) 重箱进港。重箱进港按交接方式分整箱交和拆箱交两种。无论按哪种方式交接，收货人均需持提单和其他必要的单证到船舶公司或其代理的进口调度部门换取提货单，也称小提单即D/O(Delivery Order)。提箱时，整箱的收货人要向箱管交纳集装箱押金，各地区、各港口收取押金标准规定不一，以天津为例，一般杂货箱为3 000～10 000美元/20英尺、5 000～20 000美元/40英尺。交完押金后，箱管部门才开具放箱单和进口设备交接单，然后收货人凭所开单据提箱提货。拆箱交的集装箱于卸船后直接发往指定的货运站，然后由货运站拆箱放货。拆后的空箱由箱管码头调度，并调回箱管指定的堆场。

整提集装箱又分汽车整提和火车整提。不管采取何种整提，收货人将整箱运抵自己的仓库或工厂拆箱后，应负责将空箱按时送回箱管指定的堆场，如超出免费使用天数，箱管要在押金中扣除滞箱费，滞箱费按集装箱的种类不同而不同，一般杂货箱的免费期为10天。凡超过10天，从第11天至第20天时，按5美元/20英尺/天，10美元/40英尺/天，收取滞箱费；从第21天至第40天时按10美元/20英尺/天，20美元/40英尺/天，收取滞箱费；从第41天起按20美元/20英尺/天，40美元/40英尺/天，收取滞箱费。

(3) 空箱进港。空箱进港多是为上一级箱管进行宏观调配和平衡箱量而安排的。进港时应由箱管码头调度按规定向海关办理申报，通关后将空箱运至指定的堆场备用。

(4) 堆场管理。无论是整箱、拆箱还是空箱，都要安排到指定的堆场进行堆存。堆场在货箱进出场时都要进行检验，并在现场与提箱人或还箱人或拆箱人会签设备交接单以便分析、分清货箱残损的责任，以有利于箱管向有关责任方进行索赔。

在堆场内对集装箱的码放一般都是按箱属分类堆存，并根据堆场的坐标进行记录。例如，按排、行、高进行记录，以利管理和使用。堆场应严格服从箱管的统一调度，根据"先进先出"的原则，合理派放货箱。凡有修箱能力的堆场，还应负责集装箱的维修和保养。

(5) 空箱使用。发货人或货代向船舶公司或船代订箱委载时，分箱站装箱和自提装箱两种方式。箱管根据各箱站装箱的货量安排空箱箱量，以供箱站拼装所委载的货物，箱站集拼后按统一规定将货箱集港。自提箱的发货人应先到箱管交纳集装箱使用押金，然后由箱管开具提箱单，发货人凭此单到堆场提取空箱，并自行安排到工厂或仓库装箱，最后将重箱送回堆场或自行集港。

(6) 重箱出口。箱站拼装的重箱及自提自装的重箱按规定集港装船后，港口箱管根据出口舱单按目的港、箱号、箱型、尺寸、箱属制作"出口电"通知上一级箱管或卸货港箱管代理。

(7) 空箱出口。箱管根据上一级箱管平衡量的安排，办理空箱委载，并向海关申报，通关后集港装船发送到指定的港口。

(8) 起租和退租。有时上一级箱管为了缓解某地箱源的紧张情况或为了减少某地货箱的闲置，需向租箱公司起租或还租一部分货箱，使箱货保持平衡，以降低费用成本。当地箱管在取得租箱公司的租约号、放箱号和退租号后应及时安排运力进行提箱或退箱，并做好设备的交接手续。

7. 集装箱货物的交接方式

在集装箱货物流通过程中，集装箱货物的流转程序主要有两种不同的形态，即整箱货货流和拼箱货货流。

整箱货(Full Container Load，FCL)是指由发货人自己负责装箱、计数，并加海关封志的集装箱货物，整箱货的拆箱一般由收货人办理。

拼箱货(Less than Container Load，LCL)是指不满一整箱的小票货物，通常由承运人或其代理人分别揽货，并在集装箱货运站或内陆仓库集中，将不同托运人的货物整理装箱，并加海关封志。拼箱货的拆箱、交货同样要在目的地的集装箱货运站或内陆仓库进行。

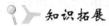 知识拓展

集装箱货物交接方式

在集装箱运输中，根据整箱货和拼箱货货源的不同，集装箱货物交接方式也不同。

1. 门到门交接

这种交接形式通常系指一个发货人，一个收货人。由承运人负责内陆运输时，则在发货人的工厂或仓库验收后，并负责将货物运至收货人的仓库或工厂交货。门到门交接的货物都为整箱货。

2. 门到场交接

这是一种在发货人的工厂或仓库接收货物并负责运至卸箱港集装货码头堆场交货的交接方式。门到场货物交接方式有时在承运人不负责目的地内陆运输情况下发生。

3. 门到站交接

这是一种从发货人的工厂或仓库至目的地集装箱货运站的交接方式，即通常是整箱接，拆箱交。

4. 场到门交接

这是一种在起运地装船港的集装箱码头堆场接货，并将其运至收货人工厂或仓库交货的交接方式，通常发生在承运人不负责起运地至集装箱码头堆场间的内陆运输。

5. 场到场交接

这是一种从装船港的集装箱码头堆场至卸船港的集装箱码头堆场的交接方式，通常是整箱货。

6. 场到站交接

这是一种从装船港的集装箱码头堆场至目的地的货运站集装箱交接方式。

7. 站到门交接

这是一种从起运地的集装箱货运站至目的地收货人的工厂或仓库的交接方式，经常发生在拼箱接整箱交的情况下。

8. 站到场交接

这是一种从起运地的集装箱货运站至目的地集装箱码头堆场的交接方式。

9. 站到站交接

这是一种从起运地的集装箱货运站至目的地的集装箱货运站的交接方式，通常是拼箱接，拼箱交。

7.1.2 集装箱货物运费的计收

集装箱货物运费是指承运人因运送集装箱与集装箱货物向托运人收取的费用。

1. 集装箱货物运费基本结构

在国际多式联运下,由于承运人对货物的风险和责任有所扩大,所以集装箱货物的运价一般包括从装船港承运人码头堆场或货运站至卸船港承运人码头堆场或货运站的全过程费用,如由承运人负责安排全程运输,则所收取的运费中还应包括内陆运输的费用。但从总的方面来说,集装箱运费仍是由海运运费加上各种与集装箱运输有关的费用组成的,这是集装箱运费构成的基本概念。

1) 海运运费

从集装箱船舶运输公司的优越性看,如将海上运费当作运输的等价物,那么,集装箱船可收取高于普通船运输的运费。但从目前的收费情况看,除有特殊规定外,基本上仍是按所运货物的运费吨所规定的费率计收,这与普通船货物运费的计收方法基本一致。目前,集装箱货物运费计收所依据的运价本主要有两种:一种是班轮公会运价本;另一种是船舶公司运价本。

2) 堆场服务费

堆场服务费也叫码头服务费,包括在装船港堆场接收出口的整箱货,以及堆存和搬运至装卸桥下的费用。同样,在卸船港包括从装卸桥下接收进口箱,以及将箱子搬运至堆场和堆存的费用,也包括在装卸港的有关单证费用。堆场服务费一般分别向发货人、收货人收取。

3) 拼箱服务费

拼箱服务费包括为完成下列服务项目而收取的费用。

(1) 将空箱从堆场运至货运站。

(2) 将装好货的实箱从货运站运至堆场(装船港)。

(3) 将实箱从堆场运至货运站(卸船港)。

(4) 理货。

(5) 签发场站收据、装箱单。

(6) 货物在货运站的正常搬运。

(7) 装箱、拆箱、封箱、做标记。

(8) 一定期限内的堆存。

(9) 必要的分票与积载。

(10) 提供箱子内部货物的积载图。

4) 集散运输费

集散运输又叫支线运输,是由内河、沿海的集散港至集装箱出口港之间的集装箱运输。一般情况下,集装箱在集散港装船后,即可签发集装箱联运提单,承运人为这一集散而收取的费用称集散运输费。

5) 内陆运输费

(1) 承运人负责的运输费。由承运人负责内陆运输,其费用则根据承运人的运价本和有关提单条款的规定来确定,主要包括以下几点。

① 区域运费。所谓区域运费系指承运人按货主的要求在所指定的地点间,进行实箱或空

箱运输所收取的费用。

② 无效拖运费。承运人将集装箱按货主要求运至指定地点后,货主却没有发货,且要求将箱子运回。一旦发生这种情况,承运人将收取全部区域费用,以及货主宣布运输无效后可能产生的任何延迟费用。

③ 变更装箱地点。如承运人应货主的要求同意改变原集装箱交付地点,货主则要对承运人由此而引起的全部费用给予补偿。

④ 装箱时间与延迟费。装箱时间的长短与延迟费的多少,主要视港口的条件、习惯、费用支付情况而定,差别甚大。如在发货人工厂、仓库装箱时,免费允许时限为:20ft 箱——2h;40ft 箱——3h。

上述时间均从司机将箱子交货主时起算,即使是阴天下雨,或恶劣气候也不能超出规定的时限。如超出规定的时限,则对超出时间计收延迟费。

⑤ 清扫费。使用箱子结束后,货主有责任清扫箱子,将清洁无味的箱子归还给承运人。如此项工作由承运人负责,货主仍应负责其费用。

(2) 货主负责的运输费。内陆运输由货主自己负责时,承运人则可根据自己的选择和事先商定的协议,在他所指定的场所将箱子或有关机械设备出借给货主,并按有关规定计收费用。

货主自己负责内陆运输时,其费用主要包括以下几点。

① 集装箱装卸费。货主在承运人指定的场所,如集装箱码头堆场或货运站取箱时,或按照承运人指定归还箱子时,或将箱子装上车辆,或从车上卸下的费用均由货主负担。

② 超期使用费。货主应在规定的用箱期限满后,将箱子归还给承运人,超出时间则为延误,延误费的标准按每箱每天计收,不足1天以1天计。

③ 内陆运输费。货主对其从得到集装箱时起至归还箱子时止,整个期间所产生的费用负责。

(3) 整个运输过程的费用。

① 发货地国家内陆运输费和其有关费用。

② 发货地国家港区(码头堆场)费用。

③ 海上运费。

④ 收货地国家港区(码头堆场)费用。

⑤ 收货地国家内陆运输和其有关费用。

但由于集装箱运输,特别是国际多式联运不仅存在由谁负责内陆运输的问题,而且还有整箱货、拼箱货之分,所以费用的结构和分担较复杂。

6) 不同交货方式下的费用结构

在集装箱整箱货、拼箱货流转过程中,其货物交货方式有9种,并且每一种交接方式下的费用结构也有所不同。

(1) 拼箱货—拼箱货。拼箱货—拼箱货运费:拼箱服务费+装船港堆场服务费+海运运费+卸船港堆场服务费+拼箱服务费。

(2) 整箱货—整箱货。

① 门—门运费为:集散运输费+装船港堆场服务费+海运运费+卸船港堆场服务费+集散运输费。

② 门—场运费为:集散运输费+装船港堆场服务费+海运运费+卸船港堆场服务费。

③ 场—场运费为：装船港堆场服务费＋海运运费＋卸船港堆场服务费。

④ 场—门运费为：装船港堆场服务费＋海运运费＋卸船港堆场服务费＋集散运输费。

（3）拼箱货—整箱货。

① 站—场运费为：装船港拼箱服务费＋装船港堆场服务费＋海运运费＋卸船港堆场服务费。

② 站—门运费为：装船港拼箱服务费＋装船港堆场服务费＋海运运费＋卸船港堆场服务费＋进口国集散运输费。

（4）整箱货—拼箱货。

① 门—站运费为：集散运输费＋装船港堆场服务费＋海运运费＋卸船港堆场服务费＋拼箱服务费。

② 站—场运费为：拼箱服务费＋装船港堆场服务费＋海运运费＋卸船港拼场服务费。

必须说明，上述只是集装箱运费组成的一般概念。目前，有些港口习惯上对整箱货在堆场至堆场交货时不另收堆场服务费，因为实际上这部分费用已加到海运运费里了。

此外，在集装箱运价中，某些航线还出现总包干费率的计算方法，即在该费率中包括了一切附加费用，方便运费的计算。

另外，有些航线采用包箱费率，即按箱子的类型规定每一种箱的包干运价。这种包箱费率一般分商品包箱费率和均一包箱费率两种。前者按不同商品和不同类型的箱子规定各种不同的包箱费率，后者不管箱内装什么商品（危险品除外），均仅按不同类型箱子规定包箱费率。应说明的是包箱费率为整箱货，其运价可以是总包箱费率，也可以是包箱费率加各种附加费。包箱费率是国际航运竞争的产物，这种费率较低，是对货主在托运整箱货运输时的一种优惠，也是船舶公司揽货的一种手段。

2. 集装箱货物运费计收方式

1) 最低运费计收

集装箱运输下规定的最低运费，不是普通船运输下所规定的最低运费金额，而是规定一个最低运费吨，也叫计费吨，是计收每一种货物运费时所使用的计算单位。运费吨包括重量吨和尺码吨两种，每一件货物都有重量和尺码，在确定按哪一种标准作为运费吨时，一般可按高者为准。例如，某件货物重量 4t，尺码为 $6m^3$，既可按重量，又可按尺码计收运费。如按尺码计算，则该件货物的运费按 6 尺码吨计收。

规定最低计费吨的目的在于，如货物系由货主自己装载，箱内所装的货没有达到所规定的最低运费吨时，货主应支付亏箱运费，以确保承运人的利益。显然，最低运费吨乘上费率所得的全部运费中已包括了亏箱运费。

2) 最高运费计收

最高运费的计收只出现在集装箱整箱货运输下，其含义是即使货主实际装箱的货物尺码吨超出箱子规定的计费吨，承运人仍按箱子所规定的计费吨收取运费，超出部分免收运费。但有些船舶公司则进一步规定，免收运费的货物以箱内货物低费率为准。

在计算整箱货最高运费时应注意，如整箱货是以整箱交接，或整箱接收、拆箱交货的情况进行运输，运费则按发货人填制的装箱单内详细列明的不同货种，并根据各自适用的费率分别计收运费。如在每包或每捆内装有不同等级的货物，运费则按装在里面的货物所适用的最高运费计收。如发货人没有按照承运人的明确规定，详细申报箱内所装货物的情况，运费则按箱子的内容积计收,而且费率按箱内货物所适用的最高费率计,假如箱内的货物有一部分没有申报衡量,那么没有申报或衡量的部分计费标准是箱子可装内容积与已申报的货物运费吨之间的差数。

3) 整箱货余额运费计收

当同一票货物装载 3 个或 3 个以上的集装箱时,其最后一箱的计费标准可略低一些,如 20ft 箱可减去尺码吨 $6m^3$,重量吨 4.5t,但也有对最后一箱按实际装箱的重量吨,或尺码吨计收运费的。

7.1.3 集装箱租赁业务

集装箱租赁,对出租方和承租方均有利可图,所以在近十几年来,集装箱租赁业务得到了迅速发展。目前全世界运营的集装箱中,有 50% 左右属租赁。集装箱租赁业务的发展,对集装箱运输的总体发展起着促进作用。

1. 集装箱租赁的优点

集装箱采用租赁方式对集装箱出租人和租箱人均有好处。

1) 集装箱租赁对出租方来说具有的优点

(1) 投资风险相对小。对集装箱出租方而言,将资金投于集装箱船舶,开展航线运营,与将资金投于集装箱,从事集装箱租赁相比,后者的风险明显小于前者。

(2) 加强了集装箱运输的专业化分工。专业集装箱租赁公司的出现与发展有利于箱务管理合理化程度的提高,也有利于集装箱更有效地调配、提高利用率、加强维修,从而降低费用,并提高整个集装箱运输的经济效益,使集装箱运输方式的优越性得以更充分地发挥。

(3) 提高了集装箱的利用率。租箱公司的箱子可供各个班轮公司租用,所以箱子的利用率高而空箱调运次数低。

2) 集装箱租赁对承租方来说具有的优点

(1) 可有效降低初始投资,避免资金被过多占用。用少量资金就可取得集装箱的使用权,投资风险大为下降。

(2) 节省空箱调用费用,提高箱子利用率。采用租箱,可避免大量的空箱调运费。如合理利用单程租赁、短期租赁与灵活租赁等方式,则更能既满足对集装箱的需求,又节省租金,从而提高经济效益。

(3) 避免置箱结构的风险。因为航线所运货物的结构变化,以及对特定箱型需求的变化,用箱人会面临无法满足所需箱量的情况。采用租箱,就可对所需特殊箱型随予以调整,可避免由此带来的风险。有时由于国际标准的修订,有些箱型被淘汰,而采用租箱后,也不会由此带来损失。

2. 集装箱租赁的方式

1) 期租

期租是指定期租赁的方式。按租期的长短,期租可分为长期租赁和短期租赁两类。

(1) 长期租赁。长期租赁一般指租期达 3～10 年的租赁。长期租赁的特点是承租人只需按时支付租金,即可如同自备箱一样使用;租金较低,且租期越长,租金越低。因此,对于货源稳定的班轮航线,采用这种方式租用一定数量的集装箱,既可保证航线集装箱需备量的要求,又可减少置箱费、利息及折旧费的负担,是一种比较经济的方式。

(2) 短期租赁。短期租赁一般指租期在 3 年以下的租赁。这种租赁对班轮公司风险较小，较为灵活，而对租箱公司而言则风险较大。所以对于"期租"来说，一般租期越短，单位租金越高。

2) 程租

程租是指根据一定的轮班航次进行租箱的租赁方式。这种方式对班轮公司灵活度大，对租箱公司相对不利。所以根据不同的实际情况，集装箱的单位租金会有很大的区别。程租又可分为单程租赁和来回程租赁两种。

3) 灵活租赁

这是一种在租箱合同有效期内，承租人可在租箱公司指定地点灵活地进行提、还箱的租赁方式，兼有"期租"和"程租"的特点，一般租期为 1 年。在大量租箱情况下，承租人可享受租金的优惠，其甚至接近于长期租赁租金。在集装箱货源较多，且班轮公司经营航线较多，往返航次货源又不平衡的情况下，多采用这种租赁方式。

在灵活租赁的情况下，由于提、还箱灵活，因而给租赁公司带来一定的风险，所以在合同中规定一些附加约束条件，如规定最短租期、基本日租金率等。一般最短租期不得少于 30 天，承租人须按租期支付租金。有时还可能规定起租额，如规定承租人在合同租期内必须保持一定租箱量，并按超期租额支付租金（即当实际租箱量少于起租额时采用）；规定全球范围内月最大还箱限额；规定月最小提箱量；规定各还箱地区的月最大还箱量；等等。

3. 集装箱租箱合同

1) 租箱合同的主要内容

租箱合同是指规定承租人与租箱公司之间权利、义务、费用的法律文件。各租箱公司在开展租箱业务时，均制定具有一定固定格式的租箱合同文本，就双方承担责任、义务、费用等方面的问题做出条款规定，其内容通常涉及：租金，租箱方式，租箱数量与箱型，交箱期与还箱期，租、退箱费用，交、还箱地点，损坏修理责任，保险。

2) 交箱条款

交箱条款通常规定租箱公司应在合同规定的时间、地点，将符合合同条款的集装箱交给承租人。

3) 还箱条款

还箱条款指承租人在租期届满后，按合同规定的时间、地点，将状况良好的箱子退回租箱公司。

4) 损害修理责任条款

损害修理责任条款，简称 DPP 条款，指在承租人支付 DPP 费用的前提下，归还箱子时，可不对租赁期间箱子的损坏负责，且损坏的箱子由租箱公司负责修理。租赁合同中订有 DPP 条款，对承租人来说，可避免箱子损坏后所引起的有关修理安排、查核、检验、支付修理费用等繁杂事务，并可节约将受损的箱子运至修理厂的额外费用。习惯上，DPP 只承担比箱子本身价值低一点的一个固定限额。

5) 承租人的责任、义务

(1) 按合同规定的时间、方式支付租金。

(2) 租赁期内，承租人与租箱公司共同承担 CSC 规定的检验和修理责任。

(3) 承租人在租赁期内，应承担本国或他国的一切有关集装箱的法律、法规规定的罚款、费用损失。

(4) 承租人应承担租箱期内,箱子的全损或灭失。

(5) 承租人可在租赁的箱子外表贴上自己的标志,但不得任意变动原有的标志。

(6) 租赁期内,承租人应按有关规定使用箱子,不得超负荷装载,或长期堆存有损箱体的货物。

(7) 租赁期内,承租人应对箱子进行良好的保养、维修,包括箱子的清洗、防污、油漆以及必要部件的更换。

(8) 租赁期内,承租人应对第三者造成的箱子损坏承担责任,且对其代理人或雇佣人员对箱子造成的损坏负责。

6) 租金

(1) 一般租箱合同均规定租期以提箱日为起租日,退租日则根据租箱合同规定的租期或实际用箱时间确定。长期租赁的退箱时间,根据合同确定。灵活租赁的退租日,则为将箱子退至租箱公司指定堆场的日期。承租人在终止租箱时,应按合同规定的时间事先通知租箱公司,且其无权任意延长租期或扣留使用箱子。

(2) 租金一般按每箱天计收,即从交箱当日起算至租箱公司接受还箱的次日时止。长期租赁或无 DPP 条款的租箱,原则上在修复箱子后退租。有的租箱公司为简化还箱手续,在合同中订立提前终止条款,承租人在支付提前终止费用后,集装箱进入租箱堆场,租期即告终止。此项费用一般相当于 5~7 天的租金。对于超期还箱情况,其超期天数的租金通常为正常租金的 1 倍。

(3) 租金支付方式有两种:一种是按月支付;另一种是按季预付。承租人在收到租箱公司的租金支付通知单后的 30 天之内必须支付,如延迟支付租金,则按合同规定的费率支付利息。

(4) 承租人应按合同规定的费率支付交、还箱手续费,此项费用主要用以抵偿租箱公司支付租箱堆场的有关费用(如装卸车费、单证费等),其支付方式主要有两种:一种是按当地租箱堆场的费用规定支付;另一种是按租箱合同的规定支付。

7) 保险条款

集装箱的保险是租箱业务的主要内容之一,在集装箱租赁期内,箱子的保险可由承租人自行投保,也可以与租箱公司以订立协议的方式投保。

7.1.4 集装箱理货与货运事故处理

理货工作是集装箱码头进、出口业务中的一个重要环节,具有点多、线长、面广、单人作业、三班昼夜作业的特点。

1. 集装箱理货工作的意义与性质

1) 集装箱理货工作的意义

理货质量不仅直接影响到港口生产、船舶周转以及融进出口货物的集疏运,而且还会影响到国家的对外信誉。因此,作为代表船方和收、发货人办理集装箱和集装箱货物交接工作的理货人员,应该且必须熟悉和掌握集装箱理货的有关业务。集装箱理货工作是集装箱码头业务工作中不可缺少的一项工作。由于理货工作处于承、托双方的中间地位,履行判断货物交接数字和状态的职能。因此,其对承、托双方履行运输契约,船方保质保量地完成运输任务,具有重要意义。

理货工作是国家对外的一个窗口。理货人员在外轮理货中，要接触外国船员，因此，他们的一言一行和工作的质量不仅代表一个国家理货人员的素质，而且还反映了一个国家和民族的精神面貌。

理货工作在一定程度上会影响到国家对外贸易的顺利进行和发展。出口货物，理货把最后一道关；进口货物，理货把第一道关。因此，理货工作对于买卖双方履行贸易合同，按质按量地交易货物，促进贸易双方的相互信任，以及船舶公司经营航线的积极性，都具有重要的意义。

理货工作是一项脑力劳动与体力劳动相结合的管理工作，是为船舶在港口装卸货物提供理货服务的工作。由于各国理货机构的理货宗旨不同，因此各国理货具有不同的性质。而有些国家和地区的理货机构是以提供服务为手段，以营利为目的，这种理货就具有雇佣和服务的性质。而有些国家的理货机构是以实事求是为原则，以社会公益为目的，这种理货就具有公证或证明的性质。

2）集装箱理货工作的性质

（1）公正性。指以中间人的身份独立公正地对承、托运双方交接的货物数字和状态，做出实事求是的判断和确认，并出具理货证明，据以划分承、托运双方责任。

我国交通部颁布的《中国外轮理货公司业务章程》中明确理货的宗旨是"严守公正立场，遵循实事求是原则，维护委托方的正当权益。"同时在《中国外轮理货公司理货规程》中规定"外轮理货工作具有公证性"，"理货人员必须立场公正"，"坚持实事求是原则"。以上表明我国的理货机构是以实事求是为原则，以社会公益为目的，是公证性的理货机构。

（2）服务性。指理货服务于对外贸易和国际海上货物运输，服务于委托方，但又不受委托方的约束、授意和暗示，不偏袒委托方的利益。如当理货结果与委托方存在争议时，除非委托方能够举证说明理货结果错误，并被事实所证明，否则不能随意更改理货结果。因此，服务性是受到公证性制约的。这是服务性理货和雇佣性理货的根本区别。

（3）涉外性。指理货人员本身在外轮上工作，又与外国人打交道，这些外国人中有外国海员和外国企业家、商人等，因此，在外轮上工作，要尊重外国的风俗习惯，不但要提高外事知识，而且要遵守外事纪律，要用自己的言行体现出中华民族的优秀品质，用自己的工作反映出中国理货机构的声誉。

（4）国际性。指船舶理货至少要由两个国家或地区的理货机构来共同完成，而且一个国家或地区理货机构的工作质量，将直接牵连另一个国家或地区理货机构的工作质量。这是由国际海上货物运输跨国家、跨地区的连续性特点所决定的。

2. 集装箱理货工作的业务范围与原则

1）集装箱理货工作的业务范围

（1）航行国际航线船舶在我国港口装卸集装箱的理箱工作。

（2）代表船方办理集装箱装拆箱时的货物理货业务。

（3）接受收、发货人或国内外各单位委托，以第三者公证人身份，办理集装箱在各地装拆箱时的货物理货业务。

2）集装箱理货工作的原则

（1）坚持实事求是原则。理货工作必须以事实为依据，绝不能弄虚作假，有意掩盖事实真相，这就是实事求是的原则。因此，理货人员在理货工作中，必须做到不受任何一方的约束、授意和暗示，不迁就任何一方的不合理要求，不徇私舞弊，不屈从任何一方的压力，坚持独立自主的立场，以货物的事实为依据，实事求是地理货。在编制各种单证时，要坚持"交前由交方负责，接后由接方负责"的原则，严格而公正地为船方和委托方把好数字和质量关。

（2）严守公正不偏立场。公正不偏是对工作的高度责任感，公正的行为是对理货信誉的捍卫。要做到以事实为依据，如实反映理货结果，不受干扰，认真执行理货章程。

（3）维护委托方的合法经济权益。只要实事求是地反映理货事实，严格遵守公正立场，认真负责地进行理货，就能真正地维护委托方的合法经济权益。

3. 集装箱货损事故及主要原因

1）货物本身或包装方面存在的缺陷

例如，木板箱包装没有足够的强度，因而造成木箱破损、货物倒塌；又如，进口采用"门到门"运输方式的奶粉，因其包装纸太薄，在拆箱时造成破损；还有装箱配载时忽视了货物可能产生的互抵性，造成箱内不同性质的货物相互损害等。

2）集装箱本身的缺陷

由于集装箱自身结构材料或设备的不足，以及操作不当也可能造成货损。如因集装箱防雨密封性能不良、附属器具不良、箱内清扫不彻底、选用不适货的集装箱等造成对箱内货物的损坏。

3）货物装毕封箱或开箱取货不当

货物装毕封箱或开箱取货不当主要是指由于工作人员对业务知识不熟悉或缺乏工作经验，在操作时导致货物损坏。例如，箱门密封垫损坏或缺损，或密封垫老化等原因造成箱门不密封而使箱内货物受潮损坏。

4）箱内货物积载或系固不当

集装箱在运输过程中会不断地受到震动、颠簸和摇晃，装在箱内的货物如果缺乏必要的绑扎、衬垫和加固，或者重量分布不均匀，一旦遇上大风浪，就会在急剧移动中产生相互撞击和摩擦，从而导致货物受损。

5）运输途中对温、湿度的变化考虑不周

在众多影响货物质量的因素中，周围空气的温、湿度是最重要的，其会引起货物自身的物理变化，从而使货物受损。集装箱运输通常是国际运输方式，要经过热带、温带和寒带，受周围的气候变化影响很大，因而对货物的影响也就很大。

6）集装箱种类选择不当

需装在封闭式集装箱内的货物却选择了开顶集装箱，结果造成货物损坏。例如，运输钢铁制品采用开顶集装箱但没有采取遮盖物遮盖而导致货物生锈。

7）集装箱内货物被盗

如由于未封箱铅封等原因导致集装箱箱内货物被盗等。

8）集装箱处理不当及外来事故

例如，装卸作业中的碰撞、破损、跌落等；海运过程中的箱位移动、海水侵入、积载不当、加固不良、暴风雨袭击等；陆路运输中的装载、加固不当或发生交通事故等。还有因保管不善引起的，如堆场里的集装箱，上层空箱由于受台风影响而发生移位现象，擦伤下层集装箱的箱顶以及诸多的偷盗灭失、错装误发等。

9) 集装箱装卸操作中的问题

由于操作人员的技术不精良、操作不熟练而发生的货损事故等。例如，吊运作业中集装箱发生碰撞而导致箱体受损等。

10) 由于偶然性事故的发生

不可抗力等原因造成的事故，如集装箱堆场遭受台风影响，集装箱货堆上层空箱发生位移，导致下层集装箱箱顶破损而使箱内货物受损。

4. 集装箱保险及货物保险

1) 集装箱保险

(1) 集装箱保险类别。

① 全损险，集装箱的全部损失。

② 综合险，集装箱的全部损失或部分损失。

(2) 除外责任。

① 由于集装箱不符合国际标准或因其内在缺陷或特性以及工人罢工等引起的损失和费用。

② 正常磨损及修理费用。

③ 集装箱战争险条款规定的承保责任和除外责任及费用。

④ 与投保集装箱经营有关的或由其引起的第三者责任和费用。

(3) 责任起讫。定期保险，起止时间以保险单规定的日期为准。

(4) 赔款。赔款应按下列因素确定。

① 集装箱全损时，全部赔付。

② 集装箱部分损失时，部分赔付修理或作为推定全损处理。

③ 赔付保险费后，追赔权属保险公司。

2) 集装箱货物保险

集装箱货物保险责任应作以下认定。

(1) 进口集装箱货物运输保险责任以原运输保险单责任范围为准，但保险责任至原保险单载明的目的港收货人仓库终止。

(2) 集装箱货物运抵目的港，原箱未经启封而转运内地的情况，其保险责任至转运目的地的收货人仓库终止。

(3) 如集装箱货物运抵目的港或目的港集装箱转运站，经启封开箱，全部或部分箱内货物仍需继续转运内地时，被保险人或其代理人必须征得目的港保险公司同意，并按原保险条件和保险金额加批加费手续后，保险责任才可至转运单上标明的目的地收货人仓库终止。

(4) 集装箱在目的港转运站收货人仓库或转运至目的地收货人仓库，被发现箱体明显损坏或铅封被损坏或灭失，或铅封号码与提单、发票所列号码不符时，被保险人或其代理人或收货人应保留现场，保存原铅封，并立即通知当地保险公司进行联合检查。

(5) 凡集装箱箱体无明显损坏，铅封完整，经启封开箱后发现内装货物数量、规格等与合同规定不符，或因积载或配载不当所致的残损，不属保险责任。

(6) 进口集装箱货物残损或短缺涉及承运人或第三者责任的情况，被保险人有义务先向有关承运人或第三者取证，并进行索赔和保留追索权。

(7) 装载货物的集装箱必须具有合格的检验证书，如因集装箱不适货而造成的货物残损或短少，不属保险责任。

5. 事故理赔和索赔

理赔是指受理他人提出的事故经济损失的责任赔偿的事务性处理工作，索赔是指向他人提出的因事故造成经济损失的追索经济补偿的事务性处理事宜。也就是说，一旦事故发生，当事人之间也可能涉及负有连带责任的第三方之间将进行事故善后处理的全过程，称为理赔索赔过程。负有责任赔偿或经济给付的一方称为理赔方；享有经济补偿或责任赔偿的权利一方称为索赔方；既是理赔方又是索赔方的一方，称为负有连带责任的第三方。需要说明的是，由于第三方与事故发生有直接的因果关系，故在经济赔偿上，有可能会因合约或协议的免除责任、限额赔付等免赔条件而免责，或因受权利转让后追偿不足等事实影响而遭受一定的经济损失。

1）事故处理和施救措施

无论当事人采取多么完善的安全防范措施，总是会有事故发生。即使不发生当事人负有责任的意外事件，不对他人造成损失，但他人在装卸生产过程中，总难免会发生事故。所以，一旦事故发生，其处理过程应注意如下几点。

（1）保护现场，维护秩序，拍摄现场，事实记载。

（2）事故责任部门或涉及者应立即向上一级主管部门报告。

（3）召开事故分析会。

（4）通知事故涉及方，负有保险责任者，也应及时通知保险人。

（5）采取行之有效的施救措施，减少事故损失，不致损失扩大。

（6）当事人之间约定事故损失，不能约定者可请第三者参与。

（7）确定事故责任，按责任承担经济赔偿。

（8）责任者根据责任大小、有关法律条文及定损公估报告等事实依据，给予赔付。

（9）事故类别涉及相关的风险责任保险时，编制向保险人提出经济补偿的索赔报告，并根据保险合约追索应该享有的损失补偿和经济给付的权利。

（10）根据事故分析报告，落实相应的整改和防范措施，踏踏实实抓好安全生产工作，杜绝重复事故，并遏制重大事故的发生。

2）事故经济损失的计算内容

事故的经济损失分两种：一种是直接损失；另一种是间接损失。间接损失在一般情况下不予计算在内，如因事故发生而影响的利润收入以及影响的第三方以外的经济收入（另有约定的除外）。直接损失是指以下几个方面。

（1）事故本身的实质性的物资损害。

（2）事故保护、整理、抢救等施救费用。

（3）修理费以及因修理而产生的其他必要费用。

（4）事故鉴定费。

（5）事故处理的必要的行政开支。

（6）银行贷款利息。

（7）如需重新进口的物资，则增加运输费、保险费、理货费、检验费、仓储费等相关费用。

（8）诉至法院或提至仲裁机构的事故，预计发生的律师费、诉讼费以及其他必要的合理费用应计算在内。

（9）事故发生之前，当事人已同第二方订有合约、协议者，其违约责任也应计算在内。然而，虽有违约的存在，但尚未产生或可以补救以致无任何经济损失的情况，可以不计。

（10）人身意外伤害伤亡的事故，则涉及抢救费、医疗费、医药费、丧葬费、抚恤费、抚养费或伤残补贴费、营养费、误工费、护理费、生活困难补助费等相关费用。

3）理赔索赔材料

合同成立通常有两种形式：一种是口头合同；另一种是书面合同。在事故处理的理赔索赔过程中，口头承诺、口头合同一般均不予采纳和接受。所以在事故处理和交涉中必须以书面材料进行交换沟通，当事人之间应互相收集、提供、整理理赔索赔材料并归卷入档，以便历史审查。理赔索赔的材料包括以下几个方面。

（1）事故的现场记载。内容要求原始、真实。

（2）现场录像、拍照。要求前后、左右、上下各种角度拍摄。

（3）事故报告。详细说明事故发生的日期时间、地点环境、当事人、涉及者、事故原因、损害品名、目测损坏或伤害程度、初步处理意见。

（4）商检的检验报告或公估行的鉴定报告或理货报告等。

（5）事故损失的物体清单、价值、合同、发票等有效凭证。

（6）向责任方追索赔偿的索赔报告或受理损失方提出赔偿给付的理赔报告。

（7）如果是货损、货差、箱损、箱差、机损、船损事故，则需进出口仓单、装箱单、船舶规范等日常业务流转的有关单据。

（8）道路交通事故，需公安局交警机关出具责任认定书、裁决书、调解书、损失清单等有关单据。

（9）人身伤亡需医疗报告、病史记录、医药费凭证、伤残和死亡等医院证明。

（10）与事故发生、事故损失或在事故处理中有因果关系的各种有效凭证等。

4）理赔索赔操作程序

在理赔索赔操作过程中，要将事故的经济损失降低到最低限度，且必须注意其操作程序，必要时还需进行适当的技术性处理。目前，就码头的理赔而言，事故一发生，应立即通知事故损失方、保险人等有关单位，进行现场查看，确定损坏或损失事实，然后对损害的主体进行检查、鉴定、测试、定损。如损害主体是物体，则该修理恢复的立即修理，该重新购买或进口的则购买或进口。如损害主体是人身，则应住院医疗或医治至康复。如伤残或死亡，则根据政府有关赔偿规定办理。最后由受损方向当事人出具索赔报告。如当事人在该事故中，确系事故的责任者，则就应按事故的责任大小进行比例赔付，如对能引用企业服务条款或运用海运提单背面条款或政府机构的有关法律规定的有限责任者，就可进行限额责任赔付。

如该事故类别系码头责任保险，则应编制索赔报告，并将该码头赔付金额损失向保险人提出补偿，直至码头得到保险人的赔偿给付为止。但在此过程中值得一提的是，如该事故的损害主体原已购买相关的风险责任保险，则其受损方应首先向该损害主体的保险人提出索赔。由其保险人首先对该损害主体做出赔偿，同时由得到赔偿的受损方出具其权益转让书给保险人，然后由该保险人凭该权益转让书和有关赔偿凭证向码头提出追偿。码头根据国际惯例或经协商进行一次性的协议赔偿。随后，码头仍可按协议赔偿的损失金额向负有码头操作风险责任的保险人提出经济补偿，保险人将根据同码头间的合约扣除免赔额后赔付给码头。

索赔程序则与理赔程序相反。因此，一旦受损事故发生，除施救和收集有关证人、证词或事实证据、物权凭证、残损记录、货损价值等有关技术部门的测定报告外，还需编制一份严密的具有事实依据的合情合理的索赔报告,并向事故责任方提出全额赔偿。当然,也可以向责任保险人提出索赔。但应注意的是,如向其保险人提出索赔,就会遭受保险合约中的免赔额损失,所以一般不急于采纳,除非该事故的责任方无能力赔偿或得不到应付的损失赔偿。

5) 索赔时效

当发生由集装箱装卸或业务操作进行中的行为或自然灾害以及外来的意外原因导致的任何事故或事件时,任何一方都应以书面形式及时通知另一方。经事故施救、损失鉴定、分清责任、确定损失程度后,就应该及时向责任方或保险人提出索赔。如延误索赔时间,将会受到时效限制,受损方也将由此而增加麻烦或蒙受更大的损失。

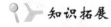

有关索赔时效

(1) 财产保险项下的资产物资遭受损失之日起,必须在 1 年内提出索赔,如遭盗窃则应在通知保险人后 10 天内提出索赔请求。

(2) 海洋运输的保险货物,从被保险货物在最后卸载港全部卸离远洋海轮后起算,向保险人提出索赔最多不超过 2 年。

(3) 向承运人提出索赔,最多不得超过 1 年;在时效期间内或者时效期届满后,要向第三人提出追偿请求的情况,其时效期为 90 天。

(4) 属于集装箱码头责任造成的货物或船舶损失,从码头编制货运记录或船损记录的次日起,不超过 180 天;涉及国外的则不超过 1 年(另有合约或法律规定的除外)。

(5) 码头道路交通事故的保险车辆自事故车辆修验或交通民警对事故处理结束之日起 3 个月内,不提出索赔或不提供各种必要的单证,即视作自愿放弃权益。

(6) 码头员工的人身意外伤害应在事故发生之日起 30 天内通知保险人,且 2 年内必须以书面形式提出索赔申请,否则作自动放弃权益处理。

(7) 当事人之间相互索取各项违约金、滞纳金、速遣奖金,滞期费的时效,均按有关规定或当事人之间的约定办理。

7.2 特殊货物运输

7.2.1 危险货物运输

确认某一货物是否为危险货物,既是危险货物运输管理的前提,也是保证客运和普通货物运输安全的前提。

1. 危险货物运输概述

1) 危险货物的定义

危险货物是指具有爆炸、易燃、毒害、腐蚀、放射性等性质,且在运输、装卸和储存保管过程中,容易造成人身伤亡和财产损毁而需要特别防护的货物。

2) 危险货物的特征

(1) 具有爆炸、易燃、毒害、腐蚀、放射性等性质。这是危险货物能造成火灾、中毒、灼伤、辐射伤害与污染等事故的基本条件。

(2) 容易造成人身伤亡和财产损毁。这是指危险货物在运输、装卸和储存保管过程中，在一定外界因素作用下，比如受热、明火、摩擦、震动、撞击、洒漏以及与性质相抵触物品接触等，发生化学变化所产生的危险效应，其不仅使货物本身遭到损失，而且还危及人身安全并破坏周围环境。

(3) 需要特别防护。主要指必须针对各类危险货物本身的物理化学特性所采取的"特别"防护措施，如对某种爆炸品必须添加抑制剂、对有机过氧化物必须控制环境温度等，这是危险货物安全运输的先决条件。

3) 危险货物的分类

我国国家标准《危险货物分类和品名编号》（GB 6944—2012）将危险货物分成9类。第1类：爆炸品；第2类：气体；第3类：易燃液体；第4类：易燃固体、易于自燃的物质、遇水放出易燃气体的物质；第5类：氧化性物质和有机过氧化物；第6类：毒性物质和感染性物质；第7类：放射性物质；第8类：腐蚀性物质；第9类：杂项危险物质和物品。

4) 危险货物的确认

仅凭危险货物的定义和危险品的分类标准来确认某一货物是否为危险货物，在具体操作上常有困难，承托双方也不可能对众多的危险品在需要运输时再做技术鉴定和判断，而且有时还会引起承托双方的矛盾。所以，在确认危险货物时，各种运输方式都采取了列举原则。且各运输方式都颁布了本运输方式的《危险货物运输规则》（简称《危规》），各《危规》都在所附的《危险货物品名表》中收集列举了本规则范围内具体的危险货物名称。

办理危险货物托运时的注意事项如下。

(1) 向已取得道路危险货物运输经营资格的运输业户办理托运。

(2) 在托运单上填写清楚危险货物品名、规格、件重、件数、包装方法、起运日期、收发货人详细地址及运输过程中的注意事项。对有特殊要求或凭证运输的危险货物，必须附有相关单证，并在托运单备注栏内注明。

(3) 托运下列危险货物时，应当持有关证件，具体如下。

① 托运爆炸物品和需凭证运输的化学危险物品时，应当持有公安部门签发的爆炸品准运证或化学危险品准运证。

② 托运放射性物品时，应当持有指定的卫生防疫部门核发的包装表面污染及辐射水平检查证明书。

(4) 托运货物性质或灭火方法相抵触的危险货物时，必须分别填写托运单，以防止混装而引发重大事故。

(5) 托运未列入《汽车运输危险货物品名表》的危险货物新品种时，需提交生产或经营单位主管部门审核的《危险货物鉴定表》，并经省公路运输管理局批准后方可办理运输。

凡未按以上规定办理危险货物托运，由此发生的运输事故，应由托运人承担全部责任。

货物运输过程中的部分货物，有危险、超限、笨重、鲜活易腐、贵重等特点，且其对装卸、运送和保管等作业有特殊要求，这类货物统称为特殊货物。特殊货物的运输组织，除应当符合普通货物运输的规定外，同时还应当遵守危险货物运输组织的特殊要求。

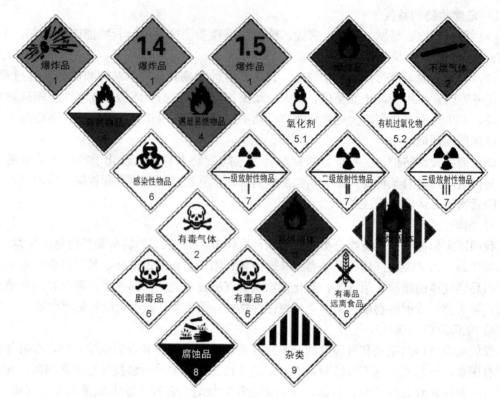

2. 危险货物对运输装卸工作的要求

1) 爆炸品对运输装卸工作的要求

爆炸品是指在外界作用（如受热、撞击等）下能发生剧烈化学反应，且能瞬时产生大量的气体和热量，使周围压力急骤上升，发生爆炸，对周围环境造成破坏的物品，也包括无整体爆炸危险，但有燃烧、抛射及较小爆炸危险，或仅产生热、光、音响或烟雾等一种或几种作用的烟火物品。

（1）运输爆炸品的安全要求。

① 慎重选择运输工具。公路运输爆炸品货物禁止使用以柴油或煤气燃料的机动车，自卸车、三轮车、自行车以及畜力车同样也不能用以运输爆炸物品。这是因为柴油车容易飞出火星，煤气车容易发火，三轮车和自行车容易翻倒，畜力车因有时牲口受惊而不易控制。这些对于安全运输爆炸品均具有潜在危险性。

② 装车前应将货厢清扫干净，排除异物，且装载量不得超过额定负荷。押运人应负责监装、监卸，数量点收点交清楚，所装货物高度超出部分不得超过货箱高的 1/3；封闭式车厢货物总高度不得超过 1.5m；没有外包装的金属桶（一般装的是硝化棉或发射药）只能单层摆放，以免压力过大或撞击摩擦引起爆炸；在任何情况下雷管和炸药都不得同车装运，或者两车在同时同一场所进行装卸。

③ 公路长途运输爆炸品时，其运输路线应事先报请当地公安部门批准，并按公安部门指定的路线行驶，不得擅自改变行驶路线，以利于加强运行安全管理，故一旦发生事故也可及时采取措施处理。车上无押运人员不得单独行驶，押运人员必须熟悉所装货物的性能和作业注意事项等。车上严禁捎带无关人员和危及安全的其他物资。

④ 驾驶员必须集中精力，严格遵守交通法令和操作规程。行驶中注意观察，保持行车平

稳。多辆车列队运输时，车与车之间至少保持 50m 以上的安全距离。一般情况下不得超车及强行会车，并且非特殊情况下不准紧急刹车。

⑤ 运输及装卸工作人员，都必须严格遵守保密规定，对有关弹药储运情况不准向无关人员泄露，同时必须严格遵守有关库、场的规章制度，并听从现场指挥人员或随车押运人员的指导。装卸时必须轻拿轻放，严防跌落、摔碰、撞击、拖拉、翻滚、投掷、倒置等，以免发生着火、爆炸。

(2) 装卸爆炸品的安全要求。

① 参与装卸的人员，都必须严格遵守保密规定，不准向无关人员泄露有关弹药储运情况。同时，必须严格遵守有关库、场的规章制度，并听从现场指挥人员或随车押运人员的指导。

② 装卸时，必须轻拿轻放，稳中求快，严防跌落、摔碰、撞击、拖拉、翻滚、投掷，倒置等。

③ 装车时，应分清弹药箱的种类、批号，点清数量，避免差错。

④ 装车不得超高、超宽；堆放要稳固、紧凑、码平，非封闭式货厢的车辆装车后必须盖好苫布，苫布边缘必须压入栏板里面，再以大绳捆扎牢固。

⑤ 当炸药和弹药受到强烈的震动、撞击、摩擦、跌落、拖拉、翻滚等作用时，容易发生严重后果，故必须严加注意。

2) 压缩、液化、加压溶解气体货物对运输装卸工作的要求

此类货物包括压缩气体、液化气体、溶解气体和冷冻液化气体、一种或多种气体与一种或多种其他类别物质蒸汽的混合物、充有气体的物品和烟雾剂。将常温常压条件下的气体物质，压缩或降温加压后，储存于耐压容器或特制的高强度耐压容器或装有特殊溶剂的耐压容器中，其均属于压缩、液化、加压溶解气体货物。常见的气体货物如氧气、氢气、氯气、氨气、乙炔、石油气等。

(1) 运输压缩、液化、加压溶解气体货物的安全要求。

① 夏季运输除另有限运规定外，车上还必须置有遮阳设施，防止曝晒。液化石油气槽车应备有导静电拖地带。

② 运输可燃、有毒气体时，车上应备有相应的灭火和防毒器具。

③ 运输大型气瓶时，行车途中应尽量避免紧急制动，以防止气瓶的巨大惯性冲击车厢平台而造成事故。运输一般气瓶在途中转弯时，车辆应减速，以防止急转弯或车速过快时，所装气瓶会因离心力作用而被抛出车厢外。

(2) 装卸压缩、液化、加压溶解气体货物的安全要求。

① 操作人员必须检查气瓶安全帽齐全且旋紧。操作时，严格遵守操作规程；装卸时，必须轻装轻卸，严禁抛、滑或猛力撞击。

② 徒手操作搬运气瓶，不准脱手滚瓶、脱手传接。装车时，要注意保护气瓶头阀，防止撞坏。气瓶一般应横向放置平稳，妥善固定，气瓶头部应朝向一方，最上一层不准超过栏板高度。小型货车装运气瓶，其车厢宽度不及气瓶高度时，气瓶可纵向摆放，但气瓶头部应紧靠前车厢栏板，不得竖装。

③ 可以竖装的气瓶，如低温液化气体的杜瓦瓶、大型液化石油气钢瓶，必须采取有效的捆扎措施。

④ 易燃气体不得与其他危险货物配载；不燃气体除爆炸品、酸性腐蚀品外，可以与其他

危险货物配载；助燃气体（如空气、氧气及具有氧化性的有毒气体）不得与易燃、易爆物品及酸性腐蚀品配载；有毒气体不得与易燃、易爆物品氧化剂和有机过氧化物、酸性腐蚀物品配载，同是有毒气体的液氯、液氨亦不得配载。

3) 易燃液体货物对运输装卸工作的要求

易燃液体货物是指易燃的液体、液体混合物或含有固体物质（如粉末沉积或悬浮物等）的液体（但不包括因其危险性已列入其他类别危险货物的液体），如乙醇（酒精）、苯、乙醚、二硫化碳、油漆类以及石油制品和含有机溶剂制品等，其主要危险是燃烧和爆炸。

（1）运输易燃液体货物的安全要求。

① 运输易燃液体货物时，车上人员不准吸烟，且车辆不得接近明火及高温场所。装运易燃液体的罐（槽）车行驶时，导除静电装置应接地良好。

② 装运易燃液体的车辆，严禁搭乘无关人员，途中应经常检查车上货物的装载情况，如捆扎是否松动，包装件有否渗漏。发现异常时应及时采取有效措施。

③ 夏天高温季节，当天天气预报气温在30℃以上时，应根据当地公安消防部门的限运规定在指定时间内进行运输，如公安部门无具体品名限制时，对一级易燃液体（即闪点低于23℃）应安排在早、晚进行运输。如必须运输时，则车上应具有有效的遮阳措施，封闭式车厢应保持通风良好。

④ 不溶于水的易燃液体货物原则上不能通过越江隧道，或按有关管理部门规定运输。

（2）装卸易燃液体货物安全要求。

① 易燃液体受热后，常会发生容器膨胀或鼓桶现象，为此，作业人员在装车时应认真检查包装的（包括封口）完好情况，发现鼓桶破损或渗漏现象时则不能装运。

② 装卸作业必须严格遵守操作规程，轻装、轻卸，防止货物撞击，尤其是内容器为易碎容器（玻璃瓶）时，严禁摔损、重压、倒置，货物堆放时应使桶口、箱盖朝上，堆垛整齐、平稳。

③ 易燃液体不能与氧化剂或强酸等货物同车装运，更不能与爆炸品、气体以及易自燃物品拼车。能溶于水的或含水的易燃液体不得与遇湿易燃物品同车装运。

4) 易燃固体、自燃物品和遇湿易燃物品货物对运输装卸工作的要求

易燃固体燃点低，对热、撞击、摩擦敏感，易被外部火源点燃，且燃烧迅速，并可能散出有毒烟雾或有毒气体的固体货物，如赤磷及磷的硫化物、硫黄、萘、硝化纤维塑料等。自燃物品指自燃点低，在空气中易发生氧化反应，放出热量而自行燃烧的物品，如黄磷和油浸的麻、棉、纸及其制品等。遇湿易燃物品指遇水或受潮时，能发生剧烈化学反应，并放出大量易燃气体和热量的物品，有些不需明火，即能燃烧或爆炸，如钠、钾等碱金属，电石（碳化钙）等。

（1）运输易燃固体、自燃物品和遇湿易燃物品货物的安全要求。

① 行车时，要注意防止外来明火飞到货物中，且要避开明火高温区域场所。

② 定时停车检查货物的堆码、捆扎和包装情况，尤其是要注意防止包装渗漏留有隐患。

（2）装卸易燃固体、自燃物品和遇湿易燃物品货物安全要求。

① 装卸时要轻装轻卸，不得翻滚。尤其是含有稳定剂的包装件或共内包装是易碎容器的货物，应防止撞击、摩擦、摔落，致使包装损坏而造成事故。

② 严禁与氧化剂、强酸、强碱、爆炸性货物同车混装运输。

③ 堆码要整齐、靠紧、平稳，不得倒置，以防稳定剂的流失或易燃货物的洒漏。

5）氧化剂和有机过氧化物货物对运输装卸工作的要求

氧化剂系指处于高氧化态，具有强氧化性，易分解并放出氧和热量的物质，包括含过氧基的无机物。这些物质本身不一定可燃，但能导致可燃物燃烧，与松软的粉末状可燃物能组成爆炸性混合物，对热、震动、摩擦较敏感，如硝酸钾、氯酸钾、过氧化钠、过氧化氢（双氧水）等。有机过氧化物系指分子组成中含有过氧基的有机物，其本身易爆易燃、极易分解，对热、震动与摩擦极为敏感，如过氧化二苯甲酰及过氧化乙基甲基酮等。

（1）运输氧化剂和有机过氧化物货物的安全要求。

① 根据所装货物的特性和道路情况，严格控制车速，以防止货物剧烈振动、摩擦。

② 控温货物在运输途中应定时检查制冷设备的运转情况，发现故障应及时排除。

③ 中途停车时，也应远离热源、火种场所，临时停靠或途中住宿过夜时，车辆应有专人看管，并注意周围环境是否安全。

④ 重载时或发生车辆故障维修时应严格控制明火作业，人不准离车。同时要注意周围环境是否安全，发现问题应及时解决。

（2）装卸氧化剂和有机过氧化物货物的安全要求

① 装卸场所应远离火种、热源，夜间应使用防爆灯具。对光感的物品要采取遮阳避光措施。

② 操作中不能使用易产生火花的工具，切忌撞击、震动、倒置，必须轻装、轻卸、捆扎牢固，包装件之间应妥帖整齐，防止移动摩擦，并严防受潮。

③ 用钢桶包装的强氧化剂如氯酸钾等不得堆码。必须堆码时，包装之间必须有安全衬垫措施。

④ 雨、雪天装卸遇水易分解的氧化剂（如过氧化钠、过氧化钾、漂粉精、保险粉等）时，必须在具备防水的条件下才能进行装卸作业。装车后，必须用苫布严密封盖，严防货物受潮。

⑤ 袋装的氧化剂操作中严禁使用手钩；使用手推车搬运时，不得从氧化剂洒漏物上面压碾，以防受压摩擦起火。

⑥ 氧化剂对其他货物的敏感性强，因此与绝大多数有机过氧化物、有机物、可燃物、酸类货物等严禁同车装运。

6）毒害品和感染性物品货物对运输装卸工作的要求

毒害品是指进入肌体，累积达一定的量后，能与体液和组织发生生物化学作用或生物物理变化，扰乱或破坏肌体的正常生理功能，引起暂时性或持久性的病理状态，甚至危及生命的物品，如四乙基铅、氢氰酸及其盐、苯胺、硫酸二甲酯、砷及其化合物以及生漆等。感染性物品指含有致病的微生物，能引起病态，甚至死亡的物质。

（1）运输毒害品和感染性物品货物的安全要求。

① 防止货物丢失，这是行车中要注意的最重要事项。如果丢失不能找回，毒品落到没有毒品知识的群众或犯罪分子手里，就可能酿成重大事故。万一丢失而又无法找回时，则必须紧急向当地公安部门报案。

② 要平稳驾车，勤加瞭望，定时停车检查包装件的捆扎情况，谨防捆扎松动、货物丢失。

③ 行车要避开高温、明火场所；防止袋装、箱装毒害品淋雨受潮。

④ 用过的苫布，或被毒害品污染的工具及运输车辆，在未清洗消毒前不能继续使用，特

别是装运过毒害品的车辆未清洗前严禁装运食品或活动物。

(2) 装卸毒害品和感染性物品货物的安全要求。

① 作业人员必须穿戴好防护服装、手套、防毒面具。防护用品每次使用后必须清洗，不能穿戴回家，应集中清洗，以防止发生意外事故。

② 装卸操作时，人尽量站立在上风处，不能在低洼处久待；搬运装卸时，应做到轻拿轻放，尤其是对易碎包装件或纸袋包装件不能摔，从而避免损坏包装使毒物洒漏造成危害。

③ 堆码时，要注意包装件的图示标志，不能倒置，堆码要靠紧堆齐，且桶口、箱口向上，袋口朝里。小件易失落货物(尤其是剧毒品氰化物、砷化物、氰酸酯类)，装车后必须用苫布严盖，并用大绳捆扎牢固。

④ 装卸操作人员不能在货物上坐卧、休息，特别是夏季衣衫汗湿，易沾染有毒粉尘，不能用衣袖在脸上擦汗，以免毒物经皮肤侵入引起中毒。如皮肤受到沾污，则要立即用清水冲洗干净。作业结束后要换下防护服，洗手洗脸后才能进食饮水吸烟。

⑤ 要尽量减少与毒害品的接触时间，要加强对作业人员的关注，发现有呼吸困难、惊厥、昏迷者要立即送医院抢救。

⑥ 无机毒害品除不得与酸性腐蚀品配载外，还不得与易感染性物品配装。有机毒害品不得与爆炸品、助燃气体、氧化剂、有机过氧化物等酸性腐蚀物品配载。

7) 放射性物品对运输装卸工作的要求

根据相关国家标准(GB 11806—2004)规定，放射性物质系指含有放射性核素且其放射性活度浓度和总活度都分别超过规定限值的物质。放射性物质有块状固体、粉末、晶粒、液态和气态等各种物理形态，如铀、钍的矿石及其浓缩物等。

(1) 运输放射性物品的安全要求。

① 除特殊安排装运的货包外，不同种类的放射性货包(包括可裂变物质货包)可以混合装运、储存，但必须遵守总指数和间隔距离的规定。

② 放射性物品不能与其他各种危险品配载或混合储存，以防危险货物发生事故，造成对放射性物品包装的破坏，从而避免辐射诱发其他危险品发生事故。

③ 不受放射线影响的非危险货物可以与放射性物品混合配载。此外，放射性货物应与未感光的胶片隔离。

(2) 放射性货物运输装卸过程中的辐射防护。放射性照射又称辐射。辐射防护的目的是保障辐射工作人员(包括运输人员)和广大居民的健康，保护环境不受污染，以使伴有射线和放射性物质的生产科研活动得以顺利进行。射线对人体的照射有两种：一种是人体处在空间辐射场中所受到的外照射；二是摄入放射性物质对人体或人体的某器官组织所形成的内照射。对两种照射都要进行防护。

8) 腐蚀性货物对运输装卸工作的要求

凡从包装内渗漏出来后，接触人体或其他货物，在短时间内即会在被接触表面发生化学反应或电化学反应，并造成明显破坏现象的物品，称为腐蚀品，如硝酸、硫酸、氧磺酸、盐酸、甲酸、溴乙酰、冰醋酸、氢氧化钠、肼和水合肼、甲醛等。腐蚀品与很多物品或人体接触后，都能产生程度不同的腐蚀。其中，对人体的伤害通常又称为化学烧伤(或化学灼伤)。腐蚀品接触人的皮肤、眼睛或进入呼吸道、消化道，能立即与表皮细胞组织发生反应，使细胞组织受到破坏，而造成烧伤；呼吸道、消化道的表面黏膜比人体表皮更娇嫩更容易受腐蚀。内部器官被烧伤时，严重的会死亡。

(1) 运输腐蚀性货物的安全要求。

① 驾驶员要平稳驾驶车辆，特别在载有易碎容器包装的腐蚀品的情况下，并且路面条件差、颠簸震动大而不能确保易碎品完好时，不得冒险通过。

② 每隔一定时间要停车检查车上货物情况，发现包装破漏要及时处理或丢弃，防止漏出物损坏其他包装酿成重大事故。

(2) 装卸腐蚀性货物的安全要求。

① 酸性腐蚀品和碱性腐蚀品不能配载。

② 无机酸性腐蚀品和有机酸性腐蚀品不能配载。

③ 无机酸性腐蚀品不得与可燃品配载。

④ 有机腐蚀品不得与氧化剂配载。

⑤ 硫酸不得与氧化剂配载。

⑥ 腐蚀品不得与普通货物配载，以免对普通货物造成损害。

⑦ 装卸作业时要轻装轻卸，防止撞击、跌落，禁止肩扛、背负、揽抱、钩拖腐蚀品。酸坛外包装要用绳索套底搬动，以防脱底、酸坛摔落，发生事故。

⑧ 堆装时应注意指示标记，桶口、瓶门、箱盖朝上，不准横放、倒置，堆码要整齐、靠紧、牢固，没有封盖的外包装不得堆码。

⑨ 装卸现场应视货物特性，备有清水、苏打水（对酸性能起中和作用）或稀醋酸（对碱性起中和作用），以应急求之需。

⑩ 需要丢弃时，要注意环境安全。

7.2.2 超限货物运输

超限货物运输牵涉公路管理、公安交通、电信电力、绿地树木等专管部门，必须得到这些部门的同意、支持和配合，并采取相应措施，才能进行大件货物运输。

1. 超限货物运输概述

1) 超限货物运输的含义

超限货物运输是公路运输中的特定概念，指使用非常规的超重型汽车列车（车组）载运外形尺寸和重量超过常规车辆装载规定的大型物件的公路运输。

2) 超限货物运输的特殊性

(1) 大件货物要用超重型挂车作载体，用超重型牵引车牵引和顶推。而这种超重型车组（即汽车列车）是非常规的特种车组，车组装上大件货物后，其重量和外形尺寸大大超过普通汽车列车和国际集装箱汽车列车要求。因此，超重型挂车和牵引车都是用高强度钢材和大负荷轮胎制成，价格昂贵，而且行驶平稳，安全可靠。

(2) 运载大件货物的超重型车组要求通行的道路有足够的宽度和净空、良好的道路线形，桥涵要有足够的承载能力，有时还需分段封闭交通，以让超重型车组单独通过。这些要求在一般道路上往往难以满足，故必须事先进行勘察，运输前采取必要的工程措施，且运输中也采取一定的组织技术措施，超重型车组才能顺利通行。

(3) 大件货物运输必须确保安全，万无一失。大型设备都是涉及国家经济建设的关键设备，重中之重，稍有闪失，后果不堪设想。为此要有严密的质量保证体系，任何一个环节都要有专职人员检查，并按规定要求严格执行，未经检查合格，不得运行。

3) 公路超限货物的类型

根据我国公路运输主管部门的现行规定，公路超限货物（即大型物件，简称大件）按其外形尺寸和重量分成 4 级，见表 7-2。

表 7-2 大型物件分级

大型物件级别	重量 M/t	长度 L/m	宽度 B/m	高度 H/m
一	$20 \leqslant M < 100$	$14 \leqslant L < 20$	$3.5 \leqslant B < 4.5$	$3 \leqslant H < 3.8$
二	$100 \leqslant M < 200$	$20 \leqslant L < 30$	$4.5 \leqslant B < 5.5$	$3.8 \leqslant H < 4.4$
三	$200 \leqslant M < 300$	$30 \leqslant L < 40$	$5.5 \leqslant B < 6$	$4.4 \leqslant H < 5$
四	300 以上	40 以上	5.5 以上	5 以上

注：

(1) 货物的重量和外廓尺寸中，有一项达到表列参数，即为该级别的超限货物；货物同时在外廓尺寸和重量达到两种以上等级时，按高限级别确定超限等级。

(2) 超限货物重量指货物的毛重，即货物的净重加上包装和支撑材料后的总重，其是配备运输车辆的重要依据，故应以生产厂家提供的货物技术资料所标明的重量为参考数据。

2. 超限货物的运输组织

依据公路超限货物运输的特殊性，其组织工作环节主要包括办理托运、理货、验道、制定运输方案、签订运输合同、运输组织等项。

1) 办理托运

由大型物件托运人（单位）向已取得大型物件运输经营资格的运输业主或其代理人办理托运，托运人必须在（托）运单上如实填写大型物件的名称、规格、件数、件重、起运日期、收发货人详细地址及运输过程中的注意事项。凡未按上述要求办理托运或运单填写不明确，并由此发生运输事故的情况，由托运人承担全部责任。

2) 理货

理货是大件运输企业对货物的几何形状、重量和重心位置事先进行了解，取得可靠数据和图纸资料的工作过程。通过理货工作分析，可为确定超限货物级别及运输形式、查验道路以及制订运输方案提供依据。

理货工作的主要内容包括：调查大型物件的几何形状和重量、调查大型物件的重心位置和质量分布情况、查明货物承载位置及装卸方式、查看特殊大型物件的有关技术经济资料，以及完成书面形式的理货报告。

3) 验道

验道工作的主要内容包括：查验运输沿线全部道路的路面、路基、纵向坡度、横向坡度及弯道超高处的横坡坡度、道路的竖曲线半径、通道宽度及弯道半径，查验沿线桥梁涵洞、高空障碍，查看装卸货现场、倒载转运现场，了解沿线地理环境及气候情况。根据上述查验结果预测作业时间、编制运行路线图，完成验道报告。

4) 制订运输方案

在充分研究、分析理货报告及验道报告基础上，制订安全可靠、可行的运输方案。其主要内容包括：配备牵引车、挂车组及附件，配备动力机组及压载块，确定限定最高车速，制订运行技术措施，配备辅助车辆，制订货物装卸与捆扎加固方案，制订和验算运输技术方案，完成运输方案书面文件。

5) 签订合同运输

根据托运方填写的委托运输文件及承运方进行理货分析、验道、制订运输方案的结果，承托双方签订书面形式的运输合同，其主要内容包括明确托运与承运甲乙方、大型物件数据及运输车辆数据、运输起讫地点、运距与运输时间，明确合同生效时间、承托双方应负责任、有关法律手续及运费结算方式、付款方式等。

6) 运输组织

线路运输组织工作是指建立临时性的大件运输工作领导小组以负责实施运输方案，执行运输合同和相应对外联系。

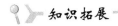 知识拓展

大型物件

(1) 货物外形尺寸。长度在14m以上或宽度在3.5m以上或高度在3m以上的货物。
(2) 重量在20t以上的单体货物或不可解体的成组(捆)货物。

7.2.3 鲜活易腐货物运输

鲜活易腐货物，指在运输过程中，需要采取一定措施，以防止其死亡或腐烂变质的货物，公路运输的鲜活易腐货物主要有鲜鱼虾、鲜肉、瓜果、蔬菜、牲畜、观赏野生动物、花木秧苗、蜜蜂等。

1. 鲜活易腐货物运输的特点

(1) 季节性强、运量变化大。如水果蔬菜大量上市的季节、沿海渔场的鱼汛期等，运量会随着季节的变化而变化。

(2) 对运送时间要求紧迫。大部分鲜活易腐货物，极易变质，故要求其以最短的时间、最快的速度及时运到。

(3) 运输途中需要特殊照料的一些货物。如牲畜、家禽、蜜蜂、花木秧苗等的运输，需配备专用车辆和设备，沿途提供专门的照料。

2. 鲜活易腐货物保藏及运输

1) 鲜活易腐货物的保藏

鲜活易腐货物运输中，除了少数确因途中照料或车辆不适造成死亡外，其中大多数都是因为发生腐烂所致。发生腐烂的原因，对于动物性食品来说，主要是微生物的作用。由于细菌、霉菌和酵母在食品内的繁殖，使蛋白质和脂肪分解，变成氨、游离氮、硫化醛、硫化酮、二氧化碳等简单物质，同时产生臭气和有毒物质。此外，还使维生素受到破坏，有机酸分解，使食物腐败变质不能食用。对于植物性食物来说，腐烂原因主要是呼吸作用所致。呼吸作用是一个氧化过程，能抵抗细菌入侵，但同时也不断地消耗体内的养分。随着体内各种养分的消耗，抗病性逐渐减弱，到了一定的程度，细菌就会乘虚而入，加速各种成分的分解，使水果、蔬菜很快腐烂。而水果蔬菜如被碰伤后，呼吸就会加强，也就加快了腐烂过程。

冷藏货在运输过程中为了防止货物变质需要保持一定的温度。该温度一般称作运输温

度。温度的高低应根据具体的货种而定，即使是同一货物，由于运输时间、冻结状态和货物成熟度的不同，其对运输温度的要求也不一样。一些具有代表性的冷冻货物和低温货物的运输温度的介绍分别见表7-3和表7-4。

表7-3 冷冻货物的运输温度

货 名	运输温度/℃	货 名	运输温度/℃
鱼	-17.8～-15.0	虾	-17.8～-15.0
肉	-15.0～-13.3	黄油	-12.2～-11.1
蛋	-15.0～-13.3	浓缩果汁	-20

表7-4 低温货物的运输温度

货 名	运输温度/℃	货 名	运输温度/℃
肉	-5～-1	葡萄	6.0～8.0
腊肠	-5～1	菠萝	11.0以内
黄油	-0.6～0.6	橘子	2～10.0
带壳鸡蛋	-1.7～15.0	柚子	8.0～15.0
苹果	-1.1～16.0	土豆	3.3～15.0
梨	0:0～5.0		

　　用冷藏方法来保藏和运输鲜活易腐货物时，温度固然是主要的条件，但湿度的高低、通风的强弱和卫生条件的好坏对货物的质量也会产生直接的影响。而且温度、湿度、通风、卫生4个条件之间又有互相配合和互相矛盾的关系，只有充分了解其内部规律，妥善处理好它们相互之间的关系，才能保证鲜活易腐货物的运输质量。

　　用冷藏方法来保藏和运输鲜活易腐货物时，一个突出的特点就是必须连续冷藏。因为微生物活动和呼吸作用都随着温度的升高而加强，若储运中某个环节不能保证连续冷藏的条件，货物就可能在这个环节中开始腐烂变质，这就要求协调组织好物流的各个环节，为冷藏运输提供必要的物质条件。就运输环节来讲，应尽可能配备一定数量的冷藏车或保温车，尽量组织"门到门"的直达运输，以提高运输速度，从而确保鲜活易腐货物的完好。

　　2）鲜活易腐货物的运输

　　良好的运输组织工作，对保证鲜活易腐货物的质量十分重要。鲜活易腐货物装车前，必须认真检查车辆及设备的完好状态，并应注意清洗和消毒。装车时应根据不同货物的特点，确定其装载方法。如为保持冷冻货物的冷藏温度，可紧密堆码，水果、蔬菜等需要通风散热的货物，必须在货件之间保留一定的空隙，怕压的货物必须在车内加隔板，分层装载。

　　鲜活易腐货物运输的特殊性，要求保证对其及时运输。故应充分发挥公路运输快速、直达的特点，协调好仓储、配载、运送各环节，从而实现货物的及时送达。

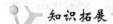
知识拓展

冷藏货物

　　冷藏货物大致分为冷冻货物和低温货物两种。冷冻货物是指货物在冻结状态下进行运输的货物，运输温度的范围一般为－10～20℃；低温货物是指货物在还未冻结或货物表面有一层薄薄的冻结层的状态下进行运输的货物，一般允许的温度调整范围为－16～－1℃。

本章小结

本章主要介绍了集装箱运输的概念、作用、运输形式等相关的内容，集装箱货物运输的出口代理业务与传统的班轮运输的货物出口大体相同，所不同的是其增加了集装箱这一环节，出现了发放和接受空箱和重箱、集装箱的装箱作业等环节，其改变了集装箱货物的交接方式，并制定和采用了适应集装箱作业和交接的单证。

货运代理人根据货物的数量、性质和适箱情况，航线、船期、运价、箱位和集装箱类型等，以及运输条件和信用证要求，决定是否可以接受业务委托，若不能接受或某些要求无法满足，则应及时做出反应，以免耽误船期，承担不必要的法律责任。若可以满足货主的委托要求，则即可办理委托代理手续，建立委托代理关系。

危险货物是指具有爆炸、易燃、毒害、腐蚀、放射性等性质，在运输、装卸和储存保管过程中，容易造成人身伤亡和财产损毁而需要特别防护的货物。

课后习题

一、单选题

1. 保温箱分两种：一种是（　　），另一种是冷藏箱。它们适用于装运因温度变化而容易变质的商品。
   A. 防热箱　　　　B. 冷冻箱　　　　C. 隔热箱　　　　D. 储藏箱
2. 集装箱内陆运输有两种情况：一种由（　　）负责运输；另一种由货主自己负责运输。
   A. 托运人　　　　B. 承运人　　　　C. 生产企业　　　　D. 租赁企业
3. 集装箱租赁方式，大致可分成期租、程租、（　　）3种方式。
   A. 定期租赁　　　B. 定程租赁　　　C. 灵活租赁　　　D. 短期租赁
4. 集装箱的保险是租箱业务的主要内容之一，在集装箱租赁期内，箱子的保险可由（　　）自行投保，也可以与租箱公司订立协议的方式投保。
   A. 货主　　　　　B. 运输公司　　　C. 生产企业　　　D. 承租人
5. 短期租赁一般指租期在（　　）以下的租赁。
   A. 3年　　　　　　B. 4年　　　　　　C. 5年　　　　　　D. 6年

二、简答题

1. 集装箱运输的优点有哪些？
2. 集装箱的种类有哪些？
3. 集装箱管理工作的主要内容有哪些？
4. 租箱合同的主要内容有哪些？
5. 集装箱承运人负责的运输费有哪些？
6. 毒害品和感染性物品货物的运输安全要求有哪些？

 本章实训

【实训任务】
了解集装箱运输业务。

【实训目标】
通过本次实训,使学生进一步了解集装箱运输企业的业务及各种集装箱运输企业的特点。

【实训内容】
学校负责联系集装箱运输企业,然后围绕该企业进行调研,收集集装箱运输资料,并在指导老师的帮助下,分析集装箱运输企业的业务、总结集装箱运输单位的业务职责。

【实训要求】
将班级同学进行分组,每组成员不超过6人,设立组长1名,由组长安排各小组的进度,并负责总体的协调工作,选择1个集装箱运输企业进行实习,通过实习,提出集装箱运输企业的具体业务,并提出不同部门的工作职责。

【考核方法】

考核内容	标准分值	实训评分
资料收集整理	20分	
提出集装箱运输企业的业务	30分	
提出业务人员的工作职责	30分	
实训过程表现	20分	

【案例讨论】
2006年11月,韩国某银行开出一金额为28万美元的假远期信用证,通过南阳市A行通知,受益人为某土产制品公司。发货前,受益人就租船问题曾多次要求买方将信用证上的目的港由昆山改为仁川,但直至最后装船期,通知行和受益人均未收到信用证修改的正本,无奈在已超过最后装船期的情况下,受益人凭申请人的已盖有银行受理章的信用证修改申请书传真件匆忙发货,并倒签提单,随后马上将全套装船单据传真申请人。12月25日,受益人持同一证下两套单据到交通知行办理议付,其中一套金额为70 560美元,通知行即议付行认真审核单据后,发现单据不符点太多,故退回受益人改单。2007年1月5日,受益人持修改后的发票、装箱单等单据重交议付行,并通报议付行买方已提货,由于目的港与信用证规定的不一致,企业向银行出具保函,这时信用证效期已过,银行的7个工作日合理审单时间已用足,议付行在没有时间向开证行电提不符点的情况下,分别寄单和汇票至开证行和偿付行。1月12日,议付行收到偿付行偿付货款。1月18日,开证行发来拒付电传,指出由于目的港与信用证不符,要求退还已付货款70 560美元,称单据留存,并听候议付行指示,另一票货款不再追偿。

接到开证行拒付电后,议付行立即与受益人取得联系,企业经理专程赴韩国解决此事,未果而返,后又委托在韩国的代理协助调查此事。这期间,开证行曾多次发电要求退款,议付行经认真审核,觉得开证行确实按照UCP500第14条d款的规定,在合理时间内提出拒

付，而且受益人提交单据上不符点毋庸置疑，在没有得到开证申请人确凿提货证明的情况下，议付行一方面致电开证行答应在开证行退回全部单据后退款；另一方面通过受益人在韩国的代理继续了解情况。很快韩国代理通过其他渠道从韩国海关拿到了盖有银行担保章，开证行要求退款的这一票的发票、提单和此信用证项下另一票的担保提货书及其他单据影印件共 5 份，议付行收到这些单据传真件后，立即回传开证行，并发电要求其调查此事。同时，由于开证行未将单据退全，故议付行一直没有退款。5 月 23 日，开证行复电议付行称其确实出具担保提货书给申请人，但随后很快就收回。在掌握申请人确已提货的情况下，议付行抓住开证行回复电传中出具提货担保书这一关键点，立即电告开证行出具提货担保书这一事实，就丧失了提不符点的权利，应该无条件地付款，同时正告开证行声明保留索赔的权利，要求开证行给予真诚的合作，避免给两行之间的友好关系造成大的伤害。经议付行的据理力争，开证行自此以后一直保持沉默，不再提退款之事。

（资料来源：金乐闻，武素秋. 国际货运代理实物. 经作者整理）

讨论：
试分析导致纠纷发生的原因。

第8章

运输组织与管理

YUNSHU ZUZHI YU GUANLI

【学习目标】

知识目标	技能目标	学时安排
(1) 掌握运输作业管理的程序、运输合理化的概念及方式; (2) 了解运输组织原则、运输计划; (3) 了解运输信息的应用及运输决策管理	学会运输方式的评价和选择、运输路线的规划	4学时

【导入案例】

沃尔玛的运输管理

沃尔玛公司是世界上最大的商业零售企业,在其物流运营过程中,尽可能地降低成本是其经营的宗旨。

沃尔玛有时采用空运,有时采用船运,还有一些货物采用卡车公路运输。在中国,沃尔玛百分之百地采用公路运输,所以如何降低卡车运输成本,是沃尔玛物流管理面临的一个重要问题,为此他们主要采取了以下措施。

(1) 沃尔玛使用一种尽可能大的卡车,大约有 16 米加长的货柜,比集装箱运输卡车更长或更高。沃尔玛把卡车装得非常满,产品从车厢的底部一直装到最高,这样非常有助于节约成本。

(2) 沃尔玛的车辆都是自有的,司机也是其员工。沃尔玛的车队大约有 5 000 名非司机员工,有 3 700 多名司机,车队每周一次运输可以达 7 000~8 000 公里。沃尔玛知道,卡车运输是比较危险的,有可能会出交通事故。因此,对于运输车队来说,保证安全是节约成本最重要的环节。沃尔玛的口号是"安全第一,礼貌第一",而不是"速度第一",其运输车队已经创造了 300 万公里无事故的纪录。

(3) 沃尔玛采用全球定位系统对车辆进行定位,因此在任何时候,调度中心都可以知道这些车辆在什么地方,离商店有多远,还需要多长时间才能运到商店,这种估算可以精确到小时。沃尔玛知道卡车在哪里,产品在哪里。这样可以提高整个物流系统的效率,有助于降低成本。

(4) 沃尔玛连锁商场的物流部门,24 小时工作,故无论白天或晚上,都能为卡车及时卸货。另外,沃尔玛的运输车队还利用夜间进行运输,从而做到了当日下午进行集货,夜间进行异地运输,翌日上午即可送货上门,保证在 15~18 个小时内完成整个运输过程,这是沃尔玛在速度上取得优势的重要措施。

(5) 沃尔玛的运输成本比供货厂商自己运输产品要低。所以厂商也使用沃尔玛的卡车来运输货物,从而做到了把产品从工厂直接运送到商场,大大节省了产品流通过程中的仓储成本和转运成本。

沃尔玛的集中配送中心把上述措施有机地组合在一起,做出了一个最经济合理的安排,从而使沃尔玛的运输车队能以最低的成本高效率地运行。

(资料来源:http://jpkc.dlmu.edu.cn/jpkc/wlx/xiti/anli.doc. 经作者整理)

思考:
沃尔玛之所以能够把公司做大做强,其竞争优势有哪些?

8.1 运输组织与管理概述

企业要合理地组织产品运输,必须遵循"及时、准确、安全、经济"的原则,力求以最快的速度,经最少的环节,走最短的路程,支付最少的费用,把产品运往规定地点,经济合理地完成运输任务。

运输管理是指产品从生产者手中到中间商手中再至消费者手中的运送过程的管理,包括运输方式选择、时间与路线的确定及费用的节约。其实质是对铁路、公路、水运、空运、管道等 5 种运输方式的运行、发展和变化,进行有目的、有意识的控制与协调,从而实现运输目标的过程。

物流企业或运输企业的管理,就是对整个运输过程的各个环节——运输计划、发运、接运、中转等活动中的人力、运力、财力和运输设备,进行合理组织,统一使用,调节平衡,监督完成。以求用同样的劳动消耗（活劳动和物化劳动），运输较多的货物，从而提高劳动效率，取得最好的经济效益。

8.1.1 运输的程序

（1）编制产品运输计划。运输计划的内容有：发站、到站、品类、吨数、收发货单位等。报给铁路部门的运输计划还要有车皮数。

（2）产品发运。指产品发货单位按照运输部门的规定，办理运输手续，并通过运输工具把产品发给接收单位。产品发运后，要立即向收货单位或中转单位发出发货预报，以便对方准备接货。

（3）产品中转。指产品在运输途中变更运输方式，需要组织换装转运，是运输过程的中间环节。中转单位要与收货单位密切联系，按时填报中转计划，填制中转通知单，反映产品中转中出现的问题，以利于产品中转。

（4）产品接收。产品接收是产品运输过程的最后环节。收货单位在接到发货单位的预报或交通运输部门的到货通知后，应迅速做好接货卸车的准备工作（包括物资准备、人力准备、业务准备）。产品到达时，收货单位要会同交通运输部门，根据产品运单（或发货明细表）清点产品，如发现产品残损、短缺等问题，要及时处理。产品核收后，收货单位要将接收情况回报发货单位。

8.1.2 运输组织原则

（1）及时。它是指按照物品产、供、运、销的流通规律，根据市场需要，及时发运产品，做好车、船、货的衔接，尽量缩短产品待运和在途的时间，从而加速产品和资金的周转。

（2）准确。它是指产品在整个运输过程中切实防止各种运输事故的发生，做到不错、不乱、不差，交接手续清楚、责任明确、准确无误地完成产品运输任务。

（3）安全。它是指产品在整个运输过程中，不发生霉烂、残损、丢失、污染、渗漏、爆炸和燃烧等事故，从而保证人身、产品、设备的安全。

（4）经济。它是指在产品的运输过程中，要采取经济合理的运输方案，合理选择运输路线和运输工具，并合理利用一切运输设备，节约人力、物力、财力，以减少运输费用开支，提高运输效益。

8.1.3 运输作业管理

1. 运输计划

（1）按运输方式划分，运输计划有铁路运输计划、公路运输计划、水路运输计划、航空运输计划、管道运输计划、联合运输计划。

（2）按时间划分，运输计划有年度运输计划、月度运输计划、旬度运输计划。

2. 运输作业管理

（1）货物的承运。承运表明物流企业接受了托运人的委托，开始承担运输责任。

（2）制单。制单一般是指货物运单及运输交接单。

（3）办理相关手续。有时根据实际需要会出现业务外包的情况，即将一部分业务委托给别人帮以运作，这就要办理好相关的托运手续。

（4）送单。制单完成以及托运手续办理完成之后，要将一部分单据及时发给接收方，以便其在接货时清点验收。

（5）装运前的准备工作。其主要包括运输车辆的调配、货物的组配等内容。

（6）装车。按照运单计划组织装车。

（7）运送。一方面要保证运输质量，减少货损货差；另一方面要及时送达。

（8）通知。货物已开始运送，应立即向收货方通知发运车号、发运单号、件数、重量、日期等具体的信息。

（9）卸车。在卸车过程中，应提高作业的机械化水平和作业效率，减少对货物的损坏。

（10）保管。卸车后履行保管，当接货人接货后，保管作业完成。

（11）交付。运输作业的最后一个环节就是承运方向接货人交付货物，经检查合格、接货人接货后，承运人的运输责任履行完毕。

（12）费用的结算。指向货物托运人结清运费及相关费用。

8.1.4 运输安全管理

1. 加强营运设备管理

（1）坚持和完善运营设备技术等级评定制度。按照技术等级，核定经营范围，对没有达到技术等级的运输设备坚决不准运营。此外，检测站必须实行企业化管理。

（2）强化运输车辆二级维修制度。在车辆维修厂推广使用维修管理软件，实施全程监督；对维修出厂的车辆，使用统一的出厂合格证；实现维修数据的网络化、实时管理。

（3）科学管理。在运输工具上推广使用记录仪、通信系统和GPS终端，实现全过程的信息传递和科学管理。

2. 加强危货运输的安全监管

加强危险货物运输的源头管理，运输、搬运、仓库人员必须持证上岗，并按照核定吨位装载，全程监控。

3. 充分发挥管理部门的安全监管职能

采取先进的科技手段，建立运输信息中心，并与企业联网；实现由粗放型的安全管理向规范化、质量型的安全管理转变；由路检路查式的安全管理向加强源头安全管理转变；由直接式的安全管理模式向非接触式的安全管理模式转变。

4. 加强货运站的安全监管

建立、健全货运站的相关制度，严格依据已有制度加强货运站的管理。

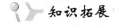

规模经济、距离经济与速度经济

规模经济的特点是随装运规模的扩大，单位重量货物的运输成本降低。例如，对铁路和水路之类运输能力较大的运输工具而言，其每单位的费用要低于汽车和飞机等运输能力较小的运输工具。运输规模经济的存在是因为与转移一批物资有关的固定费用可以按整批物资的重量分摊，所以一批同样的物资越重就越能分摊费用。

距离经济本质也是规模经济,是相对于距离的规模经济。因为费率或费用随距离的增加而减少,所以运输工具装卸时发生的固定费用被分摊到每单位距离,并且距离越长,每单位支付的费用越低。

速度经济是指完成特定的运输任务所需的时间越短,其效用价值越高。首先,运输时间缩短,实际是单位时间里的运输量增加,与时间有关的固定费用分摊到单位运量上的费用减少。其次,由于运输时间短,物资在运输工具中存放的时间缩短,从而使交货期提前,有利于减少库存、降低库存费用。

8.2 组织合理化运输

合理化运输最直接的效果就是节省运力、减少运费,除此以外,合理化运输还可以促进生产部门与中转结构布局进一步合理化,并可充分利用各种交通工具,从而大大节约运输时间。

8.2.1 运输合理化

1. 不合理的运输

1) 空驶

空车无货载行驶,可以说是不合理运输的最严重形式。造成空驶的不合理运输主要有以下几种原因。

(1) 能利用社会化的运输体系而不利用,却依靠自备车送货提货,这往往出现单程车、单程空驶的不合理运输。

(2) 由于工作失误或计划不周,造成货源不实,车辆空去空回,形成双程空驶。

(3) 由于车辆过分专用,无法搭运回程货,只能单程实车,单程回空周转。

2) 对流运输

对流运输也称相向运输或交错运输,指同一种货物在同一线路上或平行线路上做相对方向的运送,而与对方运程的全部或一部分发生重叠交错的运输称对流运输。

3) 迂回运输

其是一种舍近求远的运输。即指可以选取短距离进行运输而不办,却选择路程较长路线进行运输的一种不合理形式。

4) 重复运输

本来可以直接将货物运到目的地,但是未达目的地就将货卸下,再重复装运送达目的地,这是重复运输的一种形式;其另一种形式是,同品种货物在同一地点一面运进,同时又运出。重复运输的最大缺点是增加非必要的中间环节,这就延缓了流通速度,增加了费用,增大了货损。

5) 倒流运输

其是指货物从销地或中转地向产地或起运地回流的一种运输现象。其不合理程度要甚于对流运输,原因在于,两程的运输都是不必要的,从而造成了双程的浪费。

6）过远运输

其是指一种调运物资舍近求远的运输现象。

7）运力选择不当

未选择各种运输工具的优势，而因不正确地利用运输工具造成的不合理现象，称为运力选择不当。常见有以下若干形式。

（1）弃水走陆。在同时可以利用水运及陆运时，不利用成本较低的水运或水陆联运，而选择成本较高的铁路运输或汽车运输，使水运优势不能发挥。

（2）铁路、大型船舶的过近运输。不是铁路及大型船舶的经济运行里程，却利用这些运力进行运输的不合理做法。其主要不合理之处在于火车及大型船舶起运及到达目的地的准备、装卸时间长，且机动灵活性不足。在过近距离中利用，发挥不了运速快的优势，相反由于装卸时间长，反而会延长运输时间。另外，和小型运输设备比较，火车及大型船舶装卸难度大、费用也较高。

（3）运输工具承载能力选择不当。不根据承运货物数量及重量进行选择，而是盲目决定运输工具，从而造成过分超载、损坏车辆或货物不满而浪费运力的现象。尤其是"大马拉小车"现象发生较多。由于装货量小，故单位货物运输成本必然增加。

8）托运方式选择不当

对于货主而言，可以选择最好的托运方式而未选择，从而造成运力浪费及费用支出加大的一种不合理运输。应选择整车而未选择，反而采取零担托运，应当直达而选择了中转运输，应当中转运输而选择了直达运输等都属于这一类型的不合理运输。

9）超限运输

超过规定的长度、宽度、高度和重量，容易引起货损、车辆损坏和公路路面及公路设施的损坏，还会造成严重的事故。这是当前表现突出的不合理运输。

2. 合理化运输

1）合理化运输的含义

合理化运输就是用最少的运输成本，完成最多的货物运输，取得最佳的经济效益。

组织合理化运输对于加速物资流通，降低商品的生产和流通费用，提高运输效率和运力运用效率，降低运输成本，减少能源消耗，提高企业经济效益和社会效益都具有十分重要的作用。

2）影响合理化运输的主要因素

运输路线合理化就是按照货物流通规律，组织货物运输，力求用最少的劳动消耗，得到最高的经济效益。运输合理化的影响因素很多，起决定性作用的有 5 个方面的因素。

（1）运输距离。在运输时，运输时间、运输货损、运费、车辆或船舶周转等运输的若干技术经济指标，都与运距有一定比例关系，运距长短是运输是否合理的一个最基本因素。缩短运输距离从宏观和微观来看都会带来好处。

（2）运输环节。每增加一次运输，不但会增加起运的运费和总运费，而且还必须要增加运输的附属活动，如装卸、包装等，故各项技术经济指标也会因此下降。

（3）运输工具。各种运输工具都有各自的优势，对工具进行优化选择，按运输工具特点进行装卸运输作业，最大限度发挥所用运输工具的作用，是运输合理化的重要一环。

（4）运输时间。运输是物流过程中需要花费较多时间的环节。尤其是远程运输，在全部物流时间中，运输时间占绝大部分，所以，运输时间的缩短对整个流通时间的缩短有决定性的作用。

(5) 运输费用。无论是对货主企业来讲还是对物流经营企业来讲，运输费用的降低，都是运输合理化的一个重要目标。

3) 合理化运输的主要形式

(1) 分区产销平衡。在组织物流活动时，对于某些产品，使其在一定的生产区域固定于一定的消费区，实行这一办法对于加强产、供、运、销的计划性，消除过远运输、迂回运输、对流运输等不合理运输，充分利用地方资源，促进生产布局合理化，节约运力，降低物流成本都有十分重要的意义。

(2) 直达运输。即指在组织运输过程中，跨过商业、物资仓库或其他中间环节，把货物从运地直接一步到位运到销地或用户手中，从而减少中间环节。随着市场经济的发展，企业为了降低流通费用，采用直达运输的比重迅速提高，其对减少物流中间环节，提高物流效益和生产经营效益都有重要作用。

(3) 提高技术"装载量"。这种办法可以最大限度地利用运载工具的装载吨位和装载容积，从而提高运输能力和车辆的运量。其主要有：实行分单体运输；组织轻重配装；提高堆码技术；合装整车（也叫零担）、拼装整车中转分运。

(4) 精心规划、统筹兼顾，大力推进综合运输方式。发展综合运输体系，推进联合运输方式，可以增强运输生产能力，缓解交通运输紧张的痼疾。多年来，我国交通运输出现了很多不平衡情况，如有的线路运输压力过大，有些线路运力发挥不够，有的运输方式严重超负荷，而实行综合运输体系将改变这一不协调不平衡的状况，缓解交通运输紧张痼疾，从而大幅度提高运输能力。

按照各种运输方式的技术经济特征建立合理的运输结构，扬长避短，可以在极大程度上提高合理化运输水平，同时也提高运输效率和经济效益。

8.2.2 运输方式的选择

1. 运输决策

在分销商品时，企业往往面临着一个重要的运输决策：委托运输还是自行运输。企业内部的自行运输体现了组织的总体采购战略，便于控制，但是实施低成本、高效率的自行运输需要企业内部各部门之间的广泛的合作和沟通。企业之所以会自行运输，最主要的原因是考虑到承运人不一定能达到自己所需要的服务水平。通常而言，企业有自己的车队的原因是：服务的可靠性；订货提前期较短；意外事件反应能力强；与客户的合作关系。

2. 服务的选择

客户服务是运输管理的重要目标，运输管理的每一个活动对客户服务水平都有影响。服务水平主要包括：可靠性；运送时间；市场覆盖程度——提供到户服务的能力；柔性——处理多种产品及满足托运人的特殊需求；运输货物的损耗。

3. 运输方式及承运人选择决策

经济和资源的限制、竞争压力、客户需求等都要求企业做出最有效的运输方式和承运人选择。因为运输影响到客户服务水平、送货时间、服务的连续性、库存、包装、能源消耗、环境污染及其他因素，所以运输部门必须开发最佳的运输方式及承运人选择策略。

运输方式及承运人选择可以分为3步：承运人分析；选择决策；选择后评价。

8.2.3 运输路线的选择

一般情况下,运输设备需要巨大的资金投入,运作成本也很高,因此,在企业可接受的利润率和客户服务水平限制下选择最合理的运输路线就显得尤为重要。

1. 利用图表分析法设计最短运输里程

按商品的流向组织合理运输是市场经济规律的客观要求,合理运输不仅可以节约运输成本,提高商品流通效率,而且由于其能有效地衔接生产和消费,从而有利于物流服务和商品价值的实现。表上作业法是一种常用的解决运输方案优化选择的有效方法,其是针对供需平衡的理想状态,采用最小元素法进行表上作业的方法而得到的。

具体操作方法是:将各运输点的运输能力及各用户的运量分布情况和运距,分别按图表表示出来,并选出各运输点的最佳运输范围及最近货源点,规划出最优的运输路线。这种方法易于掌握运输线路全貌,并能及时克服迂回运输、过远运输、对流运输等不合理运输现象。

【例1】 某种货物由 A_1、A_2、A_3 供货点,分别向 B_1、B_2、B_3、B_4 这 4 个收货点送货,A_1 点供货量为 8 000t,A_2 点为 9 000t,A_3 点为 10 000t。各收货点需要量:B_1 点为 4 000t,B_2 点为 8 000t,B_3 点为 8 000t,B_4 点为 7 000t。各供货点和收货点位置及运输路线如图 8.1 所示。

按就近供货的原则,B_1 点所需的 4 000t 货由 A_1 点供货,B_2 点所需的 8 000t 货由 A_2 点供货,B_4 点所需的 7 000t 货全部由 A_3 点供货,这样 A_1 点尚余 4 000t 货,A_2 点尚余 1 000t 货,A_3 点尚余 3 000t 货,合计 8 000t 货正好全部供给 B_3 点,满足供需平衡最优方案。将平衡结果绘制出满足供需平衡条件的运输路线流向图(图 8.2),然后将反映供需条件的运量填入供需平衡表(表 8-1)内。

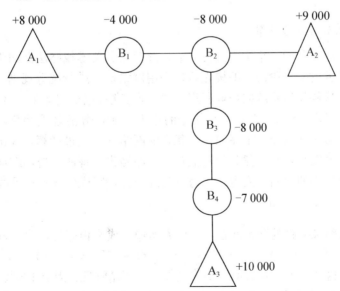

注:+表示供货量,-表示需要量

图 8.1 各供货点和收货点位置及运输路线

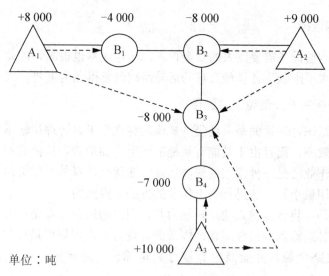

单位：吨

图 8.2 运输路线流向图

表 8-1 供需平衡表　　　　　　　　　　　　　　　　　　　单位：t

收货单位 运输站	B_1	B_2	B_3	B_4	供货量
A_1	4 000		4 000		8 000
A_2		8 000	1 000		9 000
A_3			3 000	7 000	10 000
需要量	4 000	8 000	8 000	7 000	27 000

2. 利用网络分析法组织运输

网络分析是系统工程的一个组成部分，或称统筹法、关键线路法。网络分析法的基本原理是将系统各项任务的各个阶段，即按先后顺序用网络形式进行统筹规划。例如，有一车货物在车站待发运，货物发运系统的作业程序共由8道工序（包括制运单、批单、送货、组配、站台交接、装车、送车、结算）组成。从任务的进度开始，分清轻重缓急，统一安排。以每道工序所需工时因素为基点做出工序间相互联系的网络图，经过计算，找出对全局有重大影响的关键工序和关键路线，并对任务的其他各个工序做出合理的安排，继而对整个系统进行调整，使系统能以最小的时间、人力、物力及资源消耗，完成任务并取得最大的经济效益。

3. 最佳分界里程点的设计

这里只研究铁路和公路的联运问题，当两者运输总成本相等时，就有如下计算模型。

$$L \cdot W_t + L \cdot Y_t = L \cdot W_g + L \cdot Y_g \rightarrow L = (W_t - W_g)/(Y_g - Y_t) \tag{8-1}$$

式中：W——表示这些成本与运量增减影响系数，如车站管理、人员工资等支出；

W_t——表示铁路运输每一吨货物与运量无关的费用支出；

W_g——表示公路运输每一吨货物与运量无关的费用支出（当然，不同的运输方式，其运量对成本的影响也不一样，在与运量无关部分支出的比重中，铁路运输大于公路运输，所以，运量增加越多，铁路运输的这部分成本所占的比重就越小）；

Y——表示运输成本随运距增加而提高的参数,如车辆运行所消耗的燃料及车辆本身运行的磨损支出;

Y_t——表示铁路运输每吨公里成本中与运距有关的费用支出;

Y_g——表示公路运输每吨公里成本中与运距有关的费用支出(而在与运距有关的运输成本的比重中,公路运输大于铁路,因此,公路运输适宜于短途运输);

L——表示铁路与公路运输的最佳分界点。

通过对运输成本与运量和运距关系的研究,得出的这个计算模型,可以计算出在一定的运输里程中,铁路、公路联运时两者的最佳分界里程,以便做出运输优化方案选择。

同时可以根据计算模型(8-1)推导出铁路和公路运输的吨公里成本的计算模型如下。

$$铁路运输吨公里的运输成本 \quad C_t = Y_t + W_t/L \tag{8-2}$$

$$公路运输吨公里的运输成本 \quad C_g = Y_g + W_g/L \tag{8-3}$$

式中:C_t——表示铁路运输吨公里的运输成本;

C_g——表示公路运输吨公里的运输成本。

【例2】 有一批货物从甲地运往乙地,运距全长300km,经分析,欲采用铁路和公路联运方式运输,求铁路运输和公路运输的最佳分界点及其吨公里的运输成本。

已知:铁路运输每一吨货物与运量无关的费用支出为10元(W_t);公路运输每一吨货物与运量无关的费用支出为2元(W_g);铁路每吨公里成本中与运距有关的费用支出为0.05元(Y_t);公路每吨公里成本中与运距有关的费用支出为0.25元(Y_g)。

根据计算模型(8-1)代入得$L=(W_t-W_g)/(Y_g-Y_t)=(10-2)/(0.25-0.05)=8/0.2=40(km)$,就是本例铁路运输和公路运输的最佳分界点,也就是40km为公路运输,260km为铁路运输。根据计算模型(8-2)代入得$C_t=Y_t+W_t/L=0.05+10/100=0.15(元)$;代入计算模型(8-3)得$C_g=Y_g+W_g/L=0.25+2/100=0.27(元)$。通过计算看出,铁路运输成本显然比公路运输成本低,而且运距越长运费越低。

8.3 现代综合运输

目前,中国已经建立起初具规模的运输网络,并改变了中国国内运输的总体格局。

8.3.1 陆桥运输(铁路综合运输)

陆桥运输是近20年来发展起来的一种运输方式,是指利用横贯大陆的铁路(有时也包括公路),将海与海连接起来运用"海—陆—海"的运输连接方式,其可进行多式联运。

1. 陆桥运输的作用

从经济意义上说,陆桥运输可以缩短运输时间。在一端或两端为海运的情况下,中间连接一段铁路运输,利用火车速度大大高于船舶的优势,可以减少货物在运输中的时间。在现代经济的条件下,人们对货物运输的时间要求越来越高。迅速运达的货物,可以及时满足需求,从而增加了货物的使用价值。同时,由于运输时间的缩短,货物占用资金的时间就缩短,从而使企业资金周转速度加快,资金成本降低,相应的效益也得到提升。所以,虽然采用陆桥运输,中间一段铁路与公路的运输费用会高于水路运输,但运输时间的缩短能成功地抵消这种费用的增加，从而使总的运输费用降低。

陆桥运输的开展，大大提升了铁路国际标准集装箱运输在集装箱运输整体中的地位，使铁路集装箱运输运距加长，运量大大增加。

2. 陆桥运输的分类

陆桥运输在发展过程中，从地域上，逐渐形成了"北美陆桥运输"和"欧亚陆桥运输"两大板块；从运输结构上，则形成了大陆桥运输、小陆桥运输与微陆桥运输等不同分类。

1）北美陆桥运输

北美陆桥运输可分为北美大陆桥运输、北美小陆桥运输和微陆桥运输 3 种结构。

（1）北美大陆桥运输。北美大陆桥运输指从日本东向，利用海路运输到北美西海岸，再经由横贯北美大陆的铁路线，陆运到北美东海岸，再经海路运到欧洲的"海—陆—海"运输结构。

北美大陆桥运输包括美国大陆桥运输和加拿大大陆桥运输。美国大陆桥有两条运输线路：一条是从西部太平洋沿岸至东部大西洋沿岸的铁路和公路运输线；另一条是从西部太平洋沿岸至东南部墨西哥湾沿岸的铁路和公路运输线。美国大陆桥是 1971 年底由经营远东—欧洲航线的船舶公司和铁路承运人联合开办的"海陆海"多式联运线，后来美国几家班轮公司也投入营运。加拿大大陆桥与美国大陆桥相似，其由船舶公司把货物海运至温哥华，经铁路运到蒙特利尔或哈利法克斯，再与大西洋海运相接。

（2）北美小陆桥运输。北美小陆桥运输是指日本经美国太平洋沿岸各港的海铁联运，其与大陆桥运输的区别是其运输终点为美国东海岸，而不再下海。采用这样的运输方式，使海运和陆运结合起来，从而达到了运输迅速、降低运输成本的目的。北美小陆桥运输大大缩短了日本、远东到美国、加拿大东部地区与中部地区的运输距离，节省了运输时间。

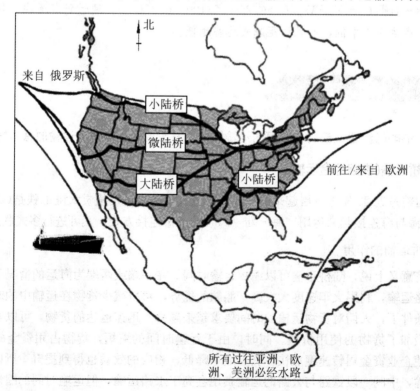

(3) 北美微陆桥运输。北美微陆桥运输就是利用陆桥铁路的部分段落进行运输，其与小陆桥运输的主要区别，仅在于内陆交货，而不通过整条陆桥，所以又称为"半陆桥运输"。北美微陆桥运输是指经北美东、西海岸及墨西哥湾沿岸港口，到美国、加拿大内陆地区的联运服务。

微陆桥运输是在小陆桥运输发展的基础上产生的，微陆桥运输将国际集装箱直达列车与集装箱班轮航线紧密结合，使内陆货物可被直接运至出海口，从而达到运输距离最短、运输速度最快和运输费用最省的目的。美国的微陆桥运输，对避免迂回和绕道运输，使集装箱运输路线更加合理起到重要作用。而采用微陆桥运输后，远东的集装箱货物可通过班轮航线，运至太平洋口岸，然后换装铁路集装箱直达列车，直接运至美国内陆城市，从而大幅节省了运输的时间和费用。

2）欧亚陆桥运输

欧亚大陆桥是在北美陆桥运输发展的同一时期发展起来的，有西伯利亚大陆桥和新欧亚大陆桥两条。

(1) 西伯利亚大陆桥。西伯利亚大陆桥是指使用国际标准集装箱，将货物由远东海运到俄罗斯东部港口，再经跨越欧亚大陆的西伯利亚铁路，运至波罗的海沿岸港口，如爱沙尼亚的塔林或拉脱维亚的里加，再采用铁路、公路或海运，运到欧洲各地的国际多式联运的运输线路。

西伯利亚大陆桥运输包括海—铁—铁、海—铁—海、海—铁—公和海—公—空 4 种运输方式。西伯利亚大陆桥是一条较为典型的国际多式联运线路，也是目前世界上最长的一条陆桥运输线。它大大缩短了从日本、远东、东南亚及大洋洲到欧洲的距离，并因此而节省了运输时间。从远东经俄罗斯太平洋沿岸港口到欧洲的陆桥运输线全长 13 000km。而相应的全程水路运输距离(经苏伊士运河)约为 20 000km。从日本横滨到欧洲鹿特丹，采用陆桥运输可使运输距离缩短 1/3，运输时间节省 1/2，运输费用节省 20%～30%。

(2) 新欧亚大陆桥。新欧亚大陆桥沿桥经济带包括了跨及苏北、鲁南、皖北、河南、晋南、陕西、川北、甘肃、宁夏、青海、西藏、新疆 12 个省区的辽阔地域，腹地面积占全国的 1/3，人口约占全国的 1/5。这一地区资源十分丰富，是中国的"黄金腰带"。新欧亚大陆桥辐射欧亚大陆 30 多个国家和地区，在新欧亚大陆桥贯通后，许多国家和地区纷纷制定了相应的措施和对策，以期利用这条国际走廊加速经济发展。据有关方面估计，北欧冰岛地区每年可能有 170 万吨冰冻鱼通过鹿特丹、里加港运往日本、韩国。哈萨克斯坦的棉花、皮毛、矿产也将通过连云港中转到日本、韩国。土库曼斯坦的天然气，将从土库曼斯坦通过管道运到连云港，并在连云港加工后，运往日本、韩国。这势必带动连云港市的加工业、仓储业、运输业以及旅游服务业的迅速发展。还有东来的回空国际集装箱，回程时可以将新疆、甘肃沿桥各大工业区的适箱货物，从连云港再运往日本、韩国、东南亚地区。这些都将大大带动沿桥经济带的迅猛发展。

8.3.2 高速公路网综合运输

目前，中国已经建立起初具规模的公路通道运输网络，其东部地区是由高速公路构成，西部地区是由高速公路和一、二级公路构成。以高速公路为主体的公路通道运输网络的形成和发展，改变了中国国内运输的总体格局。公路通道运输的货物种类显然与铁路、水运通道运输的货物种类有差别，公路成为一种可以满足多种需要的运输方式。

1. 发展高速公路运输势在必行

高速公路运输是一种发展趋势。首先，道路基础条件大为改善，高速公路从无到有到大量建设并投入使用。从某种意义上说，高速公路的建设必将引发一场运输革命，使汽车运输企业采用先进运输车辆来提高运输生产力和运输效率，从而实现运输的快捷、舒适、安全。其次，货源和客源结构的变化，要求运输质量和运输工具发生相应的变化。再次，运输企业步入了适度规模经营的轨道，企事业单位的运输也实行车企分离、独立经营核算，也将成为自主经营的实体。

2. 高速公路运输应是汽车运输企业发展的重点

高速公路的发展对汽车运输企业而言，既是挑战，又是机遇。汽车运输企业唯一的选择就是使自己迅速适应高速公路运输。目前就汽车运输企业的状况而言，投入高速公路运输，应进行以下调整。

1) 加快技术改造调整车辆结构

当今客货源走势已发生变化，市场对运力需求趋向重型、专用化和豪华型。需优化企业的运输车辆结构，集中力量发展大吨位、箱型化、特种车和豪华型大客车、旅游车，促进运力结构从粗放型向集约型改变，使之成为汽车运输企业上水平的先导力量。车辆结构调整实际上是提高生产力水平的调整，此外，管理部门要进行车辆结构的宏观调控。

2) 发展规模经营

要按照社会化生产的要求，推进规模化、专业化运输企业的发展。组建高速公路运输企业集团，可以推行汽车资产重组的方式，通过参股、联合实现强强结合；也可以通过兼并、收购等方式，优势互补。组建的企业集团应集代理、仓储、配送等流通环节为一体，以弥补公路集装箱运输和高速公路快运业的空白，从而更好地满足高速公路发展的需要。

3) 安全要求

高速公路运输的车辆运行速度可达 100km/h 以上，因此，高速公路运输的安全性尤为重要。如果高速公路运输车辆达不到一流的技术条件，从运输安全性考虑，管理部门是不能给予准入的。国内外高速公路运输均实行特殊管理，就是为了确保高速公路运输的高质量、高效率。

8.3.3 河海联运综合运输

1. 河海运输在国民经济建设中的作用

河海运输是运输业的重要组成部分，其建设规模、发展速度和水平取决于国民经济的发展，同时又反过来对国民经济的发展有着重要的影响。对河海运输与国民经济互动关系的研究，既要考虑交通运输业的推动作用，又要考虑社会经济发展的决定作用；既要考虑交通运输业的支撑保障作用，又要考虑河海运输作为一个产业对国民经济总量增长的贡献。

2. 适用河海运输的货物

（1）集装箱。随着中国产业结构的调整，产品技术含量不断增加，制成品及高附加值产品运输量不断扩大，集装箱货物比重因此上升。随着市场的开放、市场主体的增多，大宗散货小批量化趋势明显，河海集装箱运输需求量将会有大幅度的提高。

（2）石油。受管道运输影响，河海原油运输需求量将基本维持目前水平。

(3) 矿石和钢铁。目前国家仍在完善以宁波、舟山海域为主的进口铁矿石中转基地，以满足上海及长江沿岸钢铁企业对进口铁矿石的需求，故河海运输仍是进口铁矿石运输的主力。

(4) 煤炭。一般沿江河各地所需的像煤炭这种大宗散装货物，采用船舶运输最为合理。

(5) 建筑材料。随着经济的发展，建筑材料的运输量迅猛增加，未来15年，中国经济将继续保持良好的发展势头，这也给建材运输带来巨大的发展空间，使江河建材运输需求量将继续保持较大增幅。

(6) 液化气。能源比较匮乏的珠江三角洲地区是液化气消费的大市场，同时也是进口液化气的主要中转地，广东省的液化气用量中，进口比例高达70%，大量液化气经水路运到各地气库较为经济合理，故江河运输需求量逐年增加。

(7) 散装水泥。沿江水泥工业走廊年产量达1 500万吨。据预测2020年前中国水泥生产将以年均2%的速度递增。散装水泥对江河运输需求量仍将保持高速增长。

(8) 滚装运输。目前，国家重点在长江及沿海港口增建滚装码头，购置专用船舶，且已经形成滚装运输系统。

当然，随着社会经济的发展，人民生活水平、消费水平的提高，旅游消费主体将向中低水平群体发展，水上旅游客运需求量也将会逐步增加。

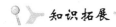

中国通过西伯利亚铁路进行陆桥运物的路线

(1) 铁—铁路线。由国内铁路将集装箱运至满洲里，转俄罗斯铁路运至俄罗斯西部边境站，再转有关国家的铁路，运至目的地。

(2) 铁—海路线。由国内铁路将集装箱运至满洲里，转俄罗斯铁路，运至波罗的海沿岸日丹诺夫、伊利切斯克等港，再转水路运至北欧、西欧、巴尔干地区港口。

(3) 铁—公路线。由国内铁路将集装箱运至满洲里，转俄罗斯铁路运至俄罗斯西部边境站，再转公路运至德国、瑞士、奥地利等国家。

 8.4 多式联运

随着物流业的发展，传统的铁路、公路、水路、航空等互不连贯的单一运输方式，已不能满足客户的运输要求，于是，多式联运应运而生。

8.4.1 多式联运概述

1. 多式联运的概念

多式联运是指按照多式联运合同，以至少两种不同的运输方式，由多式联运经营人将货物从一国境内接管货物的地点运至另一国境内指定地点交付的货物运输方式。多式联运是一种以实现货物整体运输的最优化效益为目标的联运组织形式。其通常是以集装箱为运输单元，将不同的运输方式有机地组合在一起，构成连续的、综合性的货物运输。通过一次托运，一次计费，一份单证，一次保险，由各运输区段的承运人共同完成货物的全程运输，即将货物的全程运输作为一个完整的单一运输过程来安排。

多式联运广泛应用于国际货物运输中,称为国际多式联运。它一般借助集装箱,把海洋运输、铁路运输、公路运输、航空运输和内河运输等传统的单一运输方式有机地结合起来,并采用一体化方式综合利用,以完成国与国之间的运输任务。

2. 多式联运的特点

多式联运与其他单一运输方式相比,有其不同的特点。

(1) 多式联运是不同运输方式的综合组织,运输全程中至少使用两种不同运输方式连续运输。其全程运输均由多式联运经营人完成或组织完成,无论涉及几种运输方式,分为几个运输区段,多式联运经营人都要对全程负责。

(2) 多式联运是一票到底,实行单一费率的运输。发货人只要订立合同,一次性付费,一次保险,通过一张单证即可完成全程运输。

(3) 货物全程运输是通过多式联运经营人与各种运输方式、各区段的实际承运人订立分运(或分包)合同来完成的,各区段承运人对自己承担区段的货物负责。

(4) 多式联运主要是通过集装箱运输来完成的。

3. 多式联运的类型

目前多式联运主要有海—铁、海—空以及江—海3种类型。

1) 海—铁多式联运

海—铁包括海—铁—海多式联运,是当今多式联运的主要类型,特别是利用大陆桥开展海—铁或海—铁—海多式联运。利用大陆桥进行海—铁—海多式联运,可比单一海运缩短运输距离,节省运输时间和运输成本。例如从日本至鹿特丹利用西伯利亚大陆桥的海—铁多式联运,比经苏伊士运河的全海承运缩短距离约7 000km,节省时间和运费20%左右,故其经济效益十分显著。

2) 海—空多式联运

海—空多式联运结合海运运量大、成本低和空运速度快、时间要求紧的特点,能对不同运量和不同运输时间要求的货物进行有机结合。随着世界商品技术含量的不断提高,轻、小、精、薄发展方向以及跨国公司对及时运输的需求,发达国家已出现采用大型飞机进行国际标准集装箱(空、水、陆联运集装箱)的海—空多式联运方式。目前世界上海—空多式联运主要是远东至欧洲的联运,约占海—空联运总运量的50%以上。该运输线路的西行线是远东通过海运至美国西岸港口,如温哥华、西雅图、洛杉矶等,再通过空运至欧洲的目的地;东行线主要通过海参崴、香港等港口,再通过空运中转至欧洲目的地。另一条主要海—空联运线是远东至中南美,即远东海运至温哥华、洛杉矶等港口,再转空运至中南美内陆目的地。

3) 江—海多式联运

江—海多式联运即把海运和内河运输连接起来,既可充分发挥海运运量大、成本低的优点,又可发挥内河运输价廉、灵活的优点,能方便地把货物运至内河水系的广大地区。目前世界范围最典型的江—海联运是利用欧洲国际内河水道莱茵河的江—海联运,其在数千千米的沿岸及一些重要的工商业中心都通水路,并建设了设备设施先进的高效率的内河集装箱码头,开辟了各内陆工商业中心到鹿特丹、安特卫普等海港频繁的定班船,一方面保证了运输时间,另一方面大大缩短了货物在海港的滞留时间,方便而又高效。我国也利用长江、珠江开展了不同形式的江—海联运,并取得了明显的经济效益。

8.4.2 国际多式联运

1. 国际多式联运的优越性

国际多式联运的优越性主要体现在方便货主和提高货运质量方面，这也是多式联运产生后在世界各国得以普遍开展的根本原因。

1) 手续简便

在多式联运方式下，无论货物运输距离有多远，无论使用几种不同运输方式，也无论全程运输途中经过多少次不同运输方式之间的转换，其从发货地直至交货地所有一切运输事宜，都由多式联运经营人负责办理，而货主只要一次托运，一次付费，一次投保，便可凭多式联运单据向银行结汇，收货人可凭多式联运单据向多式联运经营人或其代理人提领货物，与传统的分段联运相比，这种简便手续极大地方便了货主。

2) 安全可靠

目前多式联运绝大多数以集装箱运输为主体，货物虽然经过长途运输和多次装卸转运，但都不需要掏箱倒载和换装，从接货地直至交货地，货物一直被密封在坚固的集装箱内，从而使得货损、货差、被盗问题大大减少。同时，多式联运方式可减少全程运输中的中间环节和等待时间，从而提高全程货运的速度。

3) 提早结汇

传统海运必须凭已装船提单才能向银行结汇，而在多式联运方式下，发货人将货物交多式联运经营人或其代理人后，通常就可凭其签发的多式联运单据结汇，对从内地发货的货主来说，这可以提早结汇时间，加快资金周转。

4) 统一理赔

在分段联运方式下，由于各区段承运人只对本区段运输负责，因此一旦发生货损货差，货主必须向参加联运的一个或几个承运人索赔。而在多式联运方式下，无论货损货差发生在哪一运输区段，甚至是无法确认事故区段的隐藏损害，均由多式联运经营人负责统一理赔，并直接向货主进行赔偿。

5) 实现合理化综合运输

在多式联运方式下，由于多式联运经营人负责对全程联运的经营，并对全程运输负责，凭借其多式联运业务能力、技术能力和在世界各地的业务网点以及其与广大货主的切实联系和对各种运输方式的熟悉，多式联运经营人可以在一定时空范围内，将海运、铁路、公路和航空等各种不同运输方式有机地连接起来，选择最佳的运输线路，综合利用各种运输方式的优点，形成既分工又协作的有机整体，从而实现合理化综合运输。

知识拓展

智 能 运 输

近年来，虽然各发达国家已基本建成了四通八达的现代化国家道路网，但是随着社会经济的发展，交通拥挤、阻塞现象日趋严重，交通污染与交通事故越来越引起社会的普遍关注。实践证明，主要依靠修建更多的道路、扩大路网规模来解决日益增长的交通需求的方法，已经难以适应现代社会飞速发展的客观要求。在此背景下，便产生了一种新的现代运输管理与建设思想，即Intelligent Transportation System(ITS)——智能运输系统。

智能运输系统实质上就是利用高新技术对传统的运输系统进行改造而形成的一种信息化、智能化、社会化的新型运输系统。其目的在于：使交通基础设施能够发挥最大的效能；提高服务质量；使全社会能够高效地使用交通设施和能源，从而获得巨大的社会经济效益。

2. 国际多式联运的一般业务流程

（1）多式联运合同的订立。多式联运必须订立合同，合同是规范托承双方权利、义务以及解决争议的基本法律文件。

（2）多式联运计划的编制。多式联运涉及多种运输方式、多个承运人、多个运输环节，因此必须要有一个完善的联运计划。

（3）接货装运。按照多式联运合同，在约定的时间、地点，由多式联运经营人或其代理人从发货人手中接管货物，并按合同要求装入第一程运输工具发运。按托承双方议定的交接方式，凡在DOOR或CY交接的，由发货人负责装箱计数施封并办理出口清关手续，在箱体外表状况良好、封志完整状态下，将货物整箱交多式联运经营人或其代理人；凡在CFS交接的，由发货人负责办理出口清关手续，并将货物散件交多式联运经营人或其代理人，由后者负责拼箱计数施封后装运发送。

（4）多式联运单据的签发。多式联运经营人在运费预付情况下接管货物并收取全程运费后，即签发多式联运单据，表明多式联运对全程联运负有责任的开始。在货物装运发送后，多式联运经营人还应将多式联运单据副本以及一程运输的有关运输单证及时寄往第一程的目的地（港）的代理人，以便做好接货、转关和转运的准备。

（5）运输保险。由于多式联运运距长、环节多、风险大，故为避免可能发生的货运事故，多式联运经营人还可以向保险公司投保。但由于多式联运经营人的疏忽、过失、侵权等，经营人将丧失责任限额保护的权利，承担很大的赔偿金额的风险。为避免较大的损失，多式联运经营人通常向保险公司投保货物责任险和集装箱险，以防范巨额赔偿风险。

（6）转关手续。若多式联运在全程运输中经由第三国，则应由多式联运经营人或其代理人负责办理过境转关手续，对国际集装箱海关公约缔约国来说，转关手续已相当简化，通常只需提交相应的转关文件，如过境货物申报单、多式联运单据、过境国运输区段单证等，并提交必要的担保和费用，过境国海关可不开箱检查，只作记录即可予以放行。

（7）全程运输的协调管理。

① 国际多式联运是以至少两种不同运输方式组成的连贯运输，不同运输方式之间的转运衔接，是保证运输连贯性、及时性的关键。

② 各运输区段的单证传递。多式联运经营人作为全程运输的总负责人，通常要与各运输区段实际承运人订立分运输合同，在运输区段发送地以托运人的身份托运货物，在运输区段的目的地又以收货人的身份提领货物。为了保证各运输区段货物运输的顺利进行，多式联运经营人或其代理人在托运货物后要将有关运输单证及时寄给区段目的地代理人。同时，如该实际运输区段不是最后一程运输，那么多式联运经营人或其代理人在做好接货准备的同时，还要做好下一程运输的托运准备。

（8）货物的跟踪。为了保证货物在多式联运全程运输中的安全，多式联运经营人要及时跟踪货物的运输状况。

（9）交付货物。按多式联运合同规定，货物到达指定交货地后，由多式联运经营人或其代理人将货物交多式联运单据指明的收货人或按指示交指定的收货人，即告完成全程运输任务。

3. 国际多式联运的运作条件

国际多式联运是由多种运输方式按照运输规律组合而成的综合性一体化运输形式，因此，开展国际多式联运应具备比一般单一运输方式更为先进、更为复杂的技术条件。

（1）建立国际多式联运线路与集装箱货运站。联运线路是多式联运的通道，集装箱是国际多式联运必备的运输工具，故两者是开展国际多式联运的硬件设施。

（2）建立国内外联运网点。国际多式联运是跨国运输，要有国内外相关单位合作，因此必须根据运输业务需要建立国内外联运合作网点。

（3）制定国际多式联运的单一包干费率。这是国际多式联运最基本的运作流程，需要进行综合权衡，使联运费率具有竞争性，以利于国际多式联运的顺利运作。

（4）制定整套国际多式联运的单据。国际多式联运单据是经营人与货主之间运输的所有直接依据。

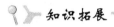

多式联运单据的定义及相关内容

1. 多式联运单据的定义

1997年10月1日我国实施的《国际集装箱多式联运管理规则》对多式联运单据的定义是：多式联运单据是指证明多式联运合同以及证明多式联运经营人接管货物并负责按合同条款交付货物的单据。从上述定义可知，多式联运单据与海运提单作用相似，是多式联运合同的证明；是多式联运经营人收到货物的收据；是收货人据以提货的物权凭证。

2. 多式联运单据的主要内容

多式联运单据是发货人、多式联运经营人、收货人等当事人货物交接的凭证，多式联运单据的内容应准确、完整，其主要内容有：货物的名称、种类、件数、重量、尺寸、包装等；多式联运经营人的名称和主要经营场所；发货人、收货人的名称；多式联运经营人接管货物的地点、日期；多式联运经营人交付货物的地点和约定的时间或期限；表示多式联运为可转让或不可转让的声明；多式联运经营人或其授权人的签字；有关运费支付的说明；有关运输方式和运输线路的说明；在不违反多式联运单据签发国法律的前提下，双方同意列入的其他事项。

多式联运单据一般都列入上述内容，但如果缺少其中一项或几项，只要所缺少的内容不影响货物运输和当事人的利益，多式联运单据仍具法律效力。

3. 多式联运单据的签发

多式联运经营人在接收货物后，凭发货人持有的货物收据即可签发多式联运单据，并应发货人的要求签发可转让或不可转让多式联运单据。

在签发可转让的多式联运单据时，要注意几点：应列明按指示交付或向持有多式联运单据人交付，如列明按指示交付，须经背书后才能转让，如列明向多式联运单据持有人交付，无需背书即可转让；如签发一套数份正本多式联运单据，应注明正本的份数；对于签发的任何副本多式联运单据，应在每一份副本上注明"副本不可转让"字样。

在签发不可转让多式联运单据时,应在单据的收货人一栏内载明收货人的具体名称,并注明"不可转让"字样。货物抵达目的地后,多式联运经营人只能向多式联运单据中载明的收货人交付货物。

如果签发数份多式联运单据,多式联运经营人只要按其中一份正本交付货物后,便完成向收货人交货的义务,其余各份正本自动失效。

4. 多式联运单据的证据效力与保留

多式联运单据一经签发,除非多式联运经营人在单据上作了保留,否则多式联运单据就具有以下效力:多式联运经营人收到货物的初步证据;多式联运经营人对货物的责任已经开始;可转让的多式联运单据对善意的第三方是最终证据,多式联运经营人提出的相反证据无效。如果多式联运经营人或其代表在接收货物时,对于货物的品种、数量、包装、重量等内容有合理的怀疑,而又无合适方法进行核对或检查时,多式联运经营人或其代表可在多式联运单据做出保留,注明不符的地方、怀疑的根据等;反之,如果多式联运经营人或其代表在接收货物时未在多式联运单据上做出任何批注,则应视为其所接收的货物外表状况良好,并应在同样状态下将货物交付收货人。

本章小结

本章主要介绍了运输作业管理和运输安全管理的概念、作用等相关的内容。运输要及时地把货物运到指定地点,最大限度地节约时间;在运输生产过程中,要最大限度准确无误地完成运输任务;要采用最经济合理的运输方案,节约人力、物力及运力;避免发生残损、丢失、燃烧、爆炸等事故,减少货损货差。

运输作业流程可以分为发、运、接3个部分。"发"主要包括运输作业之前的一些准备工作,即货物的承运、制单、办理相关手续、送单、通知等工作;"运"包括装运前的准备工作、装车、运送、卸车、保管等环节;"接"包括交付、费用结算等。

运输计划包括铁路运输计划、公路运输计划、水路运输计划、航空运输计划、管道运输计划、联合运输计划。

课后习题

一、单选题

1. 企业要合理地组织产品运输,必须遵循"及时、准确、安全、(　　)"的原则。
   A. 经济　　　　B. 合理　　　　C. 效率　　　　D. 服务

2. 运输计划按时间划分有年度运输计划、月度运输计划、(　　)。
   A. 季度运输计划　　　　B. 旬度运输计划
   C. 日度运输计划　　　　D. 其他运输计划

3. 产品运输的主要环节包括:编制产品运输计划、产品发运、产品中转和(　　)。
   A. 产品准备　　B. 产品储藏　　C. 产品接收　　D. 产品处理

4. 国际多式联运的优越性主要体现在方便货主和(　　)方面,这也是多式联运产生后在世界各国得以普遍开展的根本原因。

A. 提高服务质量
B. 提高货物质量
C. 提高效率质量
D. 提高货运质量

5. 北美小陆桥运输是指（　　）经美国太平洋沿岸各港的海—铁联运，其与大陆桥运输的区别是运输终点为美国东海岸，而不再下海。

A. 日本
B. 韩国
C. 中国
D. 澳大利亚

二、简答题

1. 合理化运输的主要形式有哪些？
2. 不合理运输的形式有哪些？
3. 国际多式联运的一般业务流程有哪些？
4. 国际多式联运的优越性有哪些？
5. 河海运输适用的货物有哪些？

本章实训

【实训任务】

使学生进一步了解运输组织管理的意义和重要性。

【实训内容】

学校负责联系运输企业，然后围绕该企业进行调研，收集运输资料，并在指导老师的帮助下，分析该运输企业的业务、总结运输单位的运输管理经验。

【实训要求】

将班级同学进行分组，每组成员不超过 8 人，指定组长 1 名，由组长安排各小组的进度，并负责总体的协调工作，到企业进行实习，通过实习，提出该企业的运输管理经验。

【考核方法】

考核内容	标准分值	实训评分
资料收集整理	20 分	
提出该运输企业的业务	30 分	
提出业务人员的工作职责	30 分	
实训过程表现	20 分	

【案例讨论】

目前，TNT 正努力减少其陆路运输车队二氧化碳的排放量。其在中国、英国和澳大利亚等国投入 100 辆电动卡车。TNT 快递与 Smith 电动机车公司在伦敦联合组建了世界最大的零排放运输车队，Smith 是全球最大的陆路商用电动机车生产商。其新投入运营的 100 辆 "Newton" 电动卡车在未来将逐步取代柴油机车。重达 7.5t 的电动卡车每年在英国的大、小城镇可减少 1 299t 二氧化碳的排放。首批 50 辆卡车将在 TNT 多个分部投入运营，并在伦敦开展为期 18 个月的测试。TNT 正在欧洲主要城市对这种先进的电动机车进行调研。

另外，TNT 与中国最大的汽车生产商、电动机车制造商东风汽车公司在武汉开始了一项双电池电动运输货车的试验。该实验包括由武汉东风汽车公司设计、生产并组装的两辆轻型电动运输车。这是 TNT 首次在欧洲以外进行零排放试验。

2008 年 4 月底，TNT 在澳大利亚引入 10 辆 Hino 混合驱动卡车，替代以传统能源为动力的机车，TNT 因此成为首家在澳大利亚境内使用柴油发电机驱动的混合卡车车队的公司。这种车辆每年可以减少排放二氧化碳 1.6t。与使用传统燃料的同等型号卡车相比，这种车辆能减少二氧化碳排放量 14%，减少氮氧化物排放量 50%。

TNT 首席执行官说："为使 TNT 成为第一个实现零排放目标的快递公司，必须使陆路运输车队更加环保。TNT 正在为降低环境影响而改进经营方式，例如使办公室、仓储、电力能源更加环保以及更换电动机车等。"

（资料来源：http://jpkc.dlmu.edu.cn/jpkc/wlx/xiti/anli.doc. 经作者整理）

讨论：

TNT 在物流运输管理方面有哪些经验值得总结？

第 9 章

货物运输保险

HUOWU YUNSHU BAOXIAN

【学习目标】

知识目标	技能目标	学时安排
（1）掌握国内货物运输保险的概念、作用； （2）了解国内货物运输保险的分类； （3）掌握国内水路、公路、铁路、航空货物运输保险的保险期限、保险金额及保险费	学会国际货物运输保险业务的具体运作	4 学时

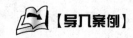

远东货舱火灾案

远东货轮在海上航行时,某舱发生火灾,船长命令灌水施救,扑灭大火后,发现纸张已烧毁一部分,未烧毁的部分,因灌水后无法使用,只能作为纸浆处理,损失原价值的 80%。另有印花棉布没有烧毁但有水渍损失,其水渍损失使该布降价出售,损失该货价值的 20%。

(资料来源:http://jpkc.dlmu.edu.cn/jpkc/wlx/xiti/anli.doc. 经作者整理)

思考:
纸张损失 80%,棉布损失 20%,都是部分损失吗,为什么?

9.1 国内货物运输保险

货物运输保险是随着海上贸易的发展而产生和发展起来的,并随着运输技术的不断提高和进步以及国际贸易方式的变化,取得了全面的发展。

9.1.1 国内货物运输保险概述

1. 国内货物运输保险的概念

国内货物运输保险是以在国内运输过程中的货物为保险标的,且在标的物遭遇自然灾害或意外事故所造成损失时给予经济补偿,并由保险人承担因自然灾害或意外事故造成损失的一种保险。从保障范围来看,国内货物运输保险要比普通财产保险广泛得多。在发生保险责任范围内的灾害事故时,普通财产保险仅负责被保险财产的直接损失以及为避免损失扩大采取施救、保护等措施而产生的合理费用。

根据运输方式和适用对象的不同,货物运输保险主要有以下几类险种:陆上运输货物保险(火车、汽车)、海洋运输保险、航空运输货物保险等。

2. 国内货物运输保险的分类

1) 按运输方式的不同分类

(1) 直运货物运输保险。直运货物运输保险承保的货物是从起运地至目的地只用一种运输工具的货物，即使中途货物需转运，转运用的运输工具与前一段运输所使用的运输工具仍属同一种类。

（2）联运货物运输保险。联运货物运输保险承保的是两种或两种以上不同的主要运输工具运送货物的运输，可以有水陆联运、江海联运、陆空联运等。联运货物运输保险的保险费率高于直达运输下的货运保险费率。

（3）集装箱运输保险。集装箱运输也叫货柜运输，是 20 世纪 50 年代出现的一种运输方式。集装箱运输的优点在于其能做到集装单位化，即把零散包件货物集中在大型标准化货箱内，故可以简化甚至避免沿途货物的装卸和转运，从而使得降低货物运输成本，加速船舶周转，减少货物残、损、短、少成为可能。集装箱运输方式自产生以后经历了迅速的发展。若投保集装箱货物运输保险，则其费率较低。

2）按运输工具的不同分类

（1）水上货物运输保险。即承保用水上运输工具承运货物的一种运输保险。水上运输工具指轮船、驳船、机帆船、木船、水泥船等。

保险类别是指保险公司对风险和损失的承担责任范围，是保险人与投保人行使或履行权利与义务的基础，也是保险人承担责任大小和被保险人缴付保险费多少的依据。

水上运输保险有基本险别和附加险别之分。基本险别是可以独立承保的保险险别，分为平安险、水渍险和一切险 3 种；附加险是不能单独投保的险别，包括一般附加险和特殊附加险。

（2）陆上货物运输保险。即承保除水上运输工具和飞机以外的所有其他运输工作或手段运载货物的运输保险，运输工具包括机动的、人力的、畜力的，如火车、汽车等。保险人负责赔偿被保险货物在运输途中遭受暴风、雷电、洪水、地震等自然灾害，或由于运输工具遭受碰撞、倾覆、出轨，或在使用驳船驳运过程中，因驳运工具遭受搁浅、触礁、沉没或由于遭受隧道倒塌、失火、爆炸等意外事故所造成的全部或部分损失，还负责赔偿被保险人因对遭受承保风险的货物采取抢救、制止或减少货损的措施而支付的合理费用，但这种赔偿以不超过该批被救货物的保险金额为限。

（3）航空货物运输保险。即承保以飞机为运输工具运载货物的运输保险。按运输工具的不同对国内货物运输保险进行分类是最常见的一种分类方法。

航空运输保险分为航空运输险和航空一切险两种，被保险货物遭受损失时，航空运输保险按保险单上订明承保险别的条款负赔偿责任。

航空运输险的承保范围具体来说包括两部分：一是被保险货物在运输途中遭受雷电、火灾、爆炸或由于飞机遭受恶劣气候或其他危难事故而被抛弃，及由于飞机遭受碰撞、倾覆、坠落或失踪等意外事故所造成的全部或部分损失；二是被保险人因对遭受承保责任内危险的货物采取抢救，防止或减少货损的措施而支付的合理费用，但这种赔偿以不超过该批被救货物的保险金额为限。

3. 国内货物运输保险的特点

国内货物运输保险虽然是财产保险的一种，但与一般财产保险有所区别，具有以下几个方面的特点。

（1）保险标的。普通财产保险是以存放在固定地点的各种财产作为自己的保险对象，例如企业财产保险承保机器、设备，家庭财产保险的保险标的是家具、家用电器等，因而普通财产保险的保险标的通常处于相对静止的状态。而货物运输保险的保险标的是从一地运到另一地的货物，经常处于运动状态之中，具有较大的流动性。

（2）责任起讫。普通财产保险的保险期限一般按时间计算确定，货物运输保险属于运程保险，保险责任的起讫时间从货物运离发货人仓库开始，直至运达目的地的收货人仓库或储存地为止，按保险标的实际所需的运输途程为准。

（3）保险范围。从保障范围来看，国内货物运输保险要比普通财产保险广泛得多。在发生保险责任范围内的灾害事故时，普通财产保险仅负责被保险财产的直接损失以及为避免损失扩大采取施救、保护等措施而产生的合理费用。国内货物运输保险除了负责上述损失和费用外，还要承担货物在运输过程中因破碎、渗漏、包装破裂、遭受盗窃以及整件货物提货不着而引起的损失。此外，按照一般惯例应分摊的共同海损和救助费用，货物运输保险也应该负责。

4. 国内货物运输保险责任

货物运输保险的货物是装载在水、陆、空各种运输工具上的，主要处在运输过程中，但有时是在陆上存仓候运或候提，或者在中转地存仓等候转运，故这时的货物处在静止状态中，而处在静止状态的货物的保险基本上都是按企业财产保险来处理。对于运动状态的货物，由于其运输方式不同和遇到的风险不同，因而有特定的保险责任。但不管采用什么方式运输，一些共同性的风险还是存在的，因而又有适用于所有运输方式的共同的保险责任。

（1）普遍责任。即指保险公司对各类运输工具运送的物资都有可能遭遇的风险所造成的损失和引起的费用支出所给予的保障。在运输过程中带有共同性的风险有火灾、爆炸、碰撞、雷电、暴风、暴雨、洪水、海啸、地震等自然灾害和意外事故。

（2）特定责任。即保险公司对某类运输工具在运输货物时可能遭遇的特定风险所引起的损失和费用给予保障。水上运输方式的特定风险有搁浅、沉没、共同海损行为导致其所载保险货物发生的损失或施救费用、救助费用。陆上运输货物的主要工具有火车、汽车等，其可能遭遇的风险有翻车、火车出轨、隧道坍塌、畜力车牲畜受惊、脱辕等。航空运输中的特定风险有飞机失事、倾覆、坠落、失踪、空中抛弃等。

（3）附加责任。即对有些特殊的事故所致的损失或费用给予保障，如对盗窃可加保盗窃险。

（4）除外责任。为了进一步明确责任的界限，对运输的货物不予承保的责任有：战争或军事行为直接或间接造成的保险货物的损失；直接由于货物的自然损耗、市价跌落、本质上的缺陷所致损失；因运输延迟所造成的损失和费用；被保险人的故意行为或过失所造成保险货物的损失。如无特别约定，保险货物由于偷窃、提货不着、雨淋、沾污、渗漏、破碎、串味、受热受潮、钩损、包装破裂、锈损等所直接造成的货物损失，保险人也不予负责。如事先约定，经双方当事人同意，这部分风险可放在附加责任中给予承保。

9.1.2 国内货物运输保险及理赔

1. 国内水路、陆路货物运输保险

1）国内水路、陆路货物运输保险的责任

（1）国内水路、陆路货物运输保险的保险责任范围及除外责任。我国国内水路、陆路货物运输保险分为基本险和综合险两种。

水路及陆路货运险基本险的责任是指被保险货物在运输过程中因下列原因而遭受的损失，保险人负赔偿责任。

① 因火灾、爆炸、雷电、冰雹、暴风、暴雨、洪水、地震、海啸、地陷、崖崩、滑坡、泥石流所造成的损失。

② 由于运输工具发生碰撞、搁浅、触礁、沉没、出轨或隧道码头坍塌所造成的损失。

③ 在装货、卸货或转载时，因遭受不属于包装质量不善或装卸人员违反操作规程所造成的损失。

④ 按国家规定或一般惯例应分摊的共同海损的费用。

⑤ 在发生火灾事故时，因纷乱而造成的货物散失以及因施救或保护货物所支付的直接而合理的费用。

（2）在投保综合的货运险下，保险人除了要承担基本险责任外，还要负责赔偿下列损失。

① 因受震动、碰撞、挤压而造成破碎、弯曲、凹瘪、折断、开裂或包装破裂致使货物散失的损失。

② 液体货物因受震动、碰撞或挤压致使所用容器（包括封口）损坏而渗漏的损失，或用液体保存的货物因液体渗漏而造成保存货物腐烂变质的损失。

③ 遭受盗窃或承运人责任造成的整件货物提货不着的损失。

④ 符合安全运输规定而遭受雨淋所致的损失。

（3）国内水路、陆路货物运输保险的责任免除。由于下列原因造成被保险货物的损失，保险人均不负赔偿责任。

① 战争或军事行为。

② 核事件或核爆炸。

③ 被保险货物本身的缺陷或自然损耗以及由于包装不善所致的损失。

④ 被保险人的故意行为或过失。

⑤ 其他不属于保险责任范围的损失。

2）国内水路、陆路货物运输保险的保险期限

国内水路、陆路货物运输保险的保险责任起讫期限为：自签发保险凭证和保险货物运离起运地发货人的最后一个仓库或储存处所时起，至该保险凭证上该货物到达目的地收货人在当地的第一个仓库或储存处所时终止。但保险货物运抵目的地后，如果收货人未及时提货，则保险责任的终止期最多延长至以收货人接到《到货通知单》后的15日（以邮戳日期为准）。保险责任开始的标志是保险人或其代理人"签发了"保险凭证，以及被保险货物"运离"起运地发货人的最后一个仓库或储存处所，两个条件必须同时具备，否则保险责任不能生效。

关于保险责任的终止，在实务中会出现以下几种情况。

（1）被保险货物运抵目的地后，收货人未及时提货，这时保险责任最多可延长至从收货人接到《到货通知单》后起算的15天时间。

（2）被保险货物运抵目的地后，被保险人或其收货人提取部分货物，对此，保险人对其余未提货物也只承担15天的责任。

（3）被保险货物运抵目的地后的15天内，被保险人或其收货人不是将货物提取放入自己的仓库或储存处所，而是就地直接发运其他单位或再转运其他单位。

3) 国内水路、陆路货运险的保险金额及保险费

国内货物运输保险的保险金额采取定值的方法加以确定并载明于保单，以此作为保险人对保险标的遭受损失时给予补偿的最高限额。根据保险条款的规定，国内水路、陆路货物运输保险的保险金额按货价加运杂费、保险费计算确定。

4) 国内水路、陆路货运险的赔偿处理

在对国内水路、陆路货运险进行赔偿处理时，应注意以下几个方面。

(1) 在计算赔款时，应针对足额和不足额保险情况分别理算。

① 对于足额保险，即被保险人按起运地货价确定保险金额或按货价加运杂费确定保险金额或按目的地市价(目的地的实际成本加合理利润，即目的地销售价)投保的情况，保险人根据实际损失计算赔偿，但最高赔偿金额均以保险金额为限。

② 对于不足额保险，保险人在赔偿货物损失金额和支付施救费用时，要按保险金额与起运地货物实际价值的比例计算赔偿。

(2) 保险人对货损和施救费用的赔偿应分别计算，但均以不超过保险金额为限。

(3) 残值折归被保险人，并从赔偿中扣除。

2. 国内航空货物运输保险

1) 国内航空货物运输保险的保险责任及责任免除

(1) 保险责任。被保险货物在保险期限内无论是在运输还是在存放过程中，由于下列原因造成的损失，保险人负赔偿责任。

① 由于飞机遭受碰撞、倾覆、坠落、失踪(在3个月以上)，在危难中发生卸载以及遭受恶劣气候或其他危险事故发生抛弃行为所造成的损失。

② 被保险货物本身因遭受火灾、爆炸、雷电、冰雹、暴风、暴雨、洪水、海啸、地震、地陷、崖崩所造成的损失。

③ 被保险货物受震动、碰撞或压力而造成的破碎、弯曲、凹瘪、折断、开裂等损伤以及由此引起包装破裂而造成的损失。

④ 属液体、半流体或者需要用液体保存的被保险货物，在运输中受震动、碰撞或压力致使容器(包括封口)损坏发生渗漏而造成的损失，或用液体保存的货物因液体渗漏而致保存货物腐烂的损失。

⑤ 被保险货物因遭受偷窃或者提货不着而造成的损失。

⑥ 装货、卸货时和地面运输过程中，因遭受不可抗力的意外事故及雨淋造成的被保险货物的损失。对于发生在责任范围内的灾害事故，为防止损失扩大采取施救或保护货物的措施而交付的合理费用，保险人也负赔偿责任，但最高以不超过保险金额为限。

(2) 责任免除。保险货物于保险期限内由于下列原因造成损失的，无论是在运输途中还是在存放过程中的损失，保险公司不负赔偿责任。

① 战争或军事行动。

② 由于保险货物本身的缺陷或自然损耗，以及由于包装不善或者由于托运人不遵守货物运输规则所造成的损失。

③ 托运人或被保险人的故意行为或过失。

④ 其他不属于保险责任范围内的损失。

2) 国内航空货物运输保险的保险期限

根据保险条款的规定：保险责任自被保险货物经承运人收讫并签发航空货运单注明保险时起，至空运抵目的地的收货人当地的仓库或储存处所时终止。被保险货物空运至目的地后，如果收货人未及时提货，则保险责任的终止期以承运人向收货人发出到货通知以后的15天为限。

飞机在飞行途中，因机件损坏或发生其他故障而被迫降落，以及由于货物严重积压，被保险货物需改用其他运输工具运往原目的地时，保险人对被保险货物所负的责任不予改变，但被保险人应向保险人办理批改手续。如果被保险货物在飞机被迫降的地点出售或分配，保险责任的终止期则以承运人向收货人发出通知以后的15天为限。

3. 国内铁路包裹运输保险

1) 国内铁路包裹运输保险的保险责任及责任免除

（1）国内铁路包裹运输保险的保险责任。保险包裹、行李及快件商品在保险期限内无论是在运输还是在存放过程中，由于下列原因造成的损失，保险公司负赔偿责任。

① 因车辆出轨、隧道坍塌所造成的损失。

② 因火灾、爆炸、雷电、冰雹、暴雨、洪水、海啸、地陷、崖崩所造成的损失。

③ 在装货、卸货时发生意外事故所造成的损失。

④ 保险包裹、行李因遭受震动、碰撞或压力而造成破碎、弯曲、凹瘪、折断、开裂等损伤，以及由此而引起包装破裂的损失。

⑤ 保险包裹因遭受偷窃或者提货不着而造成的损失。

⑥ 凡属液体、半流体或者需要用液体保存的保险包裹、行李及快件商品，在运输途中因震动、碰撞或挤压致使所装容器损坏发生渗漏而造成的损失。

⑦ 在装、卸货时和地面运输过程中，因遭受不可抗力的意外事故及突然性的雨淋所造成的损失。

⑧ 在发生上述责任范围内的灾害事故时，因施救和保护包裹而支付的合理费用（但不能超过保险金额）。

（2）国内铁路包裹运输保险的责任免除。保险包裹在保险期限内由于下列原因造成损失的，无论这种损失是在运输还是在存放过程中造成的，保险公司均不负责赔偿。

① 战争或军事行动。

② 由于包裹本身的缺陷、霉烂、变质或自然损耗，或运输延迟所造成的损失或费用，以及由于托运人不遵守货物运输规章所造成的损失。

③ 托运人或被保险人的故意或过失行为所造成的损失。

④ 自理自用的保险包裹由于遭受盗窃的损失。

2) 国内铁路包裹运输保险的责任起讫

国内铁路包裹运输保险的责任起讫是以一次运程来计算的，在此期间，保险公司仅按企业财产或家庭财产保险条款负保险责任。

3) 国内铁路包裹运输保险的保险金额及保险费

包裹、行李的保险金额，可按所托运的包裹、行李的实际价值由被保险人自行确定。散件商品的保险金额，可按货物进价加上运杂费或者按目的地销售价确定。

> **知识拓展**

国内铁路包裹运输保险的赔偿处理

国内铁路包裹运输保险出险后,被保险人向保险公司申请赔偿时,必须提供以下单证:包裹货运单、发票、保险凭证、装箱单、包裹运输事故签证、物资损失清单、救护保险包裹所交出合理费用的单据。但在此之前,即保险包裹、行李运抵保险凭证所载明的目的地后,托运人或收货人在取货时必须进行检验。如果发现包裹受损,必须在3天之内向当地保险公司申请复验;否则,保险公司不予受理。

9.2 国际货物运输保险

开展国内货物运输保险能及时补偿货物在运输过程中的因灾害事故而遭受的经济损失,有利于商品生产和流通顺利进行;可以把不定的灾害事故损失变为固定的运输保险费支出,并将此项费用计入生产或营业成本,从而增强企业经营的财务稳定性,完善经济核算制;通过展业、承保和理赔,宣传防灾防损的意义,检查事故隐患,积累有关资料,总结经验教训,并向有关单位提出合理建议,可以促进货物运输的安全,减少灾害事故损失。

9.2.1 国际货物运输保险概述

1. 国际货物保险的含义

国际货物运输保险是通过订立保险合同来实现的,保险单是保险合同存在的证明。保险合同一经订立,订约双方均应按照合同条件,亦即保险单中各项保险条款的规定来履行义务、享受权利。

国际货物运输保险,是以对外贸易货物运输过程中的各种货物作为保险标的的保险。外贸货物的运送有海运、陆运、空运以及通过邮政送递等多种途径。国际货物运输保险的种类以其保险标的的运输工具种类相应分为4类:海洋运输货物保险、陆上运输货物保险、航空运输货物保险、邮包保险。

有时一批货物的运输全过程使用两种或两种以上的运输工具,这时,往往以货运全过程中主要的运输工具来确定投保何种国际贸易运输保险种类。

在国际贸易中,货物运输保险是一种契约行为,保险人基于投保人支付保险费作为合同之代价,同意负担货物因特定意外事故而致损害之补偿责任。

货主(不论交易的买方或卖方)依国际贸易条件向保险人投保货物保险,并将投保之货物交由运送人运送,若于保险期间内发生保险事故,则由保险人负责理赔,而保险人理赔后,在其赔偿金额范围内,取得对运送人依法请求赔偿的权利。货物运输保险保险人、货主及运送人关系如图9.1所示。

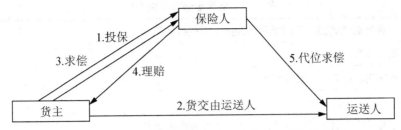

图9.1 货物运输保险保险人、货主及运送人关系

由于复合运输的兴起,运输方式由船舶运输扩及陆上及空中运输,因此,除海上保险外,亦有其他运输保险以确保货主之权益。现在的货物运输保险与其所使用的运输方法有密不可分的关联,从货物运输保险角度来说,常见的运输方式有以下几种。

(1) 海运——船舶,空运——飞机。
(2) 邮包(海、空运),经由邮局或快递运送。
(3) 内陆运输,火车、货车、货柜车、飞机。
(4) 海陆空运输,船舶、火车、货车、货柜车、飞机。

各种不同的运输方式,均有其相对应的货物保险条款,并承保运输过程中所可能遭遇到的各种危险。凡以船舶、飞机、汽车、火车等运输工具载运的货物、商品、行李均可作为保险标的物向保险公司投保货物运输保险(俗称水险)及其他各种附加险。

2. 国际货运保险在国际货物运输中的作用

货物运输保险与国际贸易息息相关,其原因在于货物运输保险在国际贸易中扮演如下关键角色。

(1) 保障贸易者的资金安全。国际贸易货物运输上的风险不论其由贸易双方之任何一方负担,均会因货物遭遇意外事故而有损失,亦会因货款无法收回而有财务上的损失,若有事先投保的货物运输保险,则可获得保险补偿,如此即可保障贸易者的资金安全。

(2) 扩大贸易者的营业能力。货物在运输过程中可能会遭遇意外事故而受到损失,若卖方需将货交予买方才可拿到货款,则会造成资金周转缓慢。且由于国际贸易量增加,贸易商为了筹措贸易资金及为了保障生产者或供货商所委托贩卖的货品,常需向人融资借贷。若有货物运输保险,银行则可在货物交给买方前给予卖方资金融通,缓解贸易者资金的困难。

(3) 维持贸易者的预期利润。预期利润指货主将货物运抵目的地出售后,预期可获得的利润。货物运输保险之内容,不但包括货物在运输途中可能遭遇到的毁损灭失,也包括预期利润的损失,为此预期利润是以货物价格的一定比例计算,且事先计算在保险金额内。

9.2.2 国际货物运输保险及理赔

1. 国际货运保险的承保范围

国际货运保险的承保与不保范围详见表9-1。

表 9-1　货物承保与不保范围

序号	保险的货物因以下原因所致毁损、灭失或费用	A	B	C
1	水灾或爆炸	∠	∠	∠
2	船舶搁浅、触礁、沉没或倾覆	∠	∠	∠
3	路上运输工具之倾覆或出轨	∠	∠	∠
4	船舶及其他运输工具与除水以外任何物体碰撞或触撞	∠	∠	∠
5	在避难港之卸货	∠	∠	∠
6	共同海损的牺牲	∠	∠	∠
7	投弃	∠	∠	∠
8	共同海损费用与施救费用	∠	∠	∠
9	波浪扫落	∠	∠	
10	地震、火山爆发或雷电	∠	∠	
11	海湖河水进入船舶及运输工具货柜货箱或储存场所	∠	∠	
12	任何一件货物装卸船舶时落海或落海之整件货物灭失	∠	∠	
13	偷窃短少未送达破损	∠		
14	弯曲凹陷刮伤	∠		
15	污染	∠		
16	任何人员之不法行为所致被保险物质全部或部分意外性质损失或费用	∠		

注：∠表示承保范围。

2. 国际货运保险的特性

（1）定值保险。定值保险是指保险标的由保险合同当事人事先约定并载明于保险合同中一次约定的保险金额作为理赔计算的基础。

（2）航程保险。航程保险是指保险单的效力仅次于某一段航程并指明起运港及目的港，保险人应负之保险责任从航程开始时起，至航程结束时终止。

（3）可转让保险。货运保险所保险的货物可转让，但其风险也将随之转让给受让人。

（4）国际性。国际货运保险是为国际贸易服务的，所以其内容及其所使用的法律均具有明显的国际性。

3. 国际货运保险承保的危险分类

1) 海上基本险

（1）自然灾害包括天气恶劣、雷电、洪水、地震、海啸及其他不可抗力灾害。

（2）意外事故包括船舶搁浅、触礁、沉没、碰撞、失火、爆炸、失踪等具有明显海事特征的重大意外事故。

2) 特殊险

特殊险是指因为军事、战争、政治、罢工及行政法令等原因造成的风险而引起的货物损失等。

4. 国际货运保险损害的种类

1) 全部损失（全损）

全部损失（全损）是指货物的全部损失，一般又可分为以下两种。

(1) 实际全损是指货物全部灭失或全部贬值而不再具有任何商业价值。

(2) 推定全损是指货物遭受风险受损后虽然尚未达到实际全损的程度，但实际全损已不可避免，或者为避免实际全损所支付的费用与继续将货物运至目的地费用之和已超过保险价值，并经保险人核查确认。

2) 部分损失

部分损失可分为以下两种。

(1) 共同海损是指为解除遭受海难的船舶和货物的共同危险所采取的合理避难措施所直接造成的损失和产生的费用。

(2) 单独海损是指遭受海难时所造成的部分货物损失、灭失或部分货物已无法恢复原状的损失。

5. 国际货物运输投保形式

1) 进口保险

按 FOB、CFR、FCR 和 CPT 条件成交的进口货物，由进口企业自行办理保险。为简化投保手续及避免漏保，一般采用预约保险的做法，即被保险人（投保人）和保险人就保险标的物的范围、险别、责任、费率以及赔款处理等条款签订长期性的保险合同。投保人在获悉每批货物起运时，应将船名、开船日期及航线、货物品名及数量、保险金额等内容，书面定期通知保险公司。保险公司对属于预约保险合同范围内的商品，一经起运，即自动承担保险责任。未与保险公司签订预约保险合同的进口企业，则采用逐笔投保的方式，在接到国外出口方的装船通知或发货通知后，应立即填写"装货通知"或投保单，并注明有关保险标的物的内容、装运情况、保险金额和险别等，最后交保险公司，保险公司接受投保后签发保险单。

2) 出口保险

凡按 CIF 和 CIP 条件成交的出口货物，由出口企业向当地保险公司逐笔办理投保手续。应根据合同或信用证规定，在备妥货物，并确定装运日期和运输工具后，按约定的保险类别和保险金额，向保险公司投保。投保时应填制投保单并支付保险费，保险公司凭此出具保险单或保险凭证。

投保的日期应不迟于货物装船的日期。若合同中没有明确规定投保金额，应按 CIF 或 CIP 价格加上 10%，如买方要求提高加成比率，一般情况下可以接受，但增加的保险费应由买方负担。

保险单证是主要的出口单据之一，其所代表的保险权益经背书后可以转让。卖方在向买方（或银行）交单前，应先行背书。

6. 国际货运保险的索赔

进出口货物在运输途中遭受损失，被保险人（投保人或保险单受益人）可向保险公司提出索赔。保险公司按保险条款所承担的责任进行理赔。

进出口保险的目的在于一旦货物在国际物流过程中遭受损失便可得到保险公司的赔偿以

弥补其损失。故索赔是被保险人的权利，而理赔则是保险人的义务。货物损害发生后，首先应根据其损害性质，判断其责任归属。若系供货人责任（如短装或原包装不良等），则应按照买卖合约进行索赔。若系运输人的责任，则应按照保险合同进行索赔。

知识拓展

国际货物运输保险程序

在国际货物买卖过程中，由哪一方负责办理投保，应根据买卖双方商定的价格条件来确定。如按FOB条件和CFR条件成交，保险即应由买方办理；如按CIF条件成交，保险就应由卖方办理。

1. 确定投保的金额

投保金额是计算保险费的依据，又是货物发生损失后计算赔偿的依据。按照国际惯例，投保金额应按发票上的CIF的预期利润计算。但是，各国市场情况不尽相同，对进出口贸易的管理办法也各有异。像中国人民保险公司办理进出口货物运输保险时，有两种办法：一种是逐笔投保；另一种是按签订预约保险总合同办理。

2. 填写投保单

保险单是投保人向保险人提出投保的书面申请，其主要内容包括被保险人的姓名，被保险货物的品名、标记、数量及包装，保险金额，运输工具名称，开航日期及起讫地点，投保险别，投保日期及签章等。

3. 支付保险费，取得保险单

保险费按投保险别的保险费率计算。保险费率是根据不同的险别、不同的商品、不同的运输方式、不同的目的地，并参照国际上的费率水平而制订的。其分为"一般货物费率"和"指明货物加费费率"两种。前者是一般商品的费率，后者系指特别列明的货物（如某些易碎、易损商品）在一般费率的基础上另行加收的费率。

交付保险费后，投保人即可取得保险单。保险单实际上已构成投保人与投保人之间的保险契约，是投保人寻保险人的承保证明。在发生保险范围内的损失或灭失时，投保人可凭此向保险人要求赔偿。

4. 提出索赔手续

当被保险的货物发生属于保险责任范围内的损失时，投保人可以向保险人提出赔偿要求。按《INCOTERMS 1990》E组、F组、C组包含的8种价格条件成交的合同，一般应由买方办理索赔。按《INCOTERMS 1990》D组包含的5种价格条件成交的合同，则视情况由买方或卖方办理索赔。

被保险货物运抵目的地后，收货人如发现整件短少或有明显残损，则应立即向承运人或有关方面索取货损或货差证明，并联系保险公司指定的检验理赔代理人申请检验，提出检验报告，确定损失程度；同时向承运人或有关责任方提出索赔。属于保险责任的，可填写索赔清单，连同提单副本、装箱单、保险单正本、磅码单、修理配置费凭证、第三者责任方的签证或商务记录以及向第三者责任方索赔的来往函件等向保险公司索赔。

索赔应当在保险有效期内提出并办理，否则保险公司可以不予办理。

（1）损害的通知与受损检验。保险人在收到货损通知后，应安排进行受损检验。其检验工作要在货物放置现场进行。受损货物被检查之前要保持货物原装,如货柜的封条、包装的现状等。必须待保险方或公证方到场后,再行会同开箱、开柜检查。

(2) 索赔请求与时效。投保人或被保险人自接到货损通知之日起,一个月内不将货物受损通知保险人或其代表,应视为货物无损害。受损被确定后的索赔请求时效期,自请求之日两年内不行使求偿则自行消灭。

(3) 索赔必备的文件有:索赔函及索赔清单;保险单或保险证书正本;货物提单;商业发票;装箱单副本(散装货物除外);保险公司指定或认可的检定人(或公证公司)出具的检定报告书正本;运送人或其他有关方面出具的承认货损责任的破损证明文件正本;被保险人对运送人或其他与货损责任有关的人(如货物的保管人)为货物索赔一切往来函件及对方的回函副本;其他因素所需文件。

(4) 赔偿金的计算。货物运输保险属于定值保险,保单上约定的保险金(或保险价额)即为货损理赔之基础依据。大部分损害金的理算都是以受损货物约定价额对整批货物约定价额的比率乘以整批货物的保险金额而得到的受损货物的保险金额。

① 全损险(实际全损或推定全损)以发生货物的全部保险金额(而非发票金额)提出索赔,若系推定全损则应予确定后向保险人提出委付和构成推定全损之先决条件。

② 部分损害金额计算公式如下。

$$货物数量短少 = 全部保险金额 \times \frac{短少部分的法定保险价额}{全部法定保险价额}$$

$$货物部分受损 = 损坏部分的保险金额 \times \frac{完好到货时的价值经拍卖所得的价款}{完好到货时的价值}$$

本章小结

本章主要介绍了货物运输保险的概念、作用等相关的内容,国内货物运输保险是以在国内运输过程中的货物为保险标的,在标的物遭遇自然灾害或意外事故所造成损失时给予经济补偿。

货物运输保险是以运输过程中的货物作为保险标的,并由保险人承担因自然灾害或意外事故造成损失的一种保险。根据运输方式和适用对象的不同,货物运输保险主要有以下几类险种:陆上运输货物保险(火车、汽车)、海洋运输保险、航空运输货物保险等。

开展国内货物运输保险能及时补偿货物在运输过程中因灾害事故而遭受的经济损失,有利于商品生产和流通顺利进行;其可以把不定的灾害事故损失变为固定的运输保险费支出,并将此项费用计入生产或营业成本,从而增强企业经营的财务稳定性,完善经济核算制;通过展业、承保和理赔,宣传防灾防损的意义,检查事故隐患,积累有关资料,总结经验教训,并向有关单位提出合理建议,可以促进货物运输的安全,减少灾害事故损失。

课后习题

一、单选题

1. 保险类别是指保险公司对风险和损失的(   ),是保险人与投保人行使或履行权利与义务的基础,也是保险人承担责任大小和被保险人缴付保险费多少的依据。

A. 承担责任范围 B. 承担义务
C. 承担风险 D. 工作责任范围

2. 特定责任是保险公司对某类运输工具在运输货物时可能遭遇的特有风险所引起的损失和费用（　　）。

A. 给予监督 B. 给予保障 C. 给予解释 D. 给予制裁

3. （　　）是对由有些特殊的事故所致的损失或费用给予保障。例如，对盗窃可加保盗窃险。

A. 特定责任 B. 法定责任 C. 附加责任 D. 特殊责任

4. 我国国内水路、陆路货物运输保险分为基本险和（　　）两种。

A. 附加险 B. 特殊险 C. 保证险 D. 综合险

5. （　　）是指货运保险所保险的货物可转让，但其风险也将随之转让给受让人。

A. 可转让保险 B. 转移保险 C. 固定保险 D. 变动保险

二、简答题

1. 国内货物运输保险是如何分类的？
2. 航空运输险的承保范围具体来说包括哪两部分？
3. 国内铁路包裹运输保险的责任免除有哪些？
4. 国内铁路包裹运输保险的保险责任范围有哪些？
5. 海上基本险和特殊险有哪些？

本章实训

【实训任务】
了解运输保险业务。

【实训目标】
通过本次实训，使学生进一步理解运输保险的业务。

【实训内容】
学校负责联系保险企业，然后学生围绕该企业进行调研，收集有关保险资料，并在指导老师的帮助下，分析保险企业的业务。

【实训要求】
将班级同学进行分组，每组成员不超过 6 人，指定组长 1 名，由组长安排各小组的进度，并负责总体的协调工作，选择 1 个保险公司进行实习，通过实习，提出运输保险的具体业务，并熟悉保险的有关规定。

【考核方法】

考核内容	标准分值	实训评分
资料收集整理	20 分	
提出运输保险的业务	30 分	
提出保险的项目、规定和有关内容	30 分	
实训过程表现	20 分	

【案例讨论】

荣塔公司向日本富士株式会社订购彩电 800 台，合同规定，彩电价格为每台 600 美元，货物于 2006 年 6 月 30 日装船，装船时外包装有严重破损，富士株式会社向船舶公司出具了货物品质的保函。船长应富士株式会社的请求，出具了清洁提单，富士株式会社据此从银行取得了货款。货物到达宁波后，荣塔公司发现，电视机外包装箱有严重破损，而船舶公司出示了富士株式会社提供的保函，并认为该事应向富士株式会社索赔。

（资料来源：http://jpkc.dlmu.edu.cn/jpkc/wlx/xiti/anli.doc. 经作者整理）

讨论：

（1）船舶公司是否应承担责任，为什么？
（2）富士株式会社是否应承担责任，为什么？
（3）保险公司如何对待荣塔公司的索赔？
（4）荣塔公司的损失如何得到补偿？

第 10 章

运输合同与纠纷解决

YUNSHU HETONG YU JIUFEN JIEJUE

【学习目标】

知识目标	技能目标	学时安排
（1）掌握运输合同的概念和分类； （2）掌握运输合同的订立与履行、变更与解除的相关规定； （3）了解运输纠纷的概念和类型以及索赔时效； （4）学会运输合同的制订	学会解决运输合同争议的方法	4 学时

【导入案例】

清源西瓜货运案

某年 6 月 16 日，王某在河北清源县收购西瓜后，委托清源县平安配货中心联系了潘某所有的货车，并于当日晚 12 时与该车司机李某签订《货物运输协议书》，约定由潘某将西瓜发往北京新发地，每吨货物运费 100 元。协议签订后，李某于 17 日早 5 点钟把车开到配货站，一起到批发市场拉货。下午 5 点钟装车完毕，一共拉了 13t 西瓜。王某预付李某 600 元运费，双方约定剩余 700 元运费待运到新发地后付清。李某承诺当晚 9 点钟就能到达目的地，但李某却把西瓜拉到了潘某家中，且关闭了手机。

直到 6 月 18 日上午 10 点王某才与潘某取得联系。来到白沟后，潘某向王某索要 5 万元，又强迫王某与其签订《补充协议》，王某无法答应。后经反复交涉，王某凑了 5 000 元作为押金交给潘某，被迫签订了《补充协议》。之后，潘某才同意将西瓜送往新发地。但到新发地后，由于耽误了时间且路上颠簸，西瓜已经破裂，无法出售，致使王某遭受重大经济损失。故王某诉至法院，要求潘某赔偿其经济损失。

（资料来源：http://jpkc.dlmu.edu.cn/jpkc/wlx/xiti/anli.doc. 经作者整理）

思考：
王某的诉讼请求能否得到法律的支持？

 10.1 运输合同

《中华人民共和国合同法》（简称《合同法》）中所称的合同是平等主体的自然人、法人、其他组织之间设立、变更、终止民事权利义务关系的协议。

10.1.1 运输合同概述

1. 运输合同的概念

运输合同的制定应依据《中华人民共和国合同法》、货物运输规则、货物运输质量标准及其他有关规定。运输合同是承运人将旅客或货物运到约定地点，旅客、托运人或收货人支付票款或运费的合同。运输合同的客体是指承运人将一定的货物或旅客运到约定的地点的运输行为。运输合同大多是格式条款合同。运输合同包括：客运合同、货运合同、多式联运合同。

2. 运输合同的主要条款

由于运输货物种类、方式的不同，所以运输合同的内容也不同，但各种运输合同均有共同的基本条款，缺少这些基本条款，运输合同的效力或履行就会存在问题。运输合同的主要条款包括以下几个方面。

1）货物的名称、性质、体积、数量及包装标准

托运人必须如实填写，货物名称不得谎报。需要说明货物规格、性质的，要在品名之后用括号加以注明。在运输合同中必须明确规定运输货物的实际数量，数量必须严格按照国家规定的度量衡制度确定标的物的计量单位。货物数量的计量办法，凡国家或有关主管部门有规定的，必须按规定执行；国家或主管部门没有规定的，则由供需双方商定。对某些产品，必要时应在合同中写明交货数量和合理磅差、超欠幅度、在途自然减量等。

在运输合同中，当事人应根据货物的性质、重量、运输种类、运输距离、气候以及货车装载等条件，选择包装种类，如"木箱"、"麻袋"等。有国家包装标准或部包装标准（专业标准）的，按国家标准或部标准规定；无统一标准的，则按当事人双方协商的暂行标准加以规定。

2）货物起运和到达地点、运距、收发货人名称及详细地址

在运输合同中，托运人应完整准确地填写货物发运地和货物运送地的名称，且其所属的省、市、自治区名也应清晰明确。收发货人的名称，是指发货单位或收货单位的完整名称。收货人或发货人的地址，即收货人或发货人所在地的详细地址。发货人在发送货物时，应详细填写发货人和收货人的名称及地址。

3）运输质量及安全要求

需要运输的货物，要根据其性质、运输距离、气候条件等选择适合的包装，以及符合标准的车辆，以保证运输质量、减少运输途中的损失。为了运输安全，对于需要特殊照料的货物须派人押运。需要特殊照料的货物，是指活动物、需要浇水运输的鲜活植物、生火加温运输的货物以及其他有特殊规定的货物。

4）货物装卸责任和方法

由发货人组织装车的货物应按照有关规定的装载技术要求装载，并在约定的时间内装载完毕。发货人组织装货时，应认真检查货车的车门、车窗盖、阀等是否完整良好、有无机修通知或通行限制，以及车内是否清洁，是否有有毒物污染，并按合同规定的时间，完成装货任务。收货人组织卸货时，应清查货物在途中的损失量，按有关技术规定卸货，并在合同规定的时间和地点安全卸货。发货人对货物装车时造成的损失承担责任，收货人对在货物卸车时造成的损失承担责任。

5）货物的交接手续

在货物装卸和运输过程中，合同双方当事人都应按合同规定办好货物交接手续，做到责任分明。托运人应凭约定的装货手续发货。装货时，双方当事人应在场点件交接，并查看包装及装载是否符合规定标准，承运人确认无误后，应在托运人发货单上签字。

货物运达指定地点后，收货人和承运人应在场点件交接，收货人确认无误后，应在承运人所持的运费结算凭证上签字。如发现有差错，双方当事人应共同查明情况，分清责任，由收货人在运费凭证上批注清楚。

6) 批量货物运输起止日期

运送批量货物时，应详细地写明货物的起运日期和到达日期。在起运日期和到达日期的填写过程中，一定注意避免用几天这样的词语。例如，在合同中最好不要直接写5天内送达，应该写从哪一天起5天内到达，或者直接用完整的年、月、日表示。

7) 年、季、月度合同的运输计划提送期限和运输计划的最大限量

托运人在交运货物时，应在合同商定的时间内，以文书、表式或电报等方式向承运人提出履行合同的年、季、月度的运输计划，并注明提送期限和运输计划的最大限度作为运输合同的组成部分。

8) 运杂费计算标准及结算方式

运输合同的运杂费通常由合同当事人自行协商确定。结算方式主要有逐笔结算、定期结算、定额结算等，具体采用哪一种方式可以由双方协商确定。逐笔结算指每完成一次运输任务结算一次费用；定期结算指承托双方协商一个结算时间，然后在这一固定的时间内进行运费的结算；定额结算是指当运费累计到一定金额后再进行结算。

9) 运输合同的变更与解除

(1) 运输合同变更与解除的概念。

运输合同的变更，是指经合同双方同意，在法律允许的范围内和合同规定的时间内，对运输合同内容进行更改的法律行为。

运输合同的解除，是指合同有效成立后，基于当事人双方的意思表示，使特定的运输合同中托运人与承运人之间的权利义务关系归于消灭的法律行为。

(2) 变更或解除的条件。

合同变更与合同解除都改变了原合同关系，二者有许多相似之处。但是并不是在任何情况下，都能进行运输合同的变更或解除。运输合同变更或解除的条件主要有以下几个。

① 运输合同签订后，任何一方不得擅自变更或解除。如确有特殊原因不能继续履行或需变更时，需经双方同意，并在合同规定的时间内办理变更。如在合同规定的期限外提出，必须负担对对方已造成的实际损失。

② 涉及国家指令性计划的运输合同，在签订变更或解除协议前，须报下达计划的主管部门核准。

③ 因自然灾害造成运输线路阻断或执行政府命令等原因影响未能按时履行运输合同时，承运人应及时通知托运人提出处理意见。

④ 变更或解除运输合同，应当以书面形式（包括公函、电报、变更计划表）提出或答复。

10) 违约责任

承托双方在运输过程前明确自己应该承担的相应责任是运输任务得以完整执行的前提条件，也是承托双方最基本的行为指南。目前，对于承托双方责任的划分主要有以下内容。

(1) 托运方责任。在运输合同中，托运方承担的责任主要包括以下几个方面。

① 未按合同规定的时间和要求提供托运货物，托运方应偿付给承运方违约金。

② 由于在普通货物中夹带、匿报危险货物，错报笨重货物重量等而招致吊具断裂、货物摔损、吊机倾翻、爆炸、腐蚀等事故，托运方应承担赔偿责任。

③ 由于货物包装缺陷产生破损致使其他货物或运输工具、机械设备被污染腐蚀、损坏，造成人身伤亡时，托运方应承担赔偿责任。

④ 在托运方专用线或在港、站公用线、专用铁道自装的货物在到站卸货时，发现货物损

坏、缺少，而在车辆施封完好或无异状的情况下，托运方应赔偿收货人的损失。

⑤ 罐车发运货物因未随车附带规格质量证明或化验报告，造成收货方无法卸货时，托运方应偿付承运方卸车等存费及违约金等。

(2) 承运方责任。在运输合同中，承运方承担的责任主要包括以下几个方面。

① 不按合同规定的时间和要求配车(船)发运的，承运方应偿付托运方违约金。

② 承运方如将货物错运至到货地点或接货人，则应无偿运至合同规定的到货地点或接货人。如果货物逾期达到，承运方应偿付逾期交货的违约金。

③ 运输过程中若发生货物灭失、短少、变质、污染、损坏，承运方则应按货物的实际损失(包括包装费、运杂费)赔偿托运方。

④ 联运的货物发生灭失、短少、变质、污染、损坏，应由承运方承担赔偿责任的，由终点阶段的承运方向负有责任的其他承运方追偿。

⑤ 符合法律和合同规定条件的运输，由于下列原因造成货物灭失、短少、变质、污染、损坏的，如不可抗力；货物本身的自然属性；货物的合理损耗；托运方或收货方本身的过错，承运方不承担违约责任。

11) 双方商定的其他条款

除合同中规定的基本条款之外，订立合同的双方还可以在其他条款里加注一些双方协定之外的内容，如双方未尽事宜的处理可以依据什么标准、合同条款的解释归属权、出现纠纷的解决方法等问题。

3. 运输合同的基本特征

(1) 运输合同是有偿合同。承运人提供运输服务，帮助货物到达其目的地，托运人或收货人则为此支付运费。

(2) 运输合同是双务合同。即规定了双方或三方当事人的权利和义务。

(3) 运输合同是诺成合同。即为了约束承运人、托运人的行为，充分保护双方当事人的利益，一般认为运输合同为诺成合同，托运人领取了托运单即认为运输合同成立。

(4) 运输合同一般为格式合同。运输合同的主要内容和条款一般是由国家授权的交通运输部门统一制定，有关当事人的权利义务和责任一般由专门法规规定，并统一印制在货运单或提单上，当事人一般无权自行变更。

(5) 货物运输合同可以采取留置的方式担保。《中华人民共和国铁路法》和《中华人民共和国担保法》中对此都有相关规定。

4. 运输合同的种类

(1) 按运输合同的对象不同，运输合同可分为普通货物运输合同、特种货物运输合同和危险品货物运输合同。

(2) 按运输工具的不同(承运人性质不同)，运输合同可分为公路运输合同、铁路运输合同、水路运输合同、航空运输合同和管道运输合同。

(3) 按运输组织方式的不同可分为单一运输合同和多式联运合同。

(4) 按运输合同的目的地不同可分为国际运输合同和国内运输合同。

10.1.2 运输合同的订立和履行

根据国家有关规定，货物运输的承运与托运双方应签订书面运输合同，并可以根据双方需要签订年度、季度、月或批量运输合同。

1. 运输合同的订立

货物运输合同的订立须经过托运人提出要约、承运人承诺后而成立，所以应受合同法中关于要约、承诺规则的约束。但是对于从事公共运输的承运人而言，其不得拒绝托运人的通常、合理的运输要求。

1) 要约和承诺

运输合同的订立需经过要约和承诺的过程，即一方要向另一方提出要约，另一方予以承诺，运输合同成立。

（1）要约，其有效要件包括以下几点。

① 具有和别人订立合同的意图。

② 内容具体确定。

③ 由特定的要约人向特定的受要约人发出，如果是向非特定的受要约人发出，则可能构成要约邀请。

④ 要约必须送达受要约人。

（2）承诺。要约人愿意接受要约的内容、条件，愿意与要约人订立合同的意思表示，要约一经承诺，合同即告成立。承诺表示分为一般形式和特殊形式。有效的承诺必须符合以下3个条件。

① 承诺必须由受约人做出。

② 承诺应当在要约确定的期限内做出，并传达到要约人。

③ 承诺应与要约的内容完全一致。

2) 运输合同的适用原则

（1）优位法优于劣位法的原则。效力较低的规范性文件不能与效力较高的规范性文件相抵触，若相互抵触时，则应当适用效力较高的规范性文件。优位法优于劣位法的原则，只在级别不同的法律规范对同一问题的规定有冲突时才适用。交通管理部门制定的运输管理条例均属行政法规，与合同法相冲突时，应以合同法来处理。

（2）特别法优于普通法原则。关于一般合同关系的规定为普通法，而关于特别合同关系的规定为特别法。

（3）新法优于旧法原则。新法优于旧法原则，又称后法优于前法原则，是指相对于同一民事法关系，若有前后两部以上的法律予以调整时，则后颁布的法律效力优于以前颁布的法律。

（4）强行法优于任意法原则。

（5）例外法优于原则法原则。

2. 运输合同的履行

运输合同的履行，是指当事人双方依照法律规定和合同约定，各自实施属于运输合同标的的行为。

（1）运输合同关系的产生、变更和消灭过程中，法律的规定和调整是较为详尽的；合同成立、生效以及效力如何，均取决于运输合同法规范的内容，因此，运输合同的履行，即是运输法规范的实现。

（2）运输合同关系是运输市场经济关系的法律表现形式，运输活动的社会性、公益性导致运输活动中，承运人一方须严格依法运输，而利用方则须诚实信用；对双方来说，诚实信用是运输市场经济活动的客观要求，依法办事则是运输合同法的更高层次的要求。

（3）不论何种运输合同，也不论运输合同的表现形式如何，合同所确定的内容，性质上是要求双方当事人必须履行的，且必须全部履行，不履行、不全部履行和不适当履行均构成违约，运输合同中，违约与违法具有同等含义。

诚实信用原则要求运输合同当事人严格依照法律法规和合同约定履行各自的义务，不允许有欺诈、蒙骗、任意毁约等行为，否则应承担相应的责任。例如，承运人蒙骗托运人，多收滥收费用的，旅客和托运人夹带、匿报危险品的，托运人对所托货物匿报重量、品名造成危害的，均应负民事、行政甚至刑事责任。

3. 订立和履行货物运输合同时的注意事项

订立货物运输合同，应贯彻优先运输国家指令性计划产品，兼顾指导性计划产品和其他物资的原则。国家有统一的运输合同文本，即应使用统一的合同文本签订。

（1）按年度、半年度、季度或月份签订的货物运输合同，应写明下列主要条款。

① 托运人和收货人的名称或者姓名及住所。

② 发货站与到货站的详细名称。

③ 货物的名称(运输标的名称)。

④ 货物的性质(是否属易碎、易燃、易爆物品等)。

⑤ 货物的重量。

⑥ 货物的数量(如车种、车数、件数等)。

⑦ 运输形式(零担、速递、联运等)。

⑧ 收货地点。

⑨ 违约责任。

⑩ 费用的承担。

⑪ 包装要求。

⑫ 合同纠纷解决方式。

⑬ 双方约定的其他事项等。

（2）以货物运单形式签订的合同应载明下列内容。

① 托运人、收货人的名称或姓名及其详细住所或地址。

② 发货站、到货站及主管铁路局名称。

③ 货物的名称。

④ 货物的包装、标志、件数和数量。

⑤ 承运日期。

⑥ 运到期限。

⑦ 运输费用。

⑧ 货车的类型或车号。

⑨ 双方商定的其他事项。

（3）订立了货物运输合同之后，托运人和承运人的义务如下。

① 托运人的义务。按规定的时间和地点提供托运的货物，给付运费和其他杂费；货物必须按照国家主管机关规定和合同约定的标准包装，没有统一规定包装标准的，应根据保证货

物运输安全的原则进行包装,否则承运方有权拒绝承运;托运人确需变更或解除合同时,应按有关运输法规的规定提前向承运人递交申请书、证明文件和货运单,双方协商一致后才能生效;收货人接到承运人发出的提货通知单后,应按时验收和提取货物。

② 承运人的义务。按合同规定的时间和要求及时发运,并将货物安全、准时地运到目的地,通知收货人验收并提取货物;把托运人委托传递的有关货物运输的文件、单据等安全传递给收货人。

10.1.3 运输合同的变更和解除

《合同法》规定:"在承运人将货物交付收货人之前,托运人可以要求承运人中止运输、返还货物、变更到达或者将货物交给其他收货人。"但是,如果因为单方变更或解除合同给承运人造成损失的,托运人或者提货凭证持有人"应当赔偿承运人因此受到的损失",并且还要承担因变更或解除合同而产生的各种费用。

1. 运输合同的变更

由于托运人和收货人的原因,可按批向货物所在的中途站或到站提出变更到站、变更收货人,也就是变更运输合同。

办理变更或取消托运时,托运人或收货人应向承运人支付货物变更手续费。发送前取消托运时,由发站返还全部运费及押运人乘车费。发送后变更到站时,运费应按发站至处理站、处理站至新到站分别计算,并由新到站向收货人结算。对已发生的相关费用,由发站或处理站随同变更手续费一起核收。

2. 运输合同的解除

运输合同的解除是指货物运输合同订立后,因法定的事由或当事人的协议而终止双方的权利义务。

1) 运输合同解除的条件

(1) 协议解除的条件是指当事人双方协商一致,即将原合同加以解除的协商一致,也就是在双方之间又重新成立了一个合同,其内容主要是把原来的合同废弃,使基于原合同发生的债权债务归于消灭。在用合同形式把原订的合同加以解除这点上,协议解除与约定解除相似。

(2) 约定解除的条件是指当事人双方在合同中约定的或在其后另订的合同中约定的解除权产生的条件。只要不违反法律的强行性规定,当事人可以约定任何会产生解除权的条件。与协议解除的区别:约定解除是以合同来规定当事人一方或双方有解除权,属于单方解除。而协议解除是以一个新合同来解除原订的合同,属于双方解除。

(3) 不可抗力致使不能实现合同目的时,该合同失去积极意义,失去价值,应予以消灭。但通过什么途径消灭,各国立法并不一致。我国合同法允许当事人通过行使解除权的方式将合同解除。

(4) 是违约行为的运输合同依法成立后,双方当事人必须以诚实信用为原则履行各自的义务。任何一方不履行、不完全履行、不适当履行或履行迟延,或者由于义务人的原因导致不能履行,均应依照运输法律和运输规则承担法律责任。

2) 运输合同解除的后果

合同解除后,尚未履行的,终止履行;已经履行的,根据履行情况和合同性质,当事人可以要求恢复原状或采取其他补救措施,并其有权要求赔偿损失。

> 知识拓展

航空运输合同范例

托运人(姓名)____与中国民用航空____航空公司(以下简称承运人)协商空运)____(货物名称)到____(到达地名),特签订本合同,并共同遵守下列条款。

第一条　托运人于____月____日起需用____型飞机____架次运送____(货物名称),其航程如下:
　　____月____日自____至____,停留____日;
　　____月____日自____至____,停留____日;
运输费用总计人民币____元。

第二条　根据飞机航程及经停站,可供托运人使用的载量为____千克(内含客座)。如因天气或其他特殊原因需增加空勤人员或燃油时,载量照减。

第三条　飞机吨位如托运人未充分利用,民航可以利用空隙吨位。

第四条　承运人除因气象、政府禁令等原因外,应依期飞行。

第五条　托运人签订本合同后要求取消飞机班次,应交付退机费____元。如托运人退机前承运人为执行本合同已发生调机费用,应由托运人负责交付此项费用。

第六条　托运方负责所运货物的包装。运输中如因包装不善造成货物损毁,由托运方自行负责。

第七条　运输货物的保险费由承运方负担。货物因承运方问题所造成的损失,由承运方赔偿。

第八条　在执行合同的飞行途中,托运人如要求停留,应按规定收取留机费。

第九条　本合同如有其他未尽事宜,应由双方共同协商解决。凡涉及航空运输规则规定的问题,按运输规则办理。

托运人:_____　　承运人:_____
开户银行:_____　开户银行:_____
银行账号:_____　银行账号:_____

10.2　运输纠纷

托运人把货物交给承运人后,承运人会根据双方之间的合同和行业的惯例履行运输的义务,把货物安全、及时地交给收货人。虽然加强货运质量管理在一定程度上可以防止运输纠纷的发生,但由于各种危险的存在及货物在途中运输过程和多环节作业的情况下,货运事故、运输纠纷的发生实属难以完全避免。

10.2.1　运输纠纷概述

1. 运输纠纷的概念

运输合同纠纷指在订立、履行运输合同过程中产生的纠纷。

2. 运输纠纷的类型

运输纠纷即可能由承运人因货损等各种原因造成对货方的损失,也可能因货方的原因造成对承运人的运输纠纷及其解决损失所引起,其可分为以下几种。

1) 货物灭失纠纷

造成货物灭失的原因很多,可能由于承运人的运输工具如船舶沉没、触礁、飞机失事,车辆发生交通事故;或可能因火灾,政府法令禁运和没收,战争行为,盗窃等;可能因承运人的过失,如捆扎不牢导致货物落海等;当然也可能因承运人的故意,如恶意毁坏运输工具以骗取保险,明知运输工具安全性能不符合要求等导致货物灭失。

2) 货损、货差纠纷

货损包括货物破损、水湿、汗湿、污染、锈蚀、腐烂变质、混票和虫蛀鼠咬等;货差即货物数量的短缺。货损、货差既可能是由于货方自身的过失造成的,如货物本身标识不清、包装不良、货物自身的性质或货物在交付承运人之前的质量、数量与运输凭证不符,也可能是由于承运人的过失,如积载不当、装卸操作不当、未按要求控制货物运输过程中的温湿度、载货舱不符合载货要求、混票等原因造成。

3) 货物的延迟交付

即因承运货物的交通工具发生事故,或因承运人在接受托运时未考虑到本班次的载货能力而必须延误到下一班期才能发运,或在货物中转时因承运人的过失使货物在中转地滞留,或因承运人自身的利益绕航而导致货物晚到卸货地。

4) 单证纠纷

承运人应托运人的要求倒签、预借提单,从而影响到收货人的利益,收货人在得知后向承运人提出索赔,继而承运人又与托运人之间发生纠纷,或因承运人(或代理人)在单证签发时的失误引起承托双方的纠纷,此外也有因货物托运过程中的某一方伪造单证引起的单证纠纷。

5) 运费租金等纠纷

因承租人或货方的过失或故意,未能及时或全额交付运费或租金,并因双方在履行合同过程中对其他费用如滞期费、装卸费等发生纠纷等。

6) 船舶、集装箱、汽车、火车及航空器等损害纠纷

因托运人的过失,造成对承运人的运输工具损害的纠纷。

10.2.2 承运人的责任期间和免责事项

1. 承运人的责任期间

承运人的责任期间一般是从货物由托运人交付承运人时起,至货物由承运人交付收货人为止,在这段责任期间内,承运人应承担货物损失的责任。只有在损失是由于不可抗力、货物本身的自然性质或合理损耗、托运人或收货人的过错等原因造成的情况下,承运人才可以免责。

2. 承运人的免责事项

在不同的运输方式中,关于承运人的免责事项规定也有所不同。

(1) 公路运输。货物在运输过程中因不可抗力灭失时,承运人不承担责任、未收取运费的,承运人不得要求支付运费,已收取运费的,托运人可以要求返还。

（2）铁路运输。由于不可抗力、货物本身的自然属性、合理损耗以及托运人或收货人的过错，铁路运输承运人不承担赔偿责任。

（3）航空运输。《华沙公约》和《海牙议定书》规定，下列情况下，承运人可以免除或减轻其责任。

① 如果承运人证明自己和其代理人为了避免损失的发生，已经采取了一切必要的措施，或者不可能采取这种措施时，即可免责。

② 如果承运人能证明损失是由于受损方的过失所引起或助成的，则可视情况免除或减轻责任。

（4）海上运输的免责事项如下。

① 船长、船员、引航员或承运人所雇用的其他人员在驾驶船舶或管理船舶中的过失。

② 火灾，但由于承运人的实际过失或知情所引起的除外。

③ 天灾、海上或其他通航水域的灾难、危险和意外事故。

④ 战争或者武装冲突。

⑤ 政府或者主管部门的行为、检疫限制或者司法扣押。

⑥ 托运人或货主或其代理人的行为。

⑦ 不论由于任何原因所引起的局部或全面罢工、关闭、停工或者强制停工。

⑧ 在海上救助或企图救助海上人命或财产。

⑨ 由于货物的隐蔽缺陷、性质或者潜在缺陷所引起的质量或重量的亏损或其他任何灭失或损害。

⑩ 包装不良或者标志不清、欠缺。

⑪ 经谨慎处理仍未发现的潜在缺陷。

⑫ 非由于承运人的实际过失或者承运人的受雇人、代理人或雇员的疏忽所引起的任何过失。

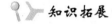知识拓展

当事人的权利和义务

1. 托运人的权利和义务

（1）托运人的权利。托运人有要求承运人按照合同规定的时间、地点，把货物运输到目的地并交给收货人的权利；货物托运后，在货物未运到目的地，并按有关规定能付给承运人所需费用的情况下，托运人有提出变更到货地点或收货人等合同内容以及取消托运、解除合同的要求。

（2）托运人的义务。托运人有按约定向承运人交付运杂费及其他有关费用的义务；有对托运的货物按规定的标准进行包装，并在包装上进行标识的义务；有按照合同中规定的时间和数量交付托运货物，并告知货物情况的义务；有遵守有关危险品运输的规定及相关法规，杜绝违规、违法托运的义务。

2. 承运人的权利和义务

（1）承运人的权利。承运人有向托运人、收货人收取运杂费用的权利；当托运人或收货人不缴或不按时缴纳规定的各种运杂费用时，有对其货物行使扣押权的权利；在规定期限内，因查不到收货人或收货人拒绝提取货物时，有负责保管并有权收取保管费用的权利；对于超过规定期限仍无法交付的货物，有权按有关规定予以处理的权利；有拒绝承运违规、违法货物的权利。

(2) 承运人的义务。承运人有接收货物后出具有关凭证的义务；有在合同规定的期限内，将货物运到指定地点，按时向收货人发货到通知的义务；有对托运的货物负责安全，保证货物无短缺、无损坏、无人为变质的义务；有在货物到达以后，按规定的期限负责保管的义务；有按合同约定的路线进行运输或者按通常的运输路线进行运输的义务；有承运过程中杜绝野蛮装卸，文明承运的义务；有按照合同满足托运人变更的义务。

3. 收货人的权利和义务

(1) 收货人的主要权利。承运人将货物运到指定地点后，有持凭证领取货物的权利；在发现货物短少或灭失时，有请求承运人赔偿的权利。

(2) 收货人的主要义务。收货人有检验货物的义务、及时提货的义务以及支付托运人少交或未交的运费或其他费用的义务。

10.3 运输合同争议的解决与索赔

在货物运输过程中产生纠纷以致引起诉讼是常有的事，如一方面货主可能会因为货物在运输途中发生的各种损失而向承运人索赔，另一方面，承运人也可能会因为支付运费或其他应付款而向货主索赔，这些索赔并不一定都是因承运人的过失而引起的。要正确解决双方的纠纷不仅要找到真正的过失方，还要清楚承运人或托运人谁应对过失负责。其中不仅牵涉货物运输法，还往往涉及《合同法》等许多法律规范。

10.3.1 争议解决的方法

承运人、托运人、收货人及有关方在履行运输合同时，发生纠纷、争议时，应及时协商解决或向县级以上人民政府交通主管部门申请调解；当事人不愿和解、调解或者和解、调解不成时，可依仲裁协议向仲裁机构申请仲裁；当事人没有订立仲裁协议或仲裁协议无效时，可以向人民法院起诉。

1. 仲裁

仲裁指争议双方在争议发生前或争议发生后达成协议，自愿将争议交给第三者做出裁决，且双方有义务执行的一种解决争议的方法。仲裁具有当事人自愿、程序简便、不公开审理、解决纠纷迅速及时等特点，因此，在世界各地成为当时人解决纠纷的重要方式。

仲裁又分为临时仲裁和机构仲裁，临时仲裁是指无固定仲裁机构介入，而由当事人各方通过仲裁协议直接组织仲裁庭，并由其进行的仲裁。机构仲裁，又称制度仲裁，是指依照当事人双方的协议将争议交由一定的常设仲裁机构并依该机构所制定的现存仲裁规则进行的仲裁。机构仲裁具有两大优势：一是其依据仲裁机构既定的仲裁规则进行仲裁，程序较为严格；二是其有现存的固定管理机构和合格可信的仲裁人员。机构仲裁已成为当前世界范围内的主要仲裁方式。

我国现行仲裁制度实行或裁或审、一裁终局。当事人双方自愿将纠纷提交仲裁委员会，从而排除了法院对此案的管辖权。仲裁裁决书自做出之日即发生法律效力，其与人民法院生效的判决书具有同等法律效力；当事人一方不履行裁决时，另一方当事人可以向人民法院申请执行。

2. 诉讼

如双方未对纠纷的解决方法进行约定，或事后无法达成一致的解决方法，则可通过法院进行诉讼，该方法是解决纠纷的最终途径。各种运输纠纷可以按照我国的诉讼程序，由一方或双方向有管辖权的法院起诉，然后由法院根据适用法律和事实进行审理，最后做出判决。当然，如果其某一方乃至双方对一审判决不服，则还可以根据《中华人民共和国诉讼法》进行上诉、申诉等。为了更好地处理运输类纠纷，我国设立了专门受理海事纠纷的海事法院，还颁布了专门适用于海事案件审理的《中华人民共和国海事诉讼特别程序法》。铁路运输的纠纷在我国也有专门的铁路运输法院受理和管辖。

（1）普通法院：在物流作业过程中，纠纷的原因不是在海运、铁路运输期间产生的，一般由普通法院管辖。

（2）海事法院：物流作业过程中如果货损或货物灭失发生于国际海上货物运输过程中，则根据相关法规应由海事法院管辖。

（3）铁路法院：如果货损或货物灭失发生于铁路企业作业过程，则应由铁路法院管辖。

仲裁和诉讼的区别在于：一是法院诉讼实行地域管辖和级别管辖，仲裁则实行协议管辖，充分体现了仲裁活动的自愿性；二是诉讼当事人不能选择审判员，也不能超过管辖级别选择管辖法院，而仲裁活动的当事人既可以选择仲裁机构，还可以选择仲裁员；三是仲裁实行不公开审理，除非当事人要求公开审理，诉讼则不同，其可实行公开审理；四是当事人不服法院判决可以上诉，而仲裁不得上诉，一裁即告终结。

> **知识拓展**

我国物流运输方面的法律、法规

有关运输，我国已颁布了不少法律、法规，详见本书第13章介绍。如《中华人民共和国合同法》、《中华人民共和国公路法》、《中华人民共和国铁路法》、《中华人民共和国航空法》、《中华人民共和国海商法》等基本法律都对运输合同、各种运输责任及赔偿等做出了规定。同时，我国也颁布了不少单行法规或行政规章，如《汽车货物运输规则》、《铁路货物运输管理规则》、《国内水路货物运输规则》、《国际海运条例》、《民用航空货物国内运输规则》、《民用航空货物国际运输规则》、《水路危险货物运输规则》等均对各种运输行为加以调整。

10.3.2 索赔时效

如果各种纠纷必须诉诸司法或准司法机构，则索赔时效和诉讼时效是必须注重的。规定时效是为了促进当事人及时行使自己的权利，早日消除不确定的法律关系，而由法律规定的一段特定的时间内，如果一方当事人超过时效才行使自己索赔和诉讼请求权，则通常会丧失胜诉权。

1. 公路货运的索赔时效

公路承运人或托运人发生违约行为时，应向对方支付违约金。违约金的数额由承托双方约定。对承运人非故意行为造成货物迟延交付的赔偿金额，不得超过所迟延交付的货物全程运费数额。货物赔偿费一律以人民币支付。由托运人直接委托站场经营人装卸货物造成货物损坏的,由站场经营人负责赔偿;由承运人委托站场经营人组织装卸的,承运人应先向托运人赔偿,再向站场经营人追偿。

2. 铁路货运的索赔时效

(1) 赔偿时效。承运人同托运人或收货人相互间要求赔偿或退补费用的有效时期是 180 日(要求铁路支付运到期限违约金为 60 日)。托运人或收货人向承运人要求赔偿或退补运输费用的时效期限,由下列日期算起。

① 货物灭失、短少、变质、污染、损坏,为车站交给货运记录的次日。

② 货物全部灭失未编有货运记录,为运到期限满期的第 16 日,但鲜活货物为运到期限满期的次日。

③ 要求支付货物运到期限违约金,未交付货物的次日。

④ 多收运输费用,为核收该项费用的次日。承运人向托运人或收货人要求赔偿或补收运输费用的有效期限,由发生该项损失或少收运输费用的次日起算。

(2) 铁路的赔偿责任。铁路应对承担的货物、包裹、行李自接收承运时起到交付时止发生的灭失、变质、污染或者损坏,承担赔偿责任。具体赔偿方法根据货物是否投保运输险、申报保价运输和未申报保价运输 4 种不同情况给予赔偿。

① 托运人根据自愿申请办理保价运输的,应按照实际赔偿,但最高不超过保价额。

② 未按保价运输承担的,应按照实际损失赔偿,但最高不超过国务院铁路主管部门规定的赔偿限制;如果损失是由于铁路运输企业的故意或重大过失造成的,则不适用赔偿限额的规定,而应按照实际损失赔偿。

③ 保价货物的赔偿,工作应遵守主动、迅速正确、合理平等的原则,属承运人责任造成的货物损失,要主动向托运人或收货人赔偿。办理赔偿的最长期限,自车站接收赔偿书的次日起到填发《保价货物赔偿通知书》时止,款额在 3 000 元以下的,为 10 天,款额超过 3 000 元未满 50 000 元的为 20 天,5 万元以上的为 30 天。

3. 海洋货运的索赔时效

海上货物运输向承运人要求赔偿的请求权,时效期间为一年,自承运人交付或者应当交付货物之日起计算;在时效期间内或者时效期届满后,被认定为负有责任的人向第三人提起追偿请求的,时效期间为 90 日,且自追偿请求人解决原赔偿请求之日起或者收到受理对其本人提起诉讼的法院的起诉状副本之日起计算。

有关航次租船合同的请求权,时效期间为两年,自知道或者应当知道权利被侵害之日起计算。

4. 航空货运的索赔时效

托运人或收货人要求赔偿时,应在填写货运事故记录的次日起 180 日内,以书面形式向承运人提出,并随附有关证明文件。承运人对托运人或收货人提出的赔偿要求,应在收到书面赔偿要求的次日起 60 日内处理。

航空运输的诉讼时效期间为 2 年,自民用航空器到达目的地或者运输终止之日起计算。

> 知识拓展

事故索赔管辖

(1) 铁路等事故损害赔偿纠纷案件的管辖。因铁路、公路、水上和航空事故请求损害赔偿提起的诉讼，由事故发生地或者车辆、船舶最先到达地、航空器最先降落地或者被告住所地人民法院管辖。

(2) 船舶碰撞或其他海事损害事故请求损害赔偿纠纷案件的管辖。因船舶碰撞或者其他海事损害事故请求损害赔偿提起的诉讼，由碰撞发生地、碰撞船舶最先到达地、加害船舶被扣留地（主要针对外国船舶）或者被告住所地人民法院管辖。

(3) 海难救助费用纠纷案件的管辖。因海难救助费用提起的诉讼，由救助地或者被救助船舶最先到达地人民法院管辖。

(4) 共同海损纠纷案件的管辖。因共同海损提起的诉讼，由船舶最先到达地、共同海损理算地或者航程终止地的人民法院管辖。

本章小结

本章主要介绍了运输合同的含义和运输合同的主要条款，由于运输合同仅仅区分了承托双方的责任、义务和权力，所以其对于运输途中货物可能的潜在风险起不到很好的保护作用，而随着运输作业量的增加，运输中的不确定因素越来越多，故货物运输保险随之产生，并取得了全面的发展。

运输合同一般指货物运输合同即是托运人将货物交给承运人，承运人按照约定事项将货物运送到目的地，托运人或收货人支付运费的运输协议。运输合同是承运人将旅客或者货物从起运地点运输到约定地点，旅客、托运人或者收货人支付票款或者运输费用的合同。运输合同是一种提供服务的合同。此外，运输合同的标的不是被运送的旅客或货物，而是运输行为的本身。

课后习题

一、单选题

1. 运输合同的变更，是指经合同双方同意，在法律允许的范围内和合同规定的时间内，对运输合同内容进行更改的（　　）。

　　A. 法律行为　　　B. 运输行为　　　C. 商品行为　　　D. 业务行为

2. (　　)是指保险标的由保险合同当事人事先约定并载明于保险合同中的一次约定保险金额作为理赔计算的基础。

　　A. 责任保险　　　B. 定值保险　　　C. 运输保险　　　D. 订单保险

3. (　　)是指保险单的效力仅次于某一段航程并指明起运港及目的港，保险人应负之保险责任从航程开始时起，至行程结束时终止。

　　A. 水运保险　　　B. 海上保险　　　C. 航程保险　　　D. 租船保险

4.（　　）是指货物运输合同订立后，因法定的事由或当事人的协议而终止双方的权利义务。

　　A. 运输合同的终止　　　　　　B. 运输合同的执行
　　C. 运输合同的变更　　　　　　D. 运输合同的解除

5. 运输合同是承运人将（　　）或货物运到约定地点，旅客、托运人或收货人支付票款或运费的合同。

　　A. 旅客　　　　B. 商品　　　　C. 货物　　　　D. 物资

二、简答题

1. 在运输合同中，承运方承担的责任主要包括哪些方面？
2. 运输合同的种类有哪些？
3. 运输合同变更或解除的条件主要有哪些？
4. 国内铁路包裹运输保险的保险责任有哪些？
5. 运输纠纷的类型有哪些？

【实训任务】

运输合同的签订。

【实训目标】

通过本次实训，使学生掌握运输合同签订过程中应该注意的问题以及运输合同签订的程序、运输合同的主要条款及条款在具体货物运输合同中的写法。

【实训内容】

针对某一次的运输状况分析其运输特点，选择一个承运商。草拟一份运输合同，就运输合同内容展开谈判，通过最终协商后签订合同。

【实训要求】

本实训可以模拟进行，如把学生分成几大组，每一大组中分为两小组，两小组共同完成一份运输合同的协商、谈判、签订的过程。

要求每小组自行设计运输内容，根据运输内容自行草拟运输合同，在老师的引导下进行协商谈判。要求合同内容要全面、科学、合理。

同时，详细地记录过程，以及每个环节中存在的问题，解决的方法，最后整理资料，写出实训报告。

【考核方法】

考核内容	标准分值	实训评分
草拟运输合同	20分	
运输合同的协商谈判签订	40分	
实训过程中解决问题的方法	20分	
实训过程表现	20分	

【案例讨论】

××货物运输合同

内蒙古A集团有限责任公司
北京B公司

经双方协商,达成如下货物委托运输条款。

一、本车次货物装有"××"牌牛奶等系列产品共计(大写)6 000件,此车次货物由内蒙古A集团送至北京B公司。

收货人:王某;联系电话:1331111××××。

二、本车次货物运输费用包干,总计全程运输费用为3 000元。

三、货物在运输中,有关停车、食宿、过路、过桥、过渡等费用由乙方自理,有关货换货差、雨湿污染、货损以及交通事故等所造成的经济损失由乙方负责,甲方有权视情节轻重追究其经济赔偿,乙方不得将本车次货物倒卖、倾销,违者,甲方有权追究其所造成的一切后果及经济损失。

四、乙方必须在2013年6月30日前将货物送至甲方指定的地点及指定的收货人,核对收货人有关证件后,方可交货。若未准时到货,则迟到一天需支付运费的10%的违约金。

五、甲方负责货物的完整包装,并且要符合奶类食品运输包装的要求。

六、承运方负责将货物装卸货车,甲方和收货方负责由出入库到装卸台的作业。

七、收货人以外包装干净、完整为收货标准;否则,拒绝收货,并追究承运方责任。

八、本合同一式两份,甲、乙双方各执一份,本合同内容条款、货物数量涂改无效,签字起法律效力生效。如有未尽事宜,按照《中华人民共和国合同法》及相关国家和行业协会规定处理。因本协议所发生的争议由甲方所在地人民法院管辖。

甲方:内蒙古A集团有限责任公司	乙方:北京B公司
签名:张某	签名:王某
电话:0474-5896××××	电话:1331111××××
传真:0474-5896××××	车号:京A××××

司机姓名:周师傅
司机联系电话:1352689××××
司机身份证号:××××××××××××××××

(资料来源:http://jpkc.dlmu.edu.cn/jpkc/wlx/xiti/anli.doc. 经作者整理)

讨论:
试分析该合同是否完善?如不完善,存在哪些缺陷?

第 11 章

绿色运输和绿色物流

LVSE YUNSHU HE LVSE WULIU

【学习目标】

知识目标	技能目标	学时安排
（1）掌握推行绿色运输的重大意义； （2）掌握运输与自然环境和经济环境的关系； （3）理解推行绿色运输的相关措施	掌握绿色运输的含义	8 学时

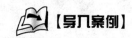【导入案例】

地下物流

地下物流技术在人口集中、国土狭小的日本得到了广泛的关注。日本将地下物流技术列为政府重点研发的高新技术领域之一，且主要致力于研究开通物流专用隧道并实现网络化，建立集散中心，形成地下物流系统。

日本建设厅的公共设施研究院对东京的地下物流系统进行了20多年的研究，研究内容涉及了东京地区地下物流系统的交通模拟、经济环境因素的作用分析以及地下物流系统的构建方式等诸多方面。拟建系统地下通道总长度达到201km，设有106个仓储设施，且通过这些设施可以将地下物流系统与地上物流系统连接起来。系统建成之后能承担整个东京地区近36%的货运，且可使地面车辆运行速度提高30%左右；运输网络分析结果显示每天将会有超过32万辆的车辆使用该系统，成本效益分析预计该系统每年的总收益能达到12亿日元，其中包括降低车辆运行成本、行驶时间和事故发生率以及减少二氧化碳和氮化物的排放量带来的综合效益。

建立专业的地下物流系统是荷兰发展城市地下物流系统的显著特点。在荷兰首都阿姆斯特丹有着世界上最大的花卉供应市场，往返在机场和花卉市场的货物供应与配送完全依靠公路，而对于一些时间性很高的货物(如空运货物、鲜花、水果等)，拥挤的公路交通将是巨大的威胁，供应和配送的滞期会严重影响货物的质量(鲜花耽搁1天贬值15%)。因此，人们计划在机场和花卉市场之间建立一个专业的地下物流系统，使整个花卉的运输过程全部在地下进行，只在目的地才露出地面，以期达到快捷、安全的运输效果。

(资料来源：http://jpkc.dlmu.edu.cn/jpkc/wlx/xiti/anli.doc. 经作者整理)

思考：

地下物流有哪些优点？

 11.1 运输与环境

随着经济的继续增长和人民群众生活水平的提高，中国在客货运输上将会有更高的增长率，小汽车也将会有显著的增长，随之相伴的是交通拥挤，且各种各样的环境问题也将会出现。

随着绿色消费浪潮的到来和环境保护法规的修订，人们的环保意识不断增强，消费者对绿色产品的需求越来越高，我国是农产品生产和消费大国，国人对优质、绿色农产品的需求越来越大；同时，我国农产品出口受绿色壁垒的限制日益增加，在国际市场上的竞争压力陡升，从而导致农产品的供给和需求产生了矛盾。此外，中国加入WTO以及受新一轮贸易自由化的推动，国外的农产品大量涌入国内市场，更使得我国农产品的销售雪上加霜。为此，实施农产品绿色物流管理已迫在眉睫。

虽然困难很多，但是通过努力，人们有理由相信只要对交通运输加以适当的管理，取得经济和交通增长以及良好的环境质量是可能的。

11.1.1 运输与自然环境

1. 运输产生的废气对大气质量的影响

1) 运输和大气质量的关系

运输是许多有害气体的主要来源之一。道路运输要对许多与运输有关的污染负责，因为汽油发动机车辆是主要的污染源。

人们更为担心的是每天发生在身边的环境问题。例如车辆排放不仅对周围环境有影响（排放有毒的CO），而且对区域环境也有影响（地面臭氧），甚至会产生国家间的影响（酸雨），以及全球性的影响（如CO_2改变气候造成温室效应）。现代运输对稀有能源和材料资源的大量消耗也令人担忧，另外其还有对城市形态和结构、城市的无限扩展以及最终对生活质量的影响等。

汽车排放污染物的量和比例取决于一系列因素，包括发动机设计、发动机大小、燃油性质、车辆使用的状况，即驾驶、车龄和保养状况。

(1) CO排放。CO排放是不完全燃烧的结果，90%的CO排放来自运输部门，其中80%来自小汽车的使用。

(2) 粒子排放物。粒子排放物包括大气中的或排放中的细微固体颗粒或液体颗粒，例如灰尘、烟雾。来源包括发动机燃烧排放物，特别是货车使用的柴油机燃烧排放物，以及轮胎和刹车产生的颗粒物质。

(3) 挥发性有机化合物（VOC）。挥发性有机化合物包括各种碳氢化合物和其他物质（如甲烷、乙烯氧化物、苯酚、氯氟碳、苯等），其通常是由于石化燃油不完全燃烧产生的。运输排放的HC占世界排放总量的30%。此外，汽油发动机还造成80%的苯排放。

(4) 燃油添加剂排放物，特别是铅（Pb）。为提高发动机性能，燃油中加有各种化学添加剂。有些添加剂对环境有不良影响，尤其是铅（用于防爆震的添加剂元素），其会对大气环境会造成很大影响。

(5) NO_x排放。运输部门排放的NO_x约占所有NO_x排放的一半，其余的是能源和工业部门的排放。

(6) SO_2排放物。运输活动直接排放的SO_2只占总排放的5%。柴油每升的SO_2含量比汽油高，烧煤的发电厂也是SO_2的主要排放源。因此，使用电力机车的铁路运输也是一个间接的SO_2来源。

(7) 对流层臭氧。在对流层有自然形成的低浓度的臭氧。但受到NO_x和HC污染的空气增加了臭氧的形成。

2) 全球的温室效应

二氧化碳（CO_2）是大气的自然成分（虽然仅占一小部分，大约为0.03%）。严格地说它不是一种污染物，而且对人类健康没有决定性的作用，但问题在于二氧化碳会促使全球变暖。在全球人为的 CO_2 排放总量中，运输的分担率是 15%，且大多数来源于机动车辆，现在的新型汽油发动机小汽车安装的催化转换器并不能除去排放气体中的 CO_2。而在所有具有温室效应的气体中，二氧化碳占有 60% 的份额。温室效应产生的结果包括海平面上升（由于温度提高海水膨胀）、气候变化给农业部门带来的问题、气候变化对森林的破坏以及对许多地区水资源的不良影响。

3）大气污染成本

交通运输造成了对大气的污染，破坏了人类的生存环境。这些包括对人体健康、植被和物质的破坏，以及温室效应影响。空气污染对城市的视觉环境通常也会造成不良的并使人感到压抑的影响。这就造成了交通运输社会成本的增加。

2. 运输产生的噪声对环境的影响

噪声对健康和生活质量有多种影响。其主要的健康影响是影响人们的睡眠，这会引起人们身体和精神上的失调、疲倦和压力，此外，噪声也可以引起血压升高和心血管心脏病。另外由于噪声的影响使人不能集中精力或疲劳而降低生产率，而且交通噪声也影响孩子们学习。

运输噪声在城市区域、有过境交通的城镇以及运输站场，如机场和公共汽车站的附近是一个特殊的问题。道路交通是最广泛的环境噪声源，也是在户内能够听到的最普通的户外噪声来源。德国的一项研究发现，65% 的人口受到道路交通噪声的影响，这个数字是受工业噪声影响人数的 3 倍。

为了降低道路噪声，世界各国都在制定相应的政策，通过改进车辆技术、铺设低噪声道路路面、降低噪声反射或吸收噪声，或通过建筑物的隔音设施以及通过交通限制及适当的道路规划，以减轻噪声污染。

3. 运输的其他环境影响

1）土壤和土壤侵蚀影响

除非采取适当的减轻影响的措施，否则道路对土壤就会有很大的影响。土壤侵蚀是道路工程项目对环境最常见的影响，这是土壤和水流相互作用的结果，且二者都会受到道路建设的影响。有时侵蚀会影响到距离道路建设地点稍远的边坡、溪流、河流和水坝。建设过程中的开挖或构筑路堤，可能会影响到边坡的稳定性，道路挖方的废弃材料可能会毁坏自然生长的植被，并加重侵蚀且破坏边坡的稳定性。在交通繁忙的路段（通常超过 20 000 辆车/日），由于每天大量的车辆运行也会产生土壤的污染问题，并且汽车排放出来的金属，如铬、铅和锌会留在土壤中上百年。

2）水污染

运输对地下水的影响主要通过两个途径。

首先，运输基础设施要占用大量的土地。道路会改变地表水和地下水的水流和水质，有时会导致洪水、水土流失、淤泥的增加或地下水的枯竭。这些变化也会产生对自然植被和野生动物以及人类活动的影响。其次，运输产生的粒子排放物及其他排放物会污染水源，也会通过排水系统，导致土壤的酸化以及其他形式的土壤污染。

排水系统的设计和维护应当考虑保护道路及其周围的边坡。环境影响评价的一个目标是要保证排水系统与周围环境相适应。另一方面，设计良好的道路工程能够为了人类或自然的利益，通过保护水源或减少洪水以及不利健康的水来改善环境。

运输也可能从以下两个方面影响到海洋环境：首先，港口及其有关设施要求征用沿海地带的土地，并经常需要进行疏浚工程，而疏浚工程以及废弃物堆场会对海洋生物产生影响。其次是石油品和化学品的溢出以及过多的废物排放有关的问题。全球平均每年有大约100万吨石油污染物产生于海上运输活动（海上燃油泄漏事故和油船清洗），且主要对海中动植物和海滩产生破坏性影响。由于严格的法制和管道运输的使用，近年来海上溢油事故已经减少了。

3）生存空间的丧失对动植物的影响

运输基础设施通常占用相当规模的土地。道路通常至少占城市面积的1/5，铁路可能占土地的4%~5%，机场和港口占用很多土地，大量的地面交通也需要道路和铁路基础设施。

城市地区的新道路往往会通过不太发达的地区，通常是灌木地带，或在城市边缘保留的用于娱乐的场所，因为这些地区的土地比较便宜，所产生的工商业或民用建筑拆迁问题较少。然而，这样一来也可能产生丧失良好环境、开阔的空间以及破坏城市中野生动物栖息地之类的重大社会环境成本。

道路在农村地区占用的土地就少得多，但是其对环境的质量可能会有更大的影响。农村道路为避开高价值的农用土地通常会通过开阔的空地。尽管如此，安静地区的高速公路，在其10km以外，甚至更远地方的农村地区都能听到其上交通的噪声。

11.1.2 运输与经济环境

1. 交通运输是社会经济最重要的纽带和基础结构之一

交通运输是社会生产必具的一般条件，是整个经济的主要基础。生产、分配、交换和消费，必须通过运输的纽带才能得到有机的结合。生产的社会化程度越高，商品经济越发达，生产对流通的依赖性就越大，运输在再生产中的作用也就越重要。现代大生产要求按时地供应大量的原料、燃料和材料，并从生产地输出成品到消费区去。为了完成这个任务，就必须要有发达的运输业。

运输业和各个国民经济部门是紧密地联系着的。生产的规模、配置以及交换的性质，一方面决定着运输的工作量和配置，同时其本身又在很大程度上取决于运输条件。发达的运输业是实现合理的地理分工并实现企业专业化和协作的必要条件，也是保证工农业之间、国家各地区之间的可靠、稳固的经济联系的必要条件。另一方面，通过交通运输，国家才能把中央和地方、沿海和内地、工业和农业、城市和乡村、生产和消费、这一部门和那一部门，联结成为一个严密的有机整体。此外，运输业还有保证工农业生产不间断进行的作用，并有促进流通、保证人民生活消费的作用，以及促进扩大再生产及生产力合理布局的作用等。

2. 交通运输是现代社会的生存基础之一

经济发展的关键因素是交通运输和通信系统的发展。城市交通是经济发展的基础和前提条件，经济和社会的发展离不开人和货物的空间位移，但各国在不同经济发展阶段所提供的使人与物在空间上运动起来的能力在数量上和质量上有巨大差别。这不但取决于社会所能提供的物质和技术手段，也取决于相应的生产和生活方式其本身在数量和质量上所提出的运输需求。而在运输业发展的历史上，轮船、火车、管道、汽车和飞机的出现，就是一次又一次地以规模更大、更便宜（绝对地和相对地）、更方便、质量更高的运输方式，去满足这种不断变化的需求。目前使人或货物空间位移的规模和能力，以及用什么手段和什么速度完成人与物的位移，已经成为一个国家发达水平的重要标志，也成为人类文明程度的标志。运输网的规模越大，越纵横交错，经济上就越发达，技术上就越先进。当今世界，没有一个经济大国不同时也是一个运输大国；也没有一个新兴工业国在进入先进国家行列的时候，没有同时更新了自己的交通运输体系。

在某种程度上，现代文明就是把更多的人和物用更快的速度和更节省的方法投入空间运动。另外，面对国际交通运输体系的形成，一个国家运输发展水平与国际运输环境的匹配程度，也决定了这个国家在国际经济中生存和竞争的能力。

3. 交通运输构成国民经济的重要比例关系

运输是社会生产力的组成部分，同时也是物质资料生产的一般必要条件，其对生产配置和社会劳动生产率的水平有着巨大的影响。社会以多大规模、多少资源去实现人与物的空间位移，是无法回避的社会经济最基本的比例关系之一。例如，西方发达国家当年都曾把比例相当大的投资用于修建铁路，且在其后的运输网更新中，又继续投入巨额资金。

一般在经济进入高速发展前后，交通运输投资在总投资中的比例会超过20%，有些高达40%~50%；还有研究说，很多发达国家在经济起飞时期的交通运输和其他基础设施投资占国民生产总值的比例都已达到10%。工业革命时发达国家运输业在国民生产总值中的比例是迅速上升的，美、英、德、法等国家都曾达到或超过10%；目前发达国家运输邮电业的比重一般仍在6%~7%之间，如果不计邮电，其运输业都超过或接近本国的农业的比重。

从事运输业和与运输业直接有关的劳动力，在经济发达国家劳动力总数中的比例也相当高，如美国为11%，法国甚至宣称以运输业为生的人约占全国人口的1/7。运输业同时又是能源和物资的消耗大户。发达国家的运输能耗要占总能耗的15%~25%，例如美国约25%、日本14%、法国16.4%。另外运输业也一向是钢铁、机械、电子、水泥、橡胶等工业产品的最大消耗者之一。居民平均生活费支出中交通费所占的比重在发达国家中已普遍接近或超过10%。而根据世界银行按各国人均收入的分组，交通费比例最低的平均也有5.5%。据统计，美国每年支出的客货运费总额相当于其国民生产总值的20%以上，运输与运输有关的各类资产总值约占到美国国民财富的1/3，其他发达国家的数字也基本与美国相当。

4. 运输是现代工业的先驱

一方面，交通运输通过不断扩大人与物空间位移的规模刺激流通，并使自己成为现代社会生存的基础；另一方面，其通过本身提出的巨大需求，又刺激其他部门生产的扩大，从而推动了工业和科技的进步。发展运输就是发展工业。100多年来，西方国家频繁地、不遗余力地扩大和更新他们已有的运输网，只管让他们的工业开足马力生产，使一代代的火车、轮船、汽车、飞机如潮水一样地涌出工厂大门。结果随着运输业翻天覆地的进步，工业也以前所未有的速度发展起来。铁路、港口、公路和机场的大规模修建，促进了建筑业的崛起；运输业的巨大能源消耗，促进了煤炭和石油工业的兴旺；铁路和运输机械对金属的需求，是采矿和冶金工业取得迅猛发展的基本动因之一；而各种运输工具的大量生产，则无疑极其有力地推动了机械加工工业的发展；运输业还是各种成熟技术应用的广阔市场，在吸收新技术上有巨大的潜力。总之，交通运输就是这样以自己在各方面几乎是无限的需求，强有力地推动了资本主义大工业的前进。这是交通运输在支持和促进流通以外，从另一方面对工业化做出的贡献。

5. 交通运输能改变资源的分配状况

一定的资源和生存空间在不同水平的交通运输系统支持下，其可承受的经济总量是不同的，交通运输系统越强，经济规模也越大。原因是某地理位置的经济可通达性一旦提高，就可以促使其资源和空间得到充分利用，对社会来说，则可以将各地的资源和空间更大程度地吸引到全社会的经济循环中来。优良的运输可以使土地获得多种用途，而土地产出品的价值又决定于其在给定市场上的价格，这也很大程度地建立在运输的基础上。这一原理对于其他自然资源的开发与价值实现也适用。自然资源在地理上的分布是不均匀的，交通运输状况和距离市场的远近对资源的开发及经济价值，往往具有决定性的影响。

我国广大国土上的经济空间和自然资源的利用还很不充分，要逐步减缓经济空间结构的不平衡，其途径也是加强区域性基础设施建设，增加欠发达地区的可达性，要通过运输网的建设与完善，减少运输短缺对经济带来的不利影响，促进社会经济资源的合理配置。

6. 运输有利于降低与稳定物价

多年来，交通运输在运费低廉化方面的持续发展，使得社会经济分工进一步深化、生产布局进一步合理以及社会生产规模的进一步扩大成为可能。工业化首先是依靠不断降低原来昂贵的运输费用，把越来越多的人和物投入空间运动发展起来的。与畜力运输相比，水运与铁路的绝对费用是下降的；与水运和铁路相比，汽车和航空的单位运费绝对数是上升的，但由于运输质量的提高，在时间、损耗和包装等方面的节约，以及由于工业产品加工程度的深化、附加价值的增大和人均收入的提高，其相对费用仍是下降的。

运输改善有利于价格的降低，因为其允许更多的生产者进入市场参加价格竞争。产品成本最低的生产者把其生产成本加上运输费作为自己商品的售价，其他卖主也就必须以此为基准制定相应的价格，以免在竞争中失利。由于地区专门化的作用，市场价格实际上可能是由远方的低成本供应者决定的，而更多竞争者的参与也避免了价格的不适当提高。所以一般地说，充足的运输鼓励商品市场上的竞争和较低的价格。运输还有助于保持价格的稳定。但很多产品的生产在一年中是不均衡的，农产品在这方面特别明显。在运输不足的情况下，地区市场只能自产自销，这些产品在收获期的价格会跌得很厉害，而在其他时间价格就会上涨。但是运输却允许地区之间参加该市场竞争。在当地供过于求的情况下，产品可以运出，而在供给不足时，外地货源又可以运来满足需要，这样该产品的价格就有可能保持稳定。运输还在一定程度上决定了自然资源的价格。

11.2 绿色运输

运输是物流活动中最主要的活动，但同时也是物流作业耗用资源、污染和破坏环境的重要方面。运输过程中产生的尾气、噪声以及可能出现的能源浪费等都对绿色物流管理提出了课题。近年来激烈的能源供求矛盾使运输的绿色化更加凸显出来。如何实现绿色运输，保证运输与社会经济和资源环境之间的和谐发展，实现运输的可持续发展模式已成为我国物流业发展的重要内容。发达国家的成功经验为我国企业运输绿色化提供了借鉴。

为保证未来社会实现良性循环，人们提出了可持续发展战略。即经济、社会、资源和环境保护要协调发展，在达到发展经济目的地同时，又要保护好自然资源和环境，使子孙后代能够持续发展。绿色革命也正是基于可持续发展战略,对消费、生产、流通等环节提出的要求。这种绿色革命的可持续发展战略同样适用于运输活动,于是绿色运输理念应运而生。随着经济的发展,人类的生存环境遭到严重破坏,从而使人们更加关注环境保护、资源节约等偏重社会效益方面的问题。

11.2.1 绿色运输的含义

绿色运输是指利用先进的技术规划及实施的运输活动操作和管理全程的绿色化,既使运输服务得到顾客满意,又减少运输活动对资源的消耗和对环境的污染。绿色运输倡导在运输活动中,采用环保技术,提高资源利用率,最大限度地降低运输活动对环境的影响。绿色运输要求在企业供应链中时时处处考虑环保与可持续发展,并采取与环境和谐相处的态度和全新理念去建立和管理交通运输系统。

绿色运输是指以节约能源、减少废气排放为特征的运输。其实施途径主要包括:合理选择运输工具和运输路线,克服迂回运输和重复运输,以实现节能减排的目标;改进内燃机技术和使用清洁燃料,以提高能效;防止运输过程中的泄漏,以免对局部地区造成严重的环境危害。

企业实施绿色运输,要达到两个主要目标:一是实现共生型运输,即在提高现代运输效率的同时不以牺牲环境和生态为代价,而是采取积极有效的技术和措施实现运输与环境的共同进步;二是实现资源节约型运输,通过集约型的科学管理,合理配置企业资源,使企业所需要的各种物质资源得到最有效、最充分地利用,使单位资源的产出达到最大最优,并减少、降低运输中造成的资源浪费。以上两个目标之间是相互联系、相互制约的,通过这两个目标的实现,最终使企业发展目标与社会发展目标与社会发展、环境改善协调同步,走上企业与社会都能可持续发展的双赢之路。真正实现绿色运输既追求经济高效又追求节约资源、保护环境的可持续发展目标。

11.2.2 推行绿色运输的意义

从需求上看,绿色运输应该是环境友好型运输、资源节约型运输并且应该建立科学有效的危险品运输预警与应急处理机制。环境友好型运输是将运输过程中的大气污染和噪声污染降到最低;资源节约型运输是包括对道路占用土地的集约使用、对运输车辆的集约使用以及对车辆的燃料消耗的节约。绿色运输不仅对环境保护和社会经济的可持续发展具有重要意义,而且也会给企业发展带来巨大的经济效益,越来越多的企业已认识到绿色运输的重要性。

现代物流在经济中的重要作用逐渐为社会所认可,环保物流理念——发展与环境协调、发展与资源协调、建设节约型社会、符合国家可持续发展战略。发达国家对环保物流十分重视,并在环保物流政策引导下制定了多种控制污染的优惠政策,限制交通量,控制交通流,对遗弃物和回收利用等方面都有强制性法规。

1. 绿色运输有利于社会经济可持续发展

绿色运输建立在维护地球环境和可持续发展的基础之上,强调在运输活动的全过程采取与环境和谐相处的理念和措施,减少物流活动对环境的危害,避免资源浪费,有利于社会经济的可持续发展。

2. 绿色运输有利于降低企业经营成本

据统计分析，产品从投产到出售，其制造加工时间仅占 10%，几乎 90% 的时间处于存储、装卸、信息处理等物流过程中。绿色运输更重视绿色化和由此带来的节能高效少污染，且其能极大地降低生产成本。

3. 绿色运输有利于增强企业的社会责任感和竞争力

企业在追求利润的同时，还应该树立良好的企业形象、企业信誉，履行社会责任。绿色运输的构建有利于提高企业的美誉度，增强其品牌价值和寿命，延长产品的生命周期，从而间接地增强企业的竞争力。

运输是物流活动中最主要的活动，同时也是物流作业耗用资源、污染和破坏环境的重要方面。运输过程中产生的尾气、噪声以及可能出现的能源浪费等都对绿色运输管理提出了课题。近年来激烈的能源供求矛盾使运输的绿色化更加凸显出来。如何实现绿色运输，保证运输与社会经济和资源环境之间的和谐发展，实现运输的可持续发展已成为我国物流业发展的重要内容。

11.2.3 推行绿色运输的措施

1. 优化运输设备技术，节约能源，降低污染

（1）从运输设备制造的技术源头上改进车辆的传动系统技术。提供更强大的发动机、更低的传输损失、减少滚动阻力和空气阻力，从而提高燃油经济性。

（2）使用混合型动力汽车，加长整车拖挂并最大化货运空间，提高货运能力，且采用排污量小的货车车型，以提高其运输的经济性和环保性。

（3）利用先进技术改造汽车发动机，利用替代性、可再生性能源，如乙醇燃料、蓄电池、太阳能电池的开发利用。

（4）调整汽车的驱动系统技术，提高能源利用率。作为汽车重要的驱动设备——轮胎对提高能源利用率有着不可忽视的作用。由于汽车的滚动阻力消耗的燃料约占整车使用成本的 30%，所以需要校正轮胎压力。适当的胎压和轮胎尺寸能够优化滚动阻力，从而降低能源的消耗。

2. 发展多式联运

伴随着我国国际化步伐的加快，国家对资源节约和环境保护的重视程度将与日俱增。我国已实施一些法律并制定了一些优惠政策如对公路运输提价，鼓励铁路运输等企业绿色生产、绿色经营。而从美国运输企业实现绿色化的经验来看，大量采取多式联运是企业遵守国家法律和制度推行物流绿色化的有效途径。

（1）采用"四就"直拨运输形式，尽量发展直达运输，减少中间环节、提高运输速度、节省装卸费用、降低由于中转造成的货损。

（2）充分利用运载设备的装载量和装载容积，提高车辆的实载率，减少车辆使用量，减少能源的消耗和对环境的污染。

（3）多式联运可以减少包装支出，降低运输过程中的货损、货差。克服了单个运输方式固有的缺陷，通过最优化运输线路的选择，以及各种运输方式的合理搭配，使各种运输方式

扬长避短，实现了运输一体化，从而在整体上保证了运输过程的最优化和效率化，也以此降低了能源浪费和环境污染；另一方面，从物流渠道看，其有效地解决了由于地理、气候、基础设施建设等各种市场环境差异造成的商品在产销空间、时间上的分离，从而促进了产销之间紧密结合以及企业生产经营的有效运转。

3. 发展共同配送

配送是指在经济合理区域范围内，根据用户要求，对物品进行拣选、加工、包装、分割、组配等作业，并按时送达指定地点的物流活动。配送作为一种现代流通组织形式，集商流、物流、信息流于一身，是具有独特运作模式的物流活动。在物流活动中选择绿色运输方式有以下几种方法。

（1）改变运输方式，尽量实施复合一贯制物流运输。对环境影响最大的是运输工具，特别是公路运输造成的废气排放、噪声和交通阻塞等。

（2）开展共同配送，共同配送可以最大限度地提高人员、物资、资金、时间等资源的利用效率，取得最大化的经济效益。同时，可以去除多余的交错运输，并取得缓解交通、保护环境等社会效益。对企业界而言，向物流绿色化推进就必须实行共同配送，以提高资源利用率。统一集货、统一送货可以明显地减少货流，有效地消除交错运输，缓解交通拥挤状况，并且可以提高市内货物运输效率，减少空载率，使企业库存水平大大降低，从而可以最大限度地提高人员、物资、资金、时间等资源的利用效率，以节约能源，防止环境污染。

（3）大力发展第三方物流。发展第三方物流，有利于在更广泛的范围内对物流资源进行合理利用和配置，并可以避免自有物流带来的资金占用、运输效率低、配送环节烦琐、企业负担加重、城市污染加剧等问题。

（4）建立信息网络，优化运输系统，提高运输效率。当前经济形势对多品种小批量的物流要求成为趋势，这就更要求企业信息系统的顺畅可靠。因此采用和建立库存管理信息系统、配送分销系统、用户信息系统、EDI/Internet 数据交换、GPS 系统以及决策支持系统、货物跟踪系统和车辆运行管理系统等，优化运输系统，加强车辆调度，提高车辆吨位利用率、形成利用率和车辆托运率，全面提高车辆运输效率，尽量避免空载、浪费能源，对提高物流系统的运行效率起着关键作用。交通运输是国民经济的基础部门。随着公路运输快速发展，机动车保有量剧增，在促进社会和经济发展的同时，也带来了交通事故和大气污染等一系列负面影响。为使交通运输能够持续发展，基于计算机技术、通信技术、信息技术的现代化智能运输系统(ITS)应运而生。ITS 能够缓解繁忙运输产生的诸多问题，如大气污染、交通拥挤、交通事故等。我国从现在起就应采取有效措施，加快研究和发展 ITS，使交通运输业发挥对社会可持续发展的保障作用。

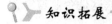
知识拓展

德国邮政的绿色运输

目前，德国邮政的机队更新计划已经开始实施，其在欧美航线上，使用了新型的波音 757、767 飞机。全球最大的邮政和物流公司德国邮政全球网络（简称德国邮政）将把自己 90% 的飞机更新为更加节油的新型飞机，这一涉及数百架飞机的"大胆"行动，是该公司为实施业内首推的"绿色运输项目"而采取的核心举措之一。尽管更新机队会花费大量资金，但如果从一个较长的时间段来考虑，使用新型飞机不仅能减少噪声和温室气体排放，对环境更为友好，还能帮助公司降低燃油成本，在商业上产生回报。在油价高涨的时代，更换飞机是迟早要做的事情。

除了降低成本，德国邮政大量引进新型飞机的目的还在于，在航空业推行"绿色运输"，减少对环境影响的同时促进行业的可持续发展。该公司还宣布，在2020年将集团的碳能效提高30%。德国邮政是全球邮政和物流行业首家对减少二氧化碳排放设定量化目标的企业，公司在航空运输、陆路运输、不动产、产品及服务4个主要的业务部门均采取了有针对性的措施。

11.3 绿色物流

在物流活动中，要抑制物流对环境造成的危害，就要形成一种能促进经济发展和人类健康发展的物流系统，即向绿色物流、循环型物流转变。

11.3.1 物流过程引发的环境问题

物流的运输、包装、流通加工、配送、储存、装卸搬运等活动都涉及对环境的影响。虽然物流科学的发展、信息技术的应用减少了诸多不合理的物流现象，但经济发展所导致的物流总量的指数式增长，仍对环境产生了显著的不利影响。

1. 运输对环境的影响

交通运输业中，公路运输以其机动灵活、覆盖面广、可以实现"门到门"运输等优势而使其在物流运输中的地位不断上升。然而汽车运输存在许多影响环境与生态的问题。首先是汽车排放尾气含有的大量有害气体，是城市空气污染的最大祸首。据美国能源信息局1998年发布的一项研究报告，汽车排放的二氧化碳、一氧化碳、氮氧化物分别占全部排放的25%、62%、32%。其次，汽车运输能耗大，其单位运量(吨公里)的能耗为铁路运输的4~5倍。美国全部运输方式的总能耗约占整个国家总能耗的25%。此外，交通运输产生的大量噪声及交通事故(如油轮触礁等)都对环境与生态系统产生严重的负面影响。

2. 储存对环境的影响

对于化学品、危险品等的储存，如果保管不善或方法不当，可能对环境产生重大危害。一般商品，如果储存时间、储存地点和条件不合适，会产生腐败变质、锈蚀等现象，而腐败商品通常对环境有负面影响。上述商品储存的地点，通常要远离居民区和饮用水源，否则会对人与环境形成威胁。

3. 包装对环境的影响

在物流过程中，包装起着保护商品和方便储运及消费等作用。但如果包装选材不合理或设计不当，则会导致商品破损变形、变质，破坏环境。同时，废弃包装物本身也已成为环境的最重要污染源之一，尤其是塑料、玻璃等包装物，其在自然界很难降解，处理的难度较大。

4. 流通加工对环境的影响

流通加工过程会产生废水、废料、废气及噪声，对环境形成危害。而且，流通加工企业一般规模较小、生产分散、技术简单，对废弃物的回收利用难度较大，如果处理不当，则会对城乡环境和居民生活产生直接影响。

11.3.2 绿色物流的概念与内涵

1. 绿色物流的概念

绿色物流是指物流过程中抑制物流对环境造成危害的同时,实现对物流环境的净化,使物流资源得到最充分的利用。

2. 绿色物流的内涵

(1) 绿色物流是共生型物流。传统物流往往是以对环境与生态的破坏为代价,实现物流的效率的。而绿色物流则注重从环境保护与可持续发展的角度,求得环境与经济发展的共存。通过物流革新与进步减少和消除物流对环境的负面影响。

(2) 绿色物流是资源节约型物流。绿色物流不仅注重物流过程对环境的影射,而且强调对资源的节约。在实际工作中,资源浪费现象是普遍存在的,其不仅存在于生产领域、消费领域,也存在于流通领域。例如,过量储存产品会造成产品陈旧、老化、变质,运输过程的商品破损,流通加工过程余料的浪费等。在计划经济时期,原物资部提出了"管供、管用、管节约"的方针,这一方针在今天仍然是适用的。

(3) 绿色物流是循环型物流。传统物流只重视从资源开采到生产、消费的正向物流,而忽视由废旧物品、可再生资源的回收利用所形成的逆向物流。循环型物流包括原材料副产品再循环、包装废弃物再循环、废旧物品再循环、资源垃圾的收集和再资源化等。

11.3.3 物流环境保护

1. 物质运输环境保护

物质从生产到使用都离不开运输。运输涉及的范围广大,从南到北,从东到西,从国内到国外,不同地区气候环境条件相差很大,故对物质的影响各异。另外,运输还涉及各种运输工具,如火车、汽车、轮船等。各种道路的差别及在运输过程中的多次装卸等会使物质在运输过程中受到不同程度的振动、冲击和碰撞,一旦出现运输故障或毒物泄漏等情况,就会造成环境污染,带来不同程度的环境问题。同时,环境的各种因素也会对物质产生影响。总之,运输过程中的环境因素是极为复杂的。

1) 运输中的气候环境

(1) 温度。一般气象台(站)观测的温度通常指离地面 2m 高,无阳光直接照射且空气流通之处的空气温度。物流中的车站棚下、码头仓库、空气流通的场地的温度与此温度大致相等。在运输过程中,车厢内的空气温度一般要比车厢外的空气温度高 3~5℃。一些金属物质在烈日曝晒下温度可升高到 60~70℃。因此,物质堆放于车站、码头、露天地面或敞篷车、轮船甲板上时,受温度影响较大。高温时,沥青油毡会出现融化现象。有的物质外包材料会加速物理变化和老化过程，易于破损，使物质外溢，既造成损失又影响环境。有些低熔点物质在高温时易受热软化，如润滑脂、石蜡、沥青等。低温时，会使一些材料如橡胶和塑料等硬化变脆，在外力作用下易破裂损坏。另外，日温差过大（如干热带地区）对物质性能影响较大，昼夜温差较大使物体表面产生水汽凝结现象，从而使物质受潮腐蚀变质。

(2) 湿度。湿度指空气中所含水分的多少。湿度分为绝对湿度和相对湿度。$1m^3$空气内所含有的水汽克数叫绝对湿度。在实际工作中，由于直接测定水汽密度有一定的困难，通常把空气里所含水汽的压强称为空气的绝对湿度。在水与气共存的范围内，当空气中水汽与水之间达到动态平衡时，空气中的水汽达到饱和。饱和水气的压强成为饱和水气压。相对湿度是指某温度压力时空气的绝对湿度与同一温度压力下饱和水气压的百分比。引进相对湿度的概念是由于人们对湿度的感受不是与周围空气中水汽的绝对湿度相关，而是与空气中水汽距饱和状态的程度直接相关。

高湿、高温会使霉菌孢子发芽生长，容易破坏运输的物质。高湿也会使金属腐蚀加速。一般金属的临界腐蚀湿度是：铁70%～75%；锌65%；铝60%～65%。湿度超过金属的临界腐蚀湿度时，其腐蚀进度会成倍增长。高湿条件下，一些有机材料吸湿后表面发胀变形、起泡。有些物质变潮后会变质失效，如水泥、电石、石棉粉、炸药、焊接材料等。木材受潮后会发霉、腐朽、强度降低。玻璃及其制品受潮后产生难以擦拭的霉斑，影响透明度。低湿度时会使怕干的物质产生形变、开裂、变脆和风化，如木材、纸、皮革等，塑料及其制品、棕绳、麻绳等产生干燥收缩、变形及龟裂。含有结晶水的化工原料，在低湿度条件下，易失去结晶水并风化。在物质运输过程中，应注意湿度对物质的影响，防止物质损坏及有毒物质外溢，对环境造成污染。

(3) 雨水、冰雪等。我国长江以南地区年降水量1 200～2 000mm，黄河流域和东北地区为600mm。雨水以各种形式影响运输物件，有时暴雨伴随强风，使雨水降落的倾斜角度最大可达60°。个别情况下，大风会使降雨几乎呈水平方向，还会将落到地面的水吹离地面。这些情况，对户外堆放的物件均产生较大的影响。物质受水淋或被水浸后可能劣化变质，如有存于板材表面凹处或角钢、槽钢等弯角内的雨水，则会加剧腐蚀，对于下垫不当或排水不畅的料场存放的物质，置于底层的物质会因雨水浸泡而受损。在热带地区常会发生雨水一降落地面后就很快蒸发的现象，特别是午后阵雨，由于温度高、风大、蒸发量大，且云量变多，阵雨几分钟后就有阳光，故常形成水气蒸腾的现象。这对物质非常不利，如木材会因急速和不均匀受潮、干燥易开裂和翘曲。北方冬天的雪对物质也会产生不良影响。冰雪积于运输物件上，待融化后即成为雪水，从而会浸入物质影响其质量。

(4) 太阳辐射。太阳光射到地球大气层顶界时的辐射强度为$1.9cal/cm^2 \cdot min$，经过大气吸收，云层反射及向宇宙空间漫射之后达到地面时，其辐射强度一般为$1.4cal/cm^2 \cdot min$左右。太阳辐射以高山及干热带地区较强烈，如西藏那曲地区（海拔高4 300m）的太阳辐射强度最大为$1.83cal/cm^2 \cdot min$。太阳辐射还能使物体表面温度较周围大气温度升高15～20℃。太阳辐射的光强度和时间在一定范围内，对有些物质是有利的，如太阳光中的紫外线（其强度在太阳光中约占1%）具有杀菌作用，太阳光的热量可使有些物质干燥，防止受潮发霉。但对于有的物质却是不利的。如橡胶、塑料及制品，在太阳光照射下可加速老化，受太阳辐射时间过长，还会发生龟裂等。木材（特别是成材）曝晒或长期受太阳辐射会发生严重的变形和开裂。纸张、着色纤维等在日照下会褪色并发脆。此外，太阳辐射会促使有些化工产品迅速分解。

(5) 霉菌、昆虫、鼠。霉菌孢子发芽生长最适宜的条件是：温度为 22～30℃，相对湿度为 80%～90%。一般霉菌在周围环境条件温度为 18～37℃、相对湿度 60% 以上时，易对物质产生危害。霉菌细胞中含有大量的水分，会污染物件。霉菌代谢过程中分泌出的酸性物质（如二氧化碳、醋酸、丁酸及柠檬酸等），会增强对金属的腐蚀。昆虫中白蚁对木材等有很大威胁。在长江以南白蚁分布密度大，种群和数量较多，最适宜白蚁活动的温度是 20～30℃。长江以南每年 3～11 月白蚁都有活动，5～10 月是白蚁活动旺盛期。蟑螂可以咬食有机材料、木材等。蟑螂分布很广，几乎到处都有，最适宜其活动的温度在 25～35℃ 之间。鼠类和部分鸟类也会对物质造成损坏。鼠类会经常啃咬木材、纸张、棉麻织品等天然有机物品。

(6) 大气中的化学气体、灰尘和沙尘。在工业区的空气中，存在着由工厂排出的废气，生活中燃烧含硫的煤时也会排出废气。这些化学气体在不同程度上都会腐蚀金属，对金属有较强的腐蚀作用。HCl 气体溶解于水膜中会形成盐酸，对金属产生强烈的腐蚀作用。氨气体极易溶于水，使潮湿处的水膜 pH 增大，对有色金属的腐蚀大大加快，且对铜的腐蚀尤为明显。灰尘包括工业粉尘，是指直径为 1～100 μm 的颗粒。通常以空气中含有的浓度 mg/m^2 或沉积量 mg/m^2 表示。砂土是指直径为 100～1000 μm 的石盐质颗粒，除用浓度和沉积量表示外，还可以用沙暴日数，即用空气中风砂现象影响的在距离 1 000m 以内的水平能见度的天数来表示。通常在清洁的户外，灰尘沉积量月平均值是 10～100 mg/dm^2。多沙尘地区的户外环境，其沉积量月平均达 300～550mg/dm^2。我国西北干燥地区沙尘较为严重，如新疆和田、甘肃尼勒，年沙暴日数为 30 天左右，甘肃张掖年沙暴日数多达 83.4 天。大气中的这些灰尘和沙尘都是微小的固体颗粒，带有电荷，与带有异性电荷的物质接触时，会产生静电吸附，沉积于物品上，影响物品表面的光洁度，且有可能磨损物品表面。精密仪器仪表落上灰尘后，会影响零件表面光洁度，污染防护油及润滑油并造成使用时表面磨损，灵敏度降低，使用寿命缩短。绝缘材料制仪表落上灰尘后，会增加吸湿性，降低绝缘性能。化工原料中落入灰尘，会影响其纯度和性质。还有一些酸性或碱性灰尘易吸水气并潮解，从而加速金属材料等的腐蚀。

2) 运输中的其他环境因素

(1) 振动。振动是物质机械运动的一种形式。任何具有旋转运动或往复运动的动力装置的运输工具，都会由于该动力装置有规律的转动或往返运动而产生周期性的简谐振动和非简谐振动。这些部位的振动会通过结构联结传递到装载货物部位的车厢或货舱内，从而对物质产生影响。另一种振动是无规律的，称为随机振动。各种运输工具的运行，如汽车、卡车、拖拉机等在公路上行驶，火车在铁轨上行驶，轮船在海浪中航行等所产生的振动都是随机振动。这种振动会传到物质从而产生影响，会使物质因产生振动或摩擦而遭损伤。严重的情况是发生共振，即当外部激振的频率达到包装件固有频率（自然频率）时会产生共振，共振传振动量急剧增加而会造成更大的损失。

(2) 冲击。冲击是一种瞬时的猛烈的物质机械运动。从运输中的受力方向来看，冲击一般可分为垂直冲击和水平冲击两种。垂直冲击主要是由搬运、装卸时起吊中跌落等引起的。水平冲击主要是运输车辆在高低不平的路面上行驶时，铁路货车驼峰溜放造成的。其他如汽车行驶碰到障碍物、火车转轨、飞机着陆、轮船靠码头等都可能引起冲击。铁路货车运输时所受的冲击与货车运行状态有关，在正常运行时，每 100km 的运行距离内可能由于加速、减速、刹车等受到 3～12 次的冲击。汽车运输时物质受到的冲击，与物质在车厢内放置的位置和固定情况有很大的关系。在车厢中部放置，受冲击较小；在车厢尾部放置，受冲击较大。在特别差的道路上运行时,汽车可能产生的最大冲击加速度为 3~5g,若物质没有固定牢固,则可能会产生 5~20g 的冲击加速度。航空运输中,飞机着陆时冲击加速度可达 1~2g。物质在流通过程中受到的最大冲击,可能会发生在装卸时。在人工装卸时,跌落的冲击使物质受到冲击加速度可能超过 60g,甚至高达 100g,在机械装卸时,由于物质之间碰撞、起吊和放下时也会产生冲击,故可能产生 10g 的冲击加速度。用集装箱运输时,机械装卸的冲击加速度一般小于 1g,最大可达 2g,过大的冲击会使物质的脆弱部位的材料或结构遭到裂损破坏。

2. 物质储存环境保护

物质在流通过程中离不开储存,只要有物流,必然有储存。仓库是储存和保管物质的场所。仓库按储存物质种类可分为两类,即通用性仓库和专用性仓库。通用性仓库也称综合性仓库,是指同时储存多类不同自然属性物质的仓库。这类仓库可储存没有特殊要求的物质,适用范围较广泛。专用性仓库是指在一定时期内只储存某一类物质或以某类物质为主的仓库,如金属材料仓库、机电产品仓库、危险品仓库等。此类仓库适用性单一,有的是因为某种物质的存储量大而需整个仓库存储而设立的;有的是由物质本身的理化性能所决定的,即不能与其他物质存放在一起,如危险品、石油、化工品等。按仓库房屋形式大致可分为 7 种类型:厂房结构形式仓库、普通混合结构或砖木结构平房仓库、金属瓦楞板单层仓库、普通楼层仓库、自动立体仓库、地下室仓库、棚库及露天仓库。

11.3.4 推行绿色物流存在的问题及对策

1. 推行绿色物流存在的问题

1) 技术落后

农产品绿色物流离不开绿色物流技术支撑,而我国的绿色物流技术和国外差距较大,表现在以下几个方面。

(1) 运输方面。据有关资料,我国农产品多采用敞篷卡车运输,其中只有三成是密封式厢式汽车,而备有制冷机械、保温箱式冷藏车辆还不到汽车总数的一成,故缺乏对农产品的有效保护,使其损失率高;有些农民为了节约成本,甚至用报废车辆,使得大量的汽车尾气排放以及汽车的噪声等对环境的污染比较严重。

(2) 保鲜技术和冷链物流技术落后。目前,我国的农产品物流仍以常温物流或自然形态物流形式为主,缺乏保鲜、冷冻、冷藏设备和技术,使农产品在物流过程中水分大量消耗或者腐烂变质,则品质的下降使得售价受到严重影响。以 2002 年为例,我国有总值不低于 750 亿美元的食品在运送过程中腐烂变质。在利益的驱使下,农产品经销商为了避免农产品变质腐烂,延长其有效期,而在物流环节超剂量地使用防腐剂,甚至使用有毒防腐剂。

(3) 机械化水平低。例如装卸搬运时大多靠人工操作,不仅速度慢,而且反复接触产品,损耗大。

(4) 包装物的可重用性、可降解性与绿色物流的要求存在巨大差距。

(5) 在农产品物流的信息化、自动化建设方面缺乏先进的物流技术。

(6) 缺乏农产品物流规划。物流规划的不合理造成运输次数及配送车辆的增加,导致了交通阻滞现象,也使得物流效率低下并加剧环境污染。

2）信息不对称现象严重

由于农产品受自身生长规律及自然环境条件的影响，同一种农产品有可能由于其产地、加工环节等工序的不一致，其营养、风味、质地、口感等质量特征就会表现出极大的差异性，从而使得在既定的环境中只有卖方详知农产品的质量情况，买方要在市场上获得产品质量信息，通常可以有3种选择：一是根据产品的品牌来判断产品的质量；二是根据卖方的信誉来判断其所售产品的质量；三是进行现场产品质量检测。

但是目前我国农产品流通的主渠道是农贸市场和农产品批发市场，市场上的农产品大多没有品牌，可以信赖的知名品牌则更少；卖方的高流动性以及小本经营使其很难建立可靠的质量信誉，也连带降低了真正的绿色农产品在消费者心中的信誉度；现场农产品质量检测技术落后；政府在绿色产品认证制度以及监管体制上也存在缺陷，从而导致绿色农产品质量信息在生产者与消费者之间呈现不对称性。因此，在信息不对称条件下的农产品市场成为"柠檬市场"，消费者误以为市场价格反映的是农产品的平均质量，导致了市场上"逆向选择"的发生，即优质的绿色农产品被劣质的农产品驱逐出市场，使得高质量的绿色农产品难以在市场立足。另一方面，由于生产绿色农产品需要投入较高的生产成本，还要支付比生产普通农产品更多的绿色技术应用费以及绿色营销费用等，再加上市场交易的公平机制的缺乏，使得生产劣质的不安全农产品能获得巨额利润，而生产绿色农产品则获利较少甚至亏损，从而也导致绿色农产品的生产经营者为了实现利润最大，转向生产普通农产品甚至是不安全的农产品，致使农产品整体质量水平难以提高。

3）政府的制度保障欠缺

20世纪90年代以来，尽管我国一直致力于环境污染方面政策法规的制定和颁布，但针对物流行业的却不多，对于农产品绿色物流的就更少了。相关法律制度的缺失导致绿色物流发展无章可循、无法可依。另外，由于物流包含许多流程，每个流程都有相应的职能部门进行管理，各职能部门间部分权力划分不清楚，多方管理造成物流行业发展混乱。同时，各级政府在制定物流规划时只考虑本辖区的利益，导致物流行业无序发展，从而造成资源的巨大浪费，也为以后物流运作中的环境保护增加了过多的负担。

4）物流组织不健全

我国农产品多以家庭为单位分散生产、分散经营。有关资料表明，中国有60%~70%甚至更高比重的农户要自己解决农产品的运销问题，因此物流组织化程度低，运行效率低，未能形成顺畅发达的农产品物流系统。特别是边远山区的农产品虽然品质好，但由于交易环节过多，供销渠道不畅，使得农产品绿色物流的成本增加。

此外，绿色物流观念未普及，物流人才缺乏也从根本上影响着绿色物流的实施进程。

5）信息化程度低

（1）企业的信息系统不能满足需求。

① 缺乏专业性、适用性，适合农产品物流的专门的软件极少。

② 农产品物流企业的信息系统不能与客户的系统兼容。这造成了本应多边共赢的企业间缺乏必要的沟通，阻碍了农产品物流的发展。

③ 信息系统不强大。大多数物流企业的信息系统只包括了一些基本的模块，很不完善，无法在流程和操作的优化方面发挥强大功能。此外，物流企业信息意识淡薄，缺乏既懂信息技术又懂物流的人才等原因也阻碍了物流企业的信息化进程。

（2）信息设备的配备非常有限，没有形成健全的信息网络。由于信息闭塞和有效信息导向的缺乏，农民无法及时根据市场信息来安排生产和储运，故常常出现增产不增收的现象，而且销售不出去的农产品由于成本问题没有形成逆向物流，最后腐烂变质，污染环境。

其次，我国农产品生产者的自身素质普遍较低，并且分布比较分散，不能充分获取、科学分析农产品流通的信息，因而造成农产品生产和物流的盲目性。

2. 推行绿色物流采取的对策

作为大量耗用能源、燃料，且以噪声、废气严重破坏环境的物流业，在其发展上应有超前意识，即倡导绿色物流。绿色物流虽然代表物流发展的方向，但并不是所有企业都能认识到这一点。开展绿色物流，不仅要依靠企业家，而且还要依靠政府、行业协会等民间团体及方方面面消费者的共同努力。

1）政府规制

规制是指依据一定的规则对构成特定社会的个人和构成特定经济的经济主体的活动进行限制的行为。政府规制可解释为：在以市场机制为基础的经济体制条件下，以矫正、改善市场机制内在的问题为目的，政府干预和干涉经济主体（特别是对企业）活动的行为。

从发达国家的实践来看，政府对绿色物流的对策主要体现在 3 个方面，即发生源规制、交通流规制和交通量规制。

发生源规制主要指对产生环境问题的来源进行管理，从当前物流发展趋势看，产生环境问题的根源是因物流量的扩大以及配送服务的发展，引起在途货车增加。发生源规制的主要目标就是限制污染超标车辆上路以及促进低公害车的使用。发生源规制主要有以下 5 项，即根据大气污染防治法对废气排放进行规制；根据对车辆排放废气的限制对车种进行规制；促进使用符合规制条件的车辆；低公害车的普及推广；对车辆噪声进行规制。

交通流规制的主要目的是通过建立都市中心部环状道路、道路停车规则以及实现交通管制的高度化等来减少交通堵塞，提高配送效率。交通流规制主要有 4 项，即环状道路的建设、道路与铁路的立体交叉发展、交通管制系统的现代化、道路停车规制。

交通量规制主要是发挥政府的指导作用，推动企业从自备车运输向社会化运输体系转化，发展共同配送，建立现代化的物流信息网络等，以最终实现物流的效率化。交通量规制主要有以下 4 项，即货车使用合理化指导；促进企业选择合适的运输方式；以推进共同事业来提高中小企业流通的效率化；统筹物流中心的建设。

2）企业的自律行为

开展绿色物流，是物流企业及相关企业长治久安、持续发展的唯一选择。只有所有物流企业和相关企业均接受绿色物流的理念，并使绿色物流成为其自觉行动，才能说真正进入了绿色物流时代。作为企业的经营者，应意识到企业不仅是经济组织，也是社会组织，企业不仅要追求利润最大化，也要承担社会责任。企业家应具有强烈的公德意识和社会责任感。即使从企业经济效益出发，走向绿色物流也有利于企业长期效益最大化。首先，良好的公众形象是企业最有价值的资产，而当前改善企业的公众形象的最佳途径之一即是绿色化。其次，可以提高企业的适应性。例如，当前的某些行为虽然不违法，但有悖于绿色物流的宗旨，企业不加改善也能生存。但一旦政府采取严厉的规制措施，企业就可能被置于死地。

3）民间组织的倡导

民间组织主要指行业协会、企业联合会、商会及社会团体等。它们是政府与企业的桥梁，民间组织在开展绿色物流中有其独特的优势。民间组织倡导的绿色物流对策主要有促进共同物流体系的建立、促进物流标准化、促进物流社会化、推广低公害物流技术的应用等。

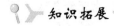知识拓展

联邦快递(FedEx)践行绿色物流

世界快递巨头联邦快递(FedEx)在发展其自身业务的同时，也致力于节能和环保事业。当前，FedEx每天向世界220多个国家和地区发送850多万个包裹，飞行里程约50万公里，行驶近120万英里。假设在这一过程中忽略了节能和环保，那么这一系列的高强度物流活动将会对气候和环境造成严重的污染和破坏。

FedEx在节能和环保领域进行的积极探索，取得了一系列令人瞩目的成果，如大规模采用高效飞机，提倡建立轻型车辆运输系统，增加对电力的使用，减少对石油的依赖，开发新技术使系统、交通工具和线路效率更好等。

1. 大规模采用高效飞机

近些年来，FedEx注意到现代飞机技术发展日新月异、新型飞机层出不穷、飞机燃油效率不断提高的现实和趋势，开始引入一些新机型，如波音777F和波音757。新机型拥有更高的燃油效率和更大的载货量，能够显著降低货运燃料消耗。如波音777F就比先前的MD-11载货更多、耗油更省、飞行更远，从而大幅减少了每一运输单位的成本和废气排放。经计算，777F可直飞5 800多海里，比MD-11多1 900海里的范围；能运载17.8万磅的货物，比MD-11多1.4万磅的载货量。但777F消耗的燃料却要比MD-11减少了18%，同时每吨货物减少18%的废气排放量。

鉴于777F的巨大优势，FedEx新近又购置了6架777F型飞机，使波音777F的架数增至12架，并借此开通了孟菲斯至韩国和中国东南部的777F直达航班。根据当前的采购方案和约定，在2020年前，FedEx将扩充777F的机队规模，将波音777F增至45架。

在大量购置777F的同时，FedEx也提高用新型飞机替换旧有飞机的数额，如开始使用757替换727，进而使每磅载货量的燃料消耗降低了47%，并减少了维护费用。在飞机更换一项上，就为FedEx节约了大量的燃油，减少了大笔经营成本。

2. 使用电动汽车

电动汽车是指以车载电源为动力，用电机驱动车轮行驶的车辆。混合动力电动汽车是指车上装有两个以上动力源，包括有电机驱动的汽车，其车载动力源有多种：蓄电池、燃料电池、太阳能电池、内燃机车的发电机组等。这两种汽车能显著降低汽油的使用，进而减少碳排放。FedEx在亚太地区推行一项名为节能驾驶(Eco-Driving)的项目，这个项目旨在通过改变日常驾驶习惯，减少对环境的影响。一位日本的FedEx代理商就是该项目数百名团队成员之一，当时他作为速递员加入FedEx，现在为所有日本驾驶员管理燃料消耗。这位代理商清楚地知道驾驶对环境的影响，因此他一直致力于降低燃油消耗。现在他每天总是先浏览东京街道的堵塞情况之后再去上班，从而为送货车提供最佳的行车路线。其他为数众多的FedEx成员也在为改善环境质量而在不懈努力着。

FedEx还与五十铃汽车公司合作制定了节能驾驶方法。五十铃对日本的速递员的驾驶情况进行了详细的统计，发现日本的速递员大约有70%的时间待在车里，每天驾驶大约60英里，停车30次。根据五十铃的调查结果，FedEx团队发现了20种行为可以减少车辆废气排放，其中包括缓慢加速、匀速、提前加速、慎用空调和减少空转时间等。FedEx认为，减少废气排放的责任首

先落在驾驶员身上,若驾驶员了解和传授新的习惯,计划必定成功。因此,FedEx 将节能驾驶提示放进车内突出位置;而驾驶员用的钥匙链上也标记着节能驾驶 5 项原则。结果卓有成效,自 18 个月之前开始实施计划以来,已在日本拥有 150 条线路的最大操作站,其燃油效率提高了 14%。

目前,FedEx 还在社区内指导节能驾驶;为所有有条件实施计划的操作站里的团队成员举办节能驾驶讲座,并邀请社区人士参与,为整个地区的节能降耗做出了贡献。

(资料来源:http://wenku.baidu.com/view/13d539c38bd63186bcebbc13.html,有改动)

本章小结

本章介绍了绿色物流和绿色运输的概念、作用等。近年来,人们更为担心的是每天发生在身边的环境问题。但是通过努力,人们有理由相信只要对交通运输加以适当的管理,那么取得经济和交通增长以及良好的环境质量是可能的。

运输基础设施特别是道路的建设,长期以来一直是人们关注的问题。其产生的负面影响包括建设所造成的噪声侵扰、大量耕地和公共场地的占用,以及由于道路建设而产生的隔离屏障、车辆噪声和安全问题,还有可能对自然环境或建筑产生的有害的影响,如视觉侵扰、失去栖息地和物种、对历史建筑物的破坏等。

课后习题

一、填空题

1. 为保证未来社会实现良性循环,人们提出了可持续发展战略,即经济、社会、( )和环境保护要协调发展。
   A. 资源   B. 人文   C. 自然   D. 企业
2. 企业实施绿色运输,要达到两个主要目标:一是实现共生型运输;二是( )。
   A. 实现资源型运输   B. 实现资源节约型运输
   C. 实现费用节约型运输   D. 实现效率运输
3. 政府规制可解释为:在以市场机制为基础的经济体制条件下,以矫正、改善市场机制内在的问题为目的,政府干预和干涉( )的行为。
   A. 运输活动   B. 劳务活动   C. 经济主体活动   D. 运输主体活动
4. 运输对地下水的影响主要通过两个途径:一是( );二是运输产生的粒子排放物及其他排放物会污染水源。
   A. 运输基础设施要占用大量的资金
   B. 运输基础设施要消耗大量的费用
   C. 运输基础设施要投入大量的资金
   D. 运输基础设施要占用大量的土地
5. 环境友好型运输是将运输过程中的( )和噪声污染降到最低。
   A. 大气污染   B. 废气   C. 二氧化碳   D. 一氧化碳

二、简答题

1. 运输与经济环境有哪些关系?

2. 什么是绿色运输？
3. 绿色物流的内涵可以从哪几个方面来理解？
4. 推行绿色运输的措施有哪些？
5. 开展绿色物流应采取的对策有哪些？

 本章实训

【实训任务】
运输对环境的影响。

【实训目标】
通过本次实训，使学生了解运输对环境造成的影响。

【实训内容】
针对某一个的运输企业进行调研。

【实训要求】
本实训可以把学生分成几大组，每一大组中分为两小组，每个小组共同完成一份调研报告。要求内容全面、科学、合理。

【考核方法】

考核内容	标准分值	实训评分
调研报告内容翔实	20分	
调研报告有具体措施	40分	
实训过程表现	40分	

【案例讨论】
"绿色奥运"是现代奥运的最新理念。悉尼奥运会就提出了节能、节水、减少垃圾、防止大气污染、保护生态环境等口号，而且在大会期间，组委会也在致力于城市的环境保护，如水龙头为小流量节水型，汽车数量的减少和餐饮业包装物使用纸盒、自然纤维、铝、瓷器等。

会后，大多数人对环境状况颇感满意。2000年悉尼奥运会的"绿色奥运"实践为弘扬"绿色奥运"的新理念起到了示范作用。

"绿色物流"可以说是城市环保新的增长点，着重体现了城市和行业的可持续发展。借鉴先进国家的经验，北京在下述几方面逐步实现绿色物流以实现完成绿色奥运的目标。

1. 绿色物流与绿色交通

2008年，北京市的汽车尾气排放大幅度减少，这就要求未来交通和物流的建设要与环境总体规划相一致，且需要两者共同作出努力。在交通方面可以借鉴国外的"绿色物流"的3项措施，即交通源规制、交通量规制和交通流规制。

（1）交通源规制主要针对产生环境问题的来源进行管理。物流量的增加，货车的普及和增加，必然导致大气污染的严重，故应该运用有关防止污染的法律对污染源进行规制，对排放废气过多的车种进行规制，对车辆的噪声进行规制。

（2）交通量规制是发挥政府的指导作用，推动企业、私人自用车运输向商品配载中心用货车转化、发展共同配送、建立现代化物流信息网络等，选择合理的运输方式，控制车辆走行的密度，减少能量的消耗。

（3）交通流规制的主要目的是通过建立都市中心部环状道路，实现交通管制的高度化来减少交通堵塞。

通过以上规制，提高车辆的有效利用配送效率和货物积载率，利用运输方式的改变来削减货车运行并降低货车废气排放量，间接地降低环境成本。另外，大力发展清洁燃料车和铁路运输，如在长距离运输时需要几种运输方式搭配起来，就要考虑环境因素，合理配置，尽量降低能耗，防止污染。此外，制定一个使交通、物流、商贸、城建和环保等部门协调的总体规划和综合管理一体化方案，形成运输部门与物流部门的紧密联系，减少环境问题和运输成本，避免资源浪费。

2. 绿色包装、保管与装卸

（1）在商品库存和保管的过程中，有些商品会发生物理或化学变化，如有毒物品、化学物品、放射性物品、易燃易爆物品等对周围环境存在潜在的危害性，必须加以控制。对这些商品应进行科学养护和维护，一方面最大限度地减缓库存商品的变化，以保存商品的价值和使用价值；另一方面保护周围环境，如仓库、其他保管场所、储存设备、工作人员本身等，尽量少受侵蚀。因此应制定商品科学储存的规划，采取一定的防护措施，抑制其变化、释放和泄漏，并建立环境管理体系和科学保管秩序，以确保周围环境的安全，并减少商品损耗和环境损失。

（2）装卸搬运发生在配送中心、仓库、车站、码头、工厂等其他货物集散地时，其间产生的各种散发粉尘和烟尘物，如散状的粮、煤、盐、化肥、铁粉、黄沙、金属、食物、棉织品、零星杂品等，不仅造成浪费，影响装卸效率，而且还影响周围环境，造成大气污染，且车辆排出的清洗废水也造成污染。因此在集散物资的所有装卸搬运基地，要采用除尘装置，并制定最高容许度标准，实行统一的环境监测和监督制度，做到以防为主，全面规划；减少污源、清污分流，最大限度地减少污染物的排放量；适当地建立废水处理系统，禁止乱排乱放，最终控制污染的蔓延。

（3）防止包装污染，与包装材料的改革有密切关系。传统的包装材料包括木材、纸、金属、塑料、玻璃、陶瓷等，现经改进，复合材料、复塑材料正在发展中。应考虑多使用能降解、能收旧利废、回收使用的材料。目前，我国正在提倡"绿色包装"，贯彻适度、再生和复用的原则，鼓励物资部门对包装废弃物进行分类、回收和处理，并积极开展适度包装、周转包装，开发新型包装材料。此外，对废旧集装箱实行回收、修复翻新、再生产使用。

3. 流通加工、资源化与循环型社会

在现代化的物流中心或仓库经营中，都存在着物资流通加工业务，此项业务可利用生产流通领域的废物生产出新的产品，即在供应量不变的情况下，节约资源，增加经济效益。此外，发展废旧物的回收物流，对物资节约、能源和资金上的节约都是十分可观的。按照发达国家的标准，绿色城市不仅是绿化的、节水节能的，而且还应是循环型社会。循环型社会是"资源—产品—再生资源"的反馈式流程和"低开采、高利用、低排放"的循环利用模式。因此，积极发展流通加工和废旧物资的回收和再生，可使社会资源量相对增加，并带动城市整体的回收业和资源再生业，从而推动循环型社会的发展。

（资料来源：http://jpkc.dlmu.edu.cn/jpkc/wlx/xiti/anli.doc. 经作者整理）

讨论：

"绿色奥运"重要之处在哪里？

第 12 章

国际货运代理

GUOJI HUOYUN DAILI

【学习目标】

知识目标	技能目标	学时安排
（1）掌握国际货运代理的概念； （2）熟悉国际货运代理的作用； （3）熟悉中国国际货运代理的管理体制	掌握国际货运代理企业的业务范围和经营规范	4 学时

**【导入案例】**

货运代理合同中转委托的认定

2012年7月20日,第三人衣格公司向被告汇力货运公司发送出口货运代理委托书一份,委托其预定2012年7月23日至科威特的航班。被告接单后向原告通经国际货运传真委托书1份,要求其预定该次航班,运费单价22.5元/公斤,托运书上载明的托运人为衣格公司。对货代汇力的转委托货代行为,衣格公司清楚并同意该转委托。

原告即向航空公司订舱,空运单载明托运人为衣格公司,计费重量1057公斤,运费预付。

出运后,发生迟延,原定7月27日到达,实际8月23日到达。

原告依约向被告开具运费发票并要求被告如约支付,但被告以运输迟延为由向原告发出运费拒付通知,同时以迟延到货给客户造成直接间接损失巨大为由,发货人告知拒付相应的一切费用并且要求货值索赔,由被告代为转告。

对于原告的诉求,被告认为,被告是第三人的货运代理人,货运代理关系是原告与第三人订立与被告无关。

第三人述称:该批货系货代委托原告运输,货代关系发生在原告与第三人之间,但原告未妥善安排运输,致使发生迟延到达损失巨大,其曾通过被告通知原告索赔,原告也回复称不收第三人运费。但原告对该免收运费之说予以否认。

法律分析:本案的焦点是,涉案货运合同委托人的认定。受托人将货运代理事务转委托,经委托人同意的,委托任何第三方之间直接成立货运代理合同关系;未经同意的,则委托人与受托人、受托人与第三方之间成立各自独立的法律关系。

以上法律依据可见合同法第109条、400条。

(1) 本案从第三人的陈述,认定原告与第三人成立涉案货运代理合同。

(2) 对于第三人称原告未妥善安排运输,致货物迟延到达的抗辩,因原告已按要求预定了7月23日的航班,此后运输迟延系作为实际承运人的航空公司所致,与原告无关,原告已按约履行了作为货代人的订舱义务,故第三人的抗辩不能被采纳。对于迟延给第三人造成的损失,第三人可另觅法律途径解决。

(3) 对于第三人称原告曾答应免除第三人的运费,因为原告予以否认,第三人也没有确切证据予以证明,故第三人的该主张,法院不予支持。

综上所述,第三人应向原告支付运费。

(资料来源:杜学森,律宝发. 国际货运代理实物. 经作者整理)

思考:

谁该为此承担责任?第三人向原告支付运费后,第三人的权利该如何保证?

12.1 代理概述

代理权的根本要求在于代理人实施代理行为时，应当为被代理人负责，且其效果直接归属于被代理人。可见，代理权与代理人自己的利益并无必然联系。

12.1.1 代理的概念及法律特征

1. 代理的概念

代理是一种民事法律关系。代理行为是指代理人根据法律规定，或受被代理人（委托人）的委托，在授权范围内以被代理人的名义与第三者订立合同或其他经济法律行为，而其法律后果则由被代理人承担和享有的行为。

代理的适用范围非常广泛。无论公民还是法人均可通过代理人代为法律行为或其他有法律意义的行为，以实现自己的权利和履行自己的义务。代理活动主要包括以下几点。

（1）代理进行各种法律行为，如代为买卖、租赁、承揽、运送、借贷、履行债务等。

（2）代理履行某些财政、行政方面的义务，如代办法人登记、专利申请、商标登记以及纳税等。

（3）代理进行诉讼行为。但是，代理并不是对任何法律行为或具有法律意义的行为都能适用，那些具有严格的人身性质的行为，如立遗嘱、婚姻登记、收养子女等不能代理；对那些具有严格的人身性质的债务，如约稿、预约演出等，对被预约人应履行的义务也不能代理。

2. 代理关系的法律特征

（1）代理行为是以被代理人的名义进行的。代理人的任务，就是代替被代理人进行法律行为。代理人只有以被代理人的名义进行代理行为，才能为被代理人设定权利和义务。以被代理人的名义就意味着代理行为的法律后果，归属于被代理人。如果代理人以自己的名义为法律行为，此种行为即为代理人自己的行为而非代理行为。

（2）代理行为必须是具有法律意义的行为。通过代理人进行的行为，必须是能产生法律上权利或义务的行为，即能产生法律后果的行为，如代理被代理人签订合同、履行债务或进行诉讼等。

（3）代理人在代理权范围内独立为意思表示。代理行为是法律行为，而意思表示则是法律行为的核心。故代理人在代理活动中，根据授权范围和实际情况，有独立进行意思表示的权利，即有权自行决定如何向第三人为意思表示；或者是否接受第三人的意思表示。

（4）代理行为的法律效果直接归属于被代理人。代理人在代理权限内所为行为在法律上视为被代理人自己的行为。故代理行为虽然发生于代理人与第三人（相对人）之间，但是其行为的效果则直接达于被代理人，也就是说，由代理行为所设定的权利或义务直接归被代理人承受，其中也包括代理人在执行代理任务中所造成的损失责任。

12.1.2 代理权和委托代理

1. 代理权

代理权只是实施法律行为的法律资格，其内容既包括权利又包含义务，属于民事能力。

（1）法定代理。法定代理是指以法律的直接规定为根据而发生的代理。法定代理主要是为无行为能力和限制行为能力的人设定的代理。

（2）指定代理。指定代理是指直接根据国家主管机关的行政命令或法院的指定而发生的代理。所以国家主管机关或人民法院能用命令及指定的方式为他人指定代理人，这仍然是以国家法律或政策的规定为根据的，故指定代理实属法定代理的范畴。依法被指定的代理人如无正当理由，不得拒绝。

（3）委托代理。委托代理也叫委任代理，是指以被代理人的委托（委任）为根据而发生的代理。

2. 委托代理

委托代理是因被代理人的授权行为而发生的代理关系，这种代理关系通常也称为意定代理。被代理人作为授权的意思表示一般采用书面形式，既可由被代理人根据自己的意思，向代理人提出授权委托书，也可由代理人事先拟定适用于不特定多数委托人的《代理业务章程》，并且被代理人可以就业务章程中的规定的某项业务，以书面形式向代理人提出代理要求。

不论由被代理人的授权委托书，还是由被代理人根据《代理业务章程》规定的某项业务提出的代理要求，都必须经代理人同意，代理关系才能成立，而且不论哪种形式的委托，都应明确被代理人对代理人的授权范围、代理的期限、代理的事项，以及代理报酬的支付方法等内容。代理关系成立后，被代理人有权撤销其委托，委托人也有权辞去其受任。但应事先通知对方，以免对方或第三方因此而遭受损失，特别是在默示授权的条件下，被代理人不但应将终止授权的意思表示通知代理人，而且还应通知有关的第三方。

12.1.3 代理人及其责任

1. 代理人

代理人是依法律规定或依法律行为以他人名义作或代受意思表示的人，代理人可以是自然人，也可以是法人。自然人作为代理人时，须有民事行为能力，无民事能力的人或限制民事行为能力的人不能作为代理人。法人为代理人时，其所代理的民事法律行为不得超越自己的民事权利能力范围，即代理行为要符合法人的宗旨和业务范围。

2. 代理人的责任

（1）按照代理人合同的规定和委托人的指示负责办理委托事项，并在委托人授权范围内行事。

（2）如实汇报一切重要事宜。

（3）负责保密。代理人在代理合同有效期间，不得把代理过程中得到的保密情报和重要资料向第三者泄露。

(4) 如实向委托人报账。代理人有义务对因代理业务而产生的一切费用提供正确有效的账目并向委托人报账。

3. 委托人的责任和义务

(1) 及时给予代理人明确具体指示。除按照代理合同规定办理外，委托人还要求代理人做好应做的事项，并且必须及时给予明确具体的指示，以便代理人凭以执行，尤其对代理人征询某项工作的处理意见，委托人必须及时答复，如由于指示不及时或不当造成的损失，代理人是没有责任的。

(2) 支付费用和补偿。委托人必须支付代理人由于办理代理事项而产生的有关费用，除非代理合同另有规定，代理人日常业务管理费用，因已有佣金酬劳，不能包括在费用账内向委托人报账。一般的做法是由委托人事先汇付给代理人一笔备用金，代理完毕后由代理人向委托人报账，多退少补。此外，由于委托人的责任，给代理人造成的经济上损失，一般应由委托人给予补偿。

12.1.4 代理关系的终止

1. 法定代理权全部消灭的原因

(1) 本人死亡或法人终止。本人既已死亡、终止，代理权原则上即应消灭。
(2) 代理人死亡。
(3) 代理人沦为无行为能力人。

2. 法定代理权全部消灭的特别原因

(1) 代理事务完成。
(2) 代理权附有期限而期限届满。
(3) 本人破产。
(4) 代理人破产。
(5) 代理权被全部撤回，即"取消委托"。

3. 法定代理消灭的特别要件

(1) 本人取得或者恢复完全民事行为能力。
(2) 监护人资格被撤销。
(3) 由其他事由引起的监护人资格消灭。

12.1.5 代理的选择和使用

代理人工作的好坏直接关系到委托人利益的多少和运输任务的完成与否，所以在选择代理时应该非常慎重，即使在建立关系以后，仍然要不断地对代理进行考核和督促，以维护委托人的利益。

选择代理人并与之建立关系前，必须对选择对象进行全面的调查研究，可以通过直接接触和侧面进行了解，直接接触可以请进来也可以走出去与代理进行面对面的接触，实地了解代理的情况。侧面了解，一般可以通过在外机构、当地商会、银行以及咨询公司等，在摸清代理的基本情况后，往往还需要通过试用进行考核，认为在各方面符合要求后，才能与之建立代理关系，如果拟作为长期代理或独家代理使用，则考核时间需要更长一些。所以一个代理关系的形成、建立和保持，是在长期业务合作、互相信任的基础上产生的。

选择代理人时，所要考核的条件很多，但一般需要考虑的主要有以下3条。

1. 政治背景和合作态度

代理的政治背景和合作态度是建立和保持代理关系的基础。因此，首先必须遵照国家外交外贸方针政策，选择政治可靠，对委托人友好并能合作共事的代理，才能使其处处为委托人着想，维护委托人的利益。

2. 业务能力和工作质量

能否按时、按质、按量完成代理业务，很大程度取决于代理人业务能力的高低和工作质量的好坏，仅有良好合作态度而缺乏业务能力的代理是无法担负委托任务的。所以这是选择代理的重要条件和标准。

3. 资信和经营作风

各国的代理人中不乏商业道德败坏，经营作风恶劣之人，像皮包商之类的代理人。故代理人的资信和经营作风是衡量选择代理人是否忠实可靠的重要因素。

我国在使用代理上，一贯本着平等互利的原则，处理好委托人与代理人之间的关系，在业务上，双方是委托和被委托关系，在政治上和经济上，双方是友好合作关系，只有双方摆好这种关系，才能巩固和发展双边业务关系，加强友好合作。

在代理的使用上，保持代理关系相对的稳定，能够调动代理人的积极性，对工作有利，但对个别不符合要求或不称职的以及作风不够正派的代理，决不能将就，应更换的必须坚决更换。

代理越权处理货物案

2006年6月，某化学品公司在巴西购买了544.26t高压聚乙烯，并于同年8月11日运抵我国上海港。同时，某化学品公司委托某货代公司在上海港代为提货，并在提货后将货物存放于保税仓库内待售。某货代公司接受委托后，某化学公司即将提单、装箱单和发票等单据交给了某货代公司，某货代公司凭这些单据提取544.26t高压聚乙烯后存放于上海海关监管仓库，并通知某化学品公司在2个月内将货物提走，及时清关。某化学品公司由于联系买家，货物一时不能售出，一直未予清关。直至2007年5月5日、24日和6月2日，某化学品公司才先后通过电传和传真通知某货代公司，称其已签署发货信给其客户中国香港恒达贸易商行和中国香港百利国际贸易公司，如该两客户前来提货，须付清货款或由某化学品公司再次书面确认后才能发货。

2007年6月6日，中国香港恒达贸易商行出具了保证向某化学品公司付清货款的保函，深圳深鄂物资有限公司出示了深圳特区对外贸易集团公司与中国香港恒达贸易商行签订的进口高压聚乙烯合同副本和要求提货的介绍信后，在未征得某化学品公司同意的情况下，某货代公司即将总计重量为244.26t的高压聚乙烯以单价1 140美元的要约，让中国香港恒达贸易商行将货提走。但中国香港恒达贸易商行未向某化学品公司付款，货物的正本提单仍在某化学品公司处。某化学品公司发现该数量高压聚乙烯被提走后，即向某货代公司要求赔偿。双方经协商不能达成一致意见，某化学品公司遂向法院提起诉讼，要求按其向中国香港恒达贸易商行提出的每吨1 140美元计算,由某货代公司赔偿。某货代公司认为其是为了帮助某化学品公司清关,才让客户将244.26t高压聚乙烯提走的。某化学品公司未按《中华人民共和国海关法》的规定在3个月内申报清关,因此某化学品公司对此损失也有一定的责任。另外,某货代公司提出的吨价计赔标准不合理,因为货物并未最后成交,不应以此价格计算赔偿金额。此外,某货代公司放货时,同期从巴西进口的高压聚乙烯的上海到岸价为每吨893美元,某化学品公司当时未销出,后以低于每吨893美元的价格售出。

法院认为:某化学品公司委托某货代公司代为提取544.26t高压聚乙烯并存放于保税仓库,以后又要求某货代公司须在收到其客户的货款或某化学品公司的再次确认放货函后才能放货,某货代公司接受了某化学品公司的委托,代为保管此批货物,双方是委托保管法律关系。但由于某化学品公司未能及时销售出货物,不能在规定时间内清关,某货代公司为帮助某化学品公司尽早清关,在未收到某化学品公司客户货款的情况下,违背某化学品公司的指示,将244.26t高压聚乙烯放走,致使某化学品公司未能收到此批货物的货款,遭受了重大经济损失。某货代公司超越代理权的行为,侵犯了某化学品公司的合法权益,某货代公司应承担赔偿损失的民事责任。

本案再一次为货运代理的一些想当然而不考虑后果的行为敲响了警钟,货运代理本是出于好意,担心委托人不能在规定的时间内清关,为了帮助委托人尽早清关,居然将委托人的指示抛在脑后,擅自行事,最终酿成了巨大的损失。从本案中,货运代理应吸取教训,如果真是出于为委托人着想,提高服务质量,降低自身风险考虑,就应严格按照委托人的指示行事,同时根据自己的专业知识和经验给委托人以及时、善意的提示,将此牢记于心才能从根本上避免本案的窘境重演。

12.2 国际货运代理概述

国际货运代理行业的兴起是国际贸易发展到一定程度的必然产物。国际货物交易,由于人力、物力、财力和信息等资源的限制,货主很难做到最经济、最安全、最有效地实现货物的国际运输。而国际货运代理长期从事国际货物运输的代理业务,精通相关业务、了解各种运输的航线,熟悉相关国家的法规和国际运输的规则,与交通运输部门、银行、海关、商检等部门有着广泛的联系,故能做到以最低廉的运费和最快的速度实现货物的安全便捷运输,节省了客户的时间和精力,降低了商品的成本,为客户赢得利润,并且可以避免不必要的损失和延误。

12.2.1 国际货运代理的含义及性质

1. 国际货运代理的含义

当今国际货运代理界对"货运代理人"一词,并没有一个确切的定义,所以一些工具书和相关的国际机构对此都有自己的解释。

国际货运代理协会联合会(FIATA)对货运代理下的定义是:货运代理是根据客户的指示,并为客户的利益而揽取货物运输的人,其本人并不是承运人。货运代理也可以依据这些条件,从事与运送合同有关的活动,如储货(也含寄存)、报关、验收、收款等。

我国的有关资料将国际货物运输代理人定义为"接受货主或承运人的委托,在授权范围内办理国际货物运输业务的企业"。

《中华人民共和国国际货运代理业管理规定》(简称《管理规定》)将国际货运代理业定义为:"接受进出口业务货物收货人、发货人的委托,以委托人的名义或者以自己的名义,为委托人办理国际货物运输及相关业务并收取服务报酬的行业。"目前我国普遍采用的是《管理规定》所做的定义。

根据《管理规定》定义可知,国际货运代理企业作为代理人从事国际货物运输代理业务,其是指国际货运代理企业接受进出口货物收货人、发货人或其代理人的委托,以委托人名义或者以自己名义办理有关业务,收取代理费或佣金的行业;国际货运代理企业作为独立经营人从事国际货物运输代理业务,是指国际货运代理企业接受进出口货物收货人、发货人或其代理人的委托,签发运输单证,履行运输合同并收取运费以及服务费的行为。

2. 国际货运代理的性质

随着国际货运代理业的发展,"货运代理人"有从"代理人"的角色逐步向货物运输的"经营人"和"承运人"的角色方向发展的趋势,但其本质还是货物运输的代理人。不管"货运代理人"是以代理人的角色,还是以"经营人"或"承运人"的角色为客户提供运输服务,其主要的工作内容不外乎两个方面:代表货主的利益,选择运输方式和运输线路、订舱、仓储、安排短途运输、缮制各种运输单据,办理报关、报检、保险等相关手续;代表承运人的利益,揽货、签发运输单据等。货代本身并不拥有货物的所有权和运输工具,其只是为他人提供服务的中间人,在社会经济结构中属于第三产业。

12.2.2 国际货运代理的作用

国际货运代理在促进本国和世界经济发展的过程中起着重要的作用。他们不仅可以简化国际贸易程序,降低运输成本,还可以通过给予承运人和保险人以支持,节省外汇,并帮助改善外汇收支平衡状况。

国际货运代理在其与有关机构,如港口、船代、卡车经营人、铁路经营人、保险人、银行等的贸易活动中发挥协调作用。其不仅对客户,而且对海关和其他与进出口贸易运输有关的当事人,都是十分有益的。具体作用表现在以下几点。

1. 组织协调作用

国际货运代理使用最现代化的通信设备(包括资料处理),来推动国际贸易程序的简化。国际货运代理是"运输设计师",是"门到门"运输的组织者和协调者。

2. 开拓控制作用

国际货运代理不仅组织和协调运输,而且还影响到新运输方式的创造、新运输路线的开发、新运输费率的制定以及新产品的市场开拓。多年来，我国国际货运代理已在世界贸易中心建立了客户网，有的还建立了分支机构，因此能够控制货物的全程运输。

3. 中间人作用

国际货运代理作为"货物中间人"，即是发货人或收货人的代理，故可以代理的名义及时订舱，洽谈费率，于适当时候办理货物递交，也可以委托人的名义与承运人结清运费，并向承运人提供有效的服务。

4. 顾问作用

国际货运代理是企业的顾问，可以为企业提供运费、包装以及进出口业务所需的单证、金融、海关、领事要求等方面提供咨询，还能对国外市场销售的可能性提出建议。

5. 提供专业服务

国际货运代理的各种服务都是专业化的。通常，其对复杂的进出口业务，海、陆、空运输，对结算、集运、仓储、集装箱运输、危险品运输、保险等，都具有专业的知识。特别是能够了解经常变化着的海关手续、运费与运费回扣、港口与机场的业务做法、海空集装箱运输的组织以及出口货物的包装和装卸等。有时还负责申请检验和代向国外客户收取款项。

6. 提供特殊服务

国际货物代理可以提供各种特殊项目的服务。例如，将小批量的货物集中成整组货物，这对从事出口贸易的人很有价值。

7. 费用及服务具有竞争力

国际货运代理可向客户建议采用最新最省的运输方式，从而协助客户控制运费在货物售价中的比例。国际货运代理可在几种运输方式和众多的承运人中间，就关键的运价问题进行选择，挑选最有竞争能力者进行承运，在这方面，其比货方和承运人做得更好。

知识拓展

我国代理制度的法律关系

代理的定义——代理是代理人在代理权范围内，以被代理人的名义独立于第三人的法律行为。在代理制度中以他人名义为他人实施法律行为的人，叫作代理人。其名义被他人使用，被他人代为实施法律行为的人，叫作被代理人，也称本人。

与代理人实施法律行为的人，叫作第三人或相对人。

根据我国的《民法通则》第63条规定："代理人在代理权限内，以被代理人的名义实施的民事法律行为，被代理人对代理人的代理行为，承担民事责任。"显然，被代理人要对代理人的民事法律关系、民事权利和义务承担责任。

在代理行为中必然涉及两个合同、3种关系。

两个合同为：被代理人与代理人之间签订的委托代理合同；代理人受被代理人委托与相对人签订的合同。

3种关系为：被代理人与代理人之间的内部关系；代理人与相对人之间代理的行为关系；被代理人与相对人之间的关系(即代理行为的后果)。

12.2.3 国际货运代理人

国际上从事代理业务的代理人一般都已经营运输多年，精通业务、经验比较丰富，而且熟悉各种运输的手续和规章制度，且与交通运输部门以及贸易、银行、保险、海关等有着广泛的联系和密切的关系，从而具有有利条件为委托人代办各种运输事项。有时由委托代理去完成一项运输业务，比自己亲自去处理更为有利。这是因为代理人熟悉当地情况，与各方面有密切关系，比人地生疏的委托人自己去办可能会更顺利，虽然要花些酬金，但委托人从代理提供的服务中可以得到补偿。这就是代理行业之所以产生并获得迅速发展的一个重要因素。

1. 国际货运代理人的产生

国际货物买卖大都远隔重洋，买卖双方必须借助海、陆、空等不同的运输方式和不同的交通工具才能实现货物的流动。货主为了货物的安全、运输便捷、节省费用、降低成本，便要广泛收集交通运输方面的信息，方能选择到最佳的运输方式、最新的运输工具、最好的承运人且支付最便宜的费用。但事实上，绝大多数单纯经营国际贸易的货主，限于人力、物力、很难做到这些。而且往往由于对某一环节的疏漏或不谙办理有关的手续而事倍功半，甚至造成某种经济损失。为了适应这种需要，在国际货物运输领域里如同贸易一样产生了很多从事代理业务的代理行或代理人。他们接受委托人的委托，代办各种运输业务并按提供的劳务收取一定的报酬，即代理费、佣金或运费。随着国际贸易和运输的发展，这种运输代理行业也迅速广泛发展起来。当前，代理行业已渗透到运输领域内各个角落，成为国际货物运输事业不可缺少的重要组成部分。

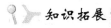 知识拓展

国际货运代理人员应具备的基本素质

（1）熟知地理知识、海运航线知识、航空航线知识。
（2）熟知不同类型运输方式对货物的适用性。
（3）了解不同类型的船舶对货主货物的适应性。
（4）熟知外贸、航运法规和国家有关进出口监管政策。
（5）熟练制作各种货物运输的单证，并确保其制作的正确、清晰和及时。
（6）懂得海关、商检的手续和港口作业流程。

2. 国际货运代理人服务对象

国际货运代理人是接受货主委托，办理有关货物报关、交接、仓储、调拨、检验、包装、转运、租船和订舱等业务的人。

从业务表面上看，他是以货主的代理人身份并按代理业务项目和提供的劳务向货主收取劳务费。但从整个国际贸易运输环节和法律上看，国际货运代理人与民法上的代理完全不同。因此权利与义务也不一样。

国际上从事国际贸易运输的机构很多。但细加分析，其基本上可以归纳为3个方面：即外贸部门或进出口商、货运代理人和交通运输部门。其中外贸部门或进出口商是专门经营进

出口商品业务的机构，统称为货主，他们为了履行贸易合同，必须组织办理进出口商品的运输，且其是货物运输工作中的托运人或收货人。货运代理人是根据货主的要求，代办货物运输业务的机构，他们在托运人与承运人之间起着桥梁作用。在我国，中国对外贸运输总公司是最典型的国际货运代理人。交通运输部门是专门经营水上、铁路、公路和航空等客货运输业务的机构，如轮船公司、铁路局或公路局及其运输公司，民航总局下属中国民航公司及其分公司，地方民航公司等，它们都以拥有运载工具为特征，为社会提供实际运输服务，是货物运输工作中的承运人。

国际货运代理人的工作内容完全属于商业或贸易行为，国际货运代理人为货主服务，并从货主那里获得劳动报酬。国际货运代理人的业务范围有大有小，大的兼办多项业务，海陆空及多式联运货运代理业务齐全，小的则专办一项或两项等，如某些空运货运代理和速递公司。

以海上货运为例，在班轮运输情况下，货运代理人负责订舱，向货主收取一笔劳务费，然后向班轮公司托运货物，并支付运费，并非从实际承运人那里获得收益。在租船运输情况下，货主先程租，支付一笔运费，货运代理人再程租或期租，并向船东支付运费或租金，也并未从实际承运人那里获得利益。

由此可见，货运代理人完全是为货主服务。其服务内容均与国际贸易合同执行有关，与国际贸易运输组织有关，从目的和动机来看其纯属商业行为，而与实际承运人的工作，包括装载、搬运、积载、运送、卸载等具体运输环节毫无关系。

从历史上看，运输是从商业中分离出来的独立行业。这是商品交换高度发达的必然产物。而国际货运代理人是从国际商业和国际运输这两个关系密切的行业里分离出来而独立存在的，这也是商业和运输高度社会化和国际化的必然结果。

国际货运代理的工作性质决定了从事这项业务的人，必须具有有关国际贸易运输方面的广博的专业知识、丰富的实践经验和卓越的办事能力。必须熟悉各种运输方式、运输工具、运输路线、运输手续和各种不同的社会经济制度、法律规定、习惯做法等，且精通国际货物运输中各个环节的种种业务，与国内外各有关机构如海关、商检、银行、保险、仓储、包装、各种承运人以及各种代理人等有着广泛的联系和密切的关系，并在世界各地建有客户网和自己的分支机构。国际货运代理具有的这些优势使得其在国际货物运输中起着任何其他人也取代不了的作用。

由于国际货运代理业目前在我国是一个发展尚不成熟的服务行业，加之各货运代理公司成立的背景迥异，性质不同，经营优势不同，所以在选择代理前明确代理的性质与特点十分重要。

总之，国际货运代理是整个国际货物运输的设计师和组织者，特别是在国际贸易竞争激烈、社会分工越来越细的情况下，其地位越来越重要，作用越来越明显。

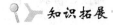
知识拓展

常见的货运代理

（1）租船订舱代理。这类代理与国内外货方有广泛的业务关系。

（2）货物报关代理。有些国家对这类代理应具备的条件规定较严，如美国规定其必须向有关部门申请登记，且必须是美国公民，并经过考试合格，发给执照才能营业。

(3) 转运及理货代理。其办事机构一般设在中转站及港口。

(4) 储存代理。包括货物保管、整理、包装以及保险等业务。

(5) 集装箱代理。包括装箱、拆箱、转运、分拨以及集装箱租赁和维修等业务。

(6) 多式联运代理。即多式联运经营人或称无船承运人，是指与货主签订多式联运合同的当事人。不管一票货物运输要经过多少种运输方式，要转运多少次，多式联运代理必须对全程运输（包括转运）负总的责任。无论是在国内还是国外，对多式联运代理的资格认定都比其他代理要严格一些。

以上代理都是为货主提供服务，并根据服务项目、数量和质量从货主那里获得劳务报酬。

12.3 国际货运代理企业类型与主要业务

国际货运代理企业从事着与国际货物运输相关的业务：一方面，不同的企业由于其自身条件和经营范围的限制，从事着不尽相同的业务；另一方面，由于人们所站的角度不同，可以按不同的方式对国际货运代理企业做出不同的划分。

12.3.1 国际货运代理业务及企业类型

1. 国际货运代理业务类型

按照代理业务的不同，国际货运代理主要有船务代理、货运代理、租船代理和咨询代理4大类。

1) 船务代理

船务代理(Shipping Agent)是指船务代理企业或代理人接受海运承运人(船舶所有人、船舶经营人或承租人)的委托，在授权范围内代表委托人办理与在港船舶有关的其他法律行为、代理行为。

船务代理人的代理权与其他代理的代理权的产生一样，均通过委托人与代理人签订委托代理协议，并在代理人经营的业务范围内，由委托人委托和授权，代理人同意接受，船务代理关系即告建立。

2) 货运代理

货运代理(Freight Forwarder)是指接受货主的委托，代表货主办理有关货物报关、交接、仓储、调拨、包装、转运、订舱等的人，其与货主的关系是委托和被委托的关系。在办理代理业务中，货运代理是以货主的代理人身份对货主负责并按代理业务项目和提供的劳务向货主收取代理费。

货运代理人的业务范围有大有小，大的兼办多项业务，如办理海陆空货运代理业务，小的则专办一项或两项业务，如空运货运代理、陆运货运代理、海运货运代理。较常见的货运代理主要有：订舱揽货代理、货物装卸代理、货物报关代理、转运代理、理货代理、储存代理、集装箱代理等。

3) 租船代理

租船代理(Shipbroker)又称租船经纪人，其是以船舶为商业活动对象而进行船舶租赁业务的人，主要业务活动是在市场上为租船人(Charterer)寻找合适的运输船舶或为船东(Shipowner)寻找货运对象,并以中间人身份使船租双方达成租赁交易,从中赚取佣金。因此,根据租船代理所代表的委托人身份的不同又分为船东代理人和租船代理人。有些租船代理人还兼办船舶买卖,船舶代理业务。

4) 咨询代理

咨询代理(Consulting Agent)是指专门从事咨询工作,按委托人的需要,以提供有关咨询情报、情况、资料、数据和信息服务而收取一定报酬的人。这类代理人不仅拥有研究人员和机构,而且还与世界各贸易运输研究中心有广泛的联系,所以从事咨询代理业务的人,收集信息非常迅速。诸如设计经营方案,选择合理经济运输方式和路线,核算运输成本,研究解释规章法律以及调查有关企业的信誉等,均可根据委托,提供专题报告和资料情报。

以上所列代理人类别,仅仅是从其各自业务的侧重面加以区别,实际上,他们之间的业务范围划分得并不十分清楚,往往互有交错。例如,不少船务代理也兼营货运代理,有些货运代理也兼营船务代理工作。在西方许多国家里,由于代理行业之间的激烈竞争和相互合并联营,代理行业越来越集中,逐渐向垂直垄断化发展,一些大的集团,通过资本渗透、合并和联营方式,把代理行业置于自己的控制之下,以获取超额利润服务。

2. 国际货运代理企业类型

1) 国际货物运输代理企业

国际货物运输代理企业是指接受进出口货物的收发货人的委托,代为办理国际货物运输及相关业务并收取相关服务费用的企业,简称货代企业。货代企业本身不是货物的承运人,而是货主与承运人的中间人。货代企业通过为货主提供安排运输、仓储、安排接货、货物的集装和分拨、办理相关手续、代为保险、代为报关报检等服务项目而获得运费的差价、佣金和服务费等利益和报酬。

根据我国的有关规定,国际货运代理企业必须在商务部或地方外贸管理部门办理备案手续后方可经营。目前我国货代企业主要从事的是:海上货物运输代理业务;航空货物运输代理业务;国际陆路(铁路、公路)运输代理业务和国际多式联运业务。由于国际货物运输主要是通过海运和空运来完成的,故海运代理业务和空运代理业务占了货代业务的绝大多数。货代企业通过自己的特长和优势获得优惠的运价,既为货主提供服务也为自己获得利益。

(1) 海上运输代理业务。由于海运的成本相对低廉,目前世界上80%的国际货物运输都是由海运完成的,因此,海运代理业务占了货代业务的大半部分,其主要从事着国际集装箱货物和件杂货运输代理业务。从事海运代理业务,必须掌握国际海运的航线地理知识,熟悉与海上运输和进出口业务相关的法律、法规和国际公约,并熟悉船舶的航运知识、船舶和码头的货物装载知识、集装箱知识、运价和各种附加费用的有关规定等。

(2) 航空运输代理业务。国际航空货物的速度快、安全及时、运输环节少,因而被越来越多的人所采用。一方面,客户往往为了运送那些价值昂贵的货物、鲜活的产品、易腐和季节性强的商品而选用航空运输;另一方面,由于国际贸易竞争的激烈,货主为了把握商机,争取高利润,也普遍采用航空运输来提高自己的竞争力。从事空运代理业务,必须掌握国际航线和各国的航班情况,熟悉与航空运输和进出口业务相关的法律、法规和国际公约,熟悉各类机型和各种装载知识,会计算各类航空运费,并懂得如何合理地组织运输,以利于节约运输成本。

(3) 国际陆路(铁路、公路)运输代理业务。国际陆路(铁路、公路)运输代理业务,虽然不是国际货物运输代理的主要业务，但因其运输便捷、运量大、成本低、受气候影响比较小等优势，有时也具有不小的市场，特别是在与内陆地区连接的大陆桥运输和联合运输中起到了很大的作用。从事国际陆路(铁路、公路)运输代理业务的企业必须掌握国际陆路运输的相关业务，熟悉铁路、公路的主要干线，并熟悉有关铁路、公路的运输和货物的装载知识，且了解集装箱的相关知识等。

（4）国际多式联运业务。国际多式联运是 20 世纪 80 年代兴起的一种国际货运运输方式，即通过两种以上的运输方式将多程运输交由一个承运人完成。其把传统的海海、空空、陆陆单一运输有机地结合起来，为客户提供经济、安全、合理、迅速、简便的运输服务。国际多式联运业务有别于传统的代理业务。虽然国际多式联运的经营人可能不具有运输工具，但其还是以承运人的角色为客户提供服务，不但要承担代理人的责任，还要承担国际货物运输人的责任。国际多式联运企业不仅需要熟悉代理业务，还必须熟悉相关的承运人的业务知识。

2）船舶代理企业

船舶代理企业是指接受船舶所有人的委托，代办与船舶有关的一切业务的企业。船舶代理业务范围很广，主要包括船舶进出港业务、货运业务、船舶供应和船舶服务方面等业务以及其他服务性业务等。

根据我国的有关规定，船舶代理企业必须经交通部批准方可经营。船舶代理企业主要分为两类：船务代理企业和订舱代理企业。在国际货运代理业务中，船舶代理企业主要从事的是船舶的订舱业务。我国的国际货运代理企业往往有着不同的背景，有些企业背靠船公司，具有船公司的优先订舱权，且可以代为承运人签发承运合同，实际上这些货代企业就扮演着船舶代理的角色。

3）无船承运人

无船承运人是指在国际货物运输中的契约承运人，而不是实际完成运输的实际承运人。国际货运代理企业进入运输领域，开展单一方式运输或多式联运业务时，由于与委托人订立运输合同，并签发自己的运输单证(FCT、FBL 等)，对运输负有责任，因而已经成为承运人。但是，由于他们一般并不拥有或掌握运输工具，故只能通过与拥有运输工具的承运人订立运输合同，由他人实际完成运输，他们实际的角色是自己不完成运输任务，但要承担订立货物运输合同的责任。

4）第三方物流经营人

目前对于第三方物流的概念还不明确，存在着多种解释。但其本质就是通过运用各种信息技术，将传统的仓储、运输、装卸、包装等货物流动的活动系统化、专业化。第三方物流作为国际货运代理的一种发展，可以看作是国际货运代理业务的延伸和拓展，实际上就是将传统的货运代理和新的增值服务结合起来，以达到降低货物的流通成本，为客户提供便捷、低廉的服务，而经营人自己可通过服务的延伸获取更多的利润。

第三方物流经营活动，由于其业务范围的扩大，涉及的服务领域和项目也在增加，故经营人的责任和风险也随之增大。由于第三方物流经营人，在我国属于起步和发展阶段，其名称和业务的范围并没有一个明确的界定。

12.3.2　国际货运代理企业主要业务

国际货运代理人的业务范围是相当广泛的。至于具体某个国际货运代理企业的经营范围,应以其经营许可证上核准的业务范围为准。不管是何类国际货运代理企业,其都经营着相似的业务。

1. 国际货运代理的业务范围

(1) 以代理人身份从事海、陆、空进出口货物的报关报验代理以及保险等业务。
(2) 以中介人、代理人或经营人身份从事海、陆、空货物的租船、订舱及运输组织等业务。
(3) 以多式联运经营人身份从事多式联运业务。
(4) 以第三方物流经营人身份从事物流服务业务。

2. 国际货运代理的具体业务

国际货运代理作为不同的代理人,其具体业务有所不同。

(1) 货物运输代理企业作为出口货物发货人的代理人的业务内容通常可以分为以下具体项目。

① 为出口商(发货人)选择运输路线、方式和适当的承运人并争取优惠运价。
② 为货主和选定的承运人之间安排揽货并办理订舱,如为集装箱运输办理订舱。
③ 从货主存货地点提取货物送往指定的港站。
④ 根据信用证条款和有关主管部门的规定填制各种相关单证。
⑤ 办理包装、计量、存储及保险等有关事宜。
⑥ 办理出口结关手续并负责将货物交付承运人。
⑦ 支付运费,收取正本提单并交发货人。
⑧ 安排货物转运。
⑨ 记录货物残缺、灭失情况。
⑩ 协助发货人向有关责任方进行索赔。
⑪ 提供货运信息和咨询服务。

(2) 国际货物运输代理企业作为进口货物收货人的代理人的业务内容,通常可以分为以下具体项目。

① 向收货人通报货物动态。
② 接受和核查有关货运单据,支付运费并提货。
③ 办理报关、纳税、结关等相关手续。
④ 向收货人交付已清关的货物,并进行结算。
⑤ 必要时协助收货人向有关责任方办理索赔事宜。

(3) 国际货物运输代理企业作为出口货物承运人的代理人的业务内容,通常可以分为以下具体项目。

① 回复托运人关于陆运车辆班次、海运船舶船期、空运飞机航班、运价、运输条件等相关事宜的查询。
② 承揽货物,组织货载,接受托运人的包车、租船、包机、订车、订舱要求,并与之洽谈并签订运输合同。
③ 填写、缮制货物入仓、进站、进港、进场单据或集装箱、集装器放行单,安排货物入仓、进站、进港、进场或装箱。
④ 协助承运人或车站、码头、机场进行车辆、船舶、飞机配载,装车、装船、装机。

⑤ 审核车站、码头、场站汇总的货物清单，缮制货物出口运单、提单等单证，并向海关申报集装箱、集装器、货物情况。

⑥ 向航次租船的船舶承租人签发滞期或速遣通知。

⑦ 向托运人签发运单、提单，并收取运费、杂费。

⑧ 办理货物、集装箱的中转手续。

⑨ 汇总出口货物运输单据，审核有关费用、费收，办理支付、结算手续。

⑩ 向委托人转交货物运输文件、资料，报告出口货载、用箱、费用、收费情况。

⑪ 向货物的目的地车站、港口、机场承运人代理传送货物运输文件、资料，传递运输信息。

(4) 国际货物运输代理企业作为进口货物承运人的代理人的业务内容，通常可以分为以下具体项目。

① 取得、整理、审核进口货物运输单据。

② 向收货人或通知人传达货物到站、到港、运抵信息，通知其提货。

③ 填写、缮制进口货物运输单据，办理集装箱、集装器、货物进口申报手续。

④ 通知、协助车站、港口、机场安排卸货作业。

⑤ 安排集装箱的拆箱、货物的转运、查验、交接。

⑥ 收取运费、杂费及其他相关费用，办理放货手续。

⑦ 汇总进口货物运输单据，审核有关费用、费收，办理支付结算手续。

⑧ 承运人委托的其他事项。

(5) 国际货物运输代理可以作为独立经营人提供有关服务，如国际货物运输代理企业以缔约承运人、无船承运人、多式联运经营人身份提供货物运输服务时，其业务内容通常可以分为以下具体项目。

① 在货物的起运地或其他地点与托运人或其代理人办理货物的交接手续，签发收货凭证、提单、运单。

② 确定运输方式、运输路线，与实际承运人、分包承运人签订货物运输合同。

③ 安排货物运输，跟踪监管货物运输过程。

④ 必要时，对装载货物的集装箱进行保险，对货物的运输投保承运人责任险。

⑤ 通知货物转运地的代理人，与分包承运人进行联系，申办货物的过境、换装运输手续，办理相关事宜。

⑥ 定期向发货人、收货人或其代理人发布货物位置、状况信息。

⑦ 在货主提出要求时，安排货物的中途停运。

⑧ 通知收货人或其代理人货物运抵目的地的时间，安排货物目的地的代理人办理通知提货、交货手续。

⑨ 向货主或其代理人收取、结算运费、杂费。

⑩ 办理货物的索赔、理赔手续。

(6) 国际货物运输代理企业以专业顾问身份提供货物运输咨询服务时，其业务内容通常可以分为以下具体项目。

① 向客户提供有关法律、法规、规章、惯例和运输信息。

② 就货物的运输路线、运输方式、运输方案提出意见和建议。

③ 就货物的包装、装载形式、方式、方法提出意见和建议。

④ 就货物的进出口通关、清关、领事、商品检验、动植物检疫、卫生检验要求提供咨询意见。

⑤ 就货物的运输单证和银行要求提出意见和建议。

⑥ 就货物的运输保险险种、保险范围等提供咨询意见。

⑦ 就货物的理赔、索赔提出意见和建议。

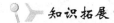 知识拓展

货代与第三方物流

货代可以被称为第三方运输，是承运人与货主之间的第三方，而第三方物流则是生产者和消费者之间的第三方，所以基本是一种中间人的概念。货代开展的是货物运输组织与管理业务，而第三方物流企业开展的是物流系统或供应链的组织与管理活动，当然，运输是其主要业务之一。货代企业是我国物流业的先驱，其可以通过组织变革，向物流业拓展，并发展成为第三方物流企业。

12.4 国际货运代理企业经营规范

我国的国际货代业一直是国家对外经贸事业的重要组成部分，历届政府都确定由外经贸部门负责这一行业的管理。经过几十年的实践与改革，并在各方面的共同努力下，我国已初步形成了既适应我国的国情，又符合国际惯例基本原则的国际货代管理体制。

12.4.1 中国国际货运代理管理的主要法律依据

在我国，由于国际货运代理作为一个行业发展的历史不长，到目前尚无专门管理、规范国际货运代理行业的专门法律。但是，为了加强对国际货运代理行业的管理，规范企业的经营行为，全国人大、国务院及国务院的行政管理部门相继出台了一些法律、法规和部门的规章。

到目前为止，国际货运代理行业管理的主要法律依据是 1995 年对外贸易经济合作部（今商务部）发布的《中华人民共和国国际货运代理业管理规定》（简称《管理规定》）、1998 年发布的《中华人民共和国国际货运代理业管理规定实施细则》（简称《实施细则》）、2002 年发布的《中华人民共和国外商投资国际货运代理业管理规定》（简称《外商投资货代规定》）和 2003 年的《＜外商投资国际货运代理业管理规定＞补充规定》（简称《补充规定》）。

《管理规定》和《实施细则》明确了国际货运代理业的定义，规定了对外贸易经济合作部是国际货运代理行业的业务主管部门，并对业务管理的方法和途径进行了规范；且明确了国际货运代理企业的设立条件、审批程序、业务范围和对违规行为的处罚。由于《管理规定》和《实施细则》中有关国际货运代理企业的审批程序与后来的《行政许可法》相冲突，故从 2004 年 5 月 19 日起《管理规定》和《实施细则》中的有关国际货运代理企业经营资格审批的规定不再执行。

中华人民共和国国际货物运输代理业管理规定实施细则

中华人民共和国商务部公告2003第82号

根据《商务部法律、行政法规起草及规章、规范性文件制定办法》对部规章制定的有关程序规定，经广泛征求意见，中华人民共和国商务部对《中华人民共和国国际货物运输代理业管理规定实施细则》（试行）（以下简称实施细则）做出修改的决定。

修改的内容为：将原实施细则第六条："国际货代理业务的申请人应当是与进出口贸易或国际货物运输有关、并有稳定货源的单位。符合以上条件的投资者应当在申请项目中占大股。"修改为："国际货代企业的股东可由企业法人、自然人或其他经济组织组成。与进出口贸易或国际货物运输有关、并拥有稳定货源的企业法人应当为大股东，且应在国际货代企业中控股。企业法人以外的股东不得在国际货代企业中控股。"另外，将原条文中的"对外贸易经济合作部"和"外经贸部"，修改为"商务部"；原条文中的"对外经济贸易主管部门"修改为"商务主管部门"；"地方对外贸易主管部门"修改为"地方商务主管部门"。

现重新发布修订后的《中华人民共和国国际货物运输代理业管理规定实施细则》，自发布之日起实施。

中华人民共和国商务部
二〇〇四年一月一日

中华人民共和国国际货物运输代理业管理规定实施细则

目 录

第一章 总 则
第二章 设立条件
第三章 审批登记程序
第四章 年审和换证
第五章 业务管理
第六章 罚 则
第七章 附 则

根据《管理规定》和《实施细则》的规定，设立国际货运代理企业必须具备固定的经营场所、必要的营业设备和一定数量的专业人员。国际货运代理企业最低注册资本为：经营海上国际货物代理业务企业，注册资本最低限额为500万元人民币；经营航空国际货物运输代理业务企业，注册资本最低限额为300万元人民币；经营陆路国际货物运输代理业务或者国际快递业务企业，最低注册资本限额为200万元人民币。兼营两项以上业务（包括两项）的，注册资本最低限额为其中最高一项的限额。如果企业需要设立分支机构，则每设立一个分支机构，应增加注册资本50万元人民币。

《外商投资货代理规定》规定了外商投资国际货运代理企业的定义、外商投资国际货运代理企业的设立条件、审批程序、经营期限等问题；《补充规定》允许中国香港、澳门地区的服务企业在内地以合资、合作、独资形式设立国际货运代理企业，并规定了此类企业的最低注册资本等问题。

由于我国对国际货运代理行业的管理存在着多头管理的现象，所以除商务部以外，国务院和其他行政管理部门也制定了相应的法规和规章，从不同的角度对国际货运代理行业和企业进行不同程度的管理。如国务院颁布的《中华人民共和国国际海运条例》和交通部发布的《中华人民共和国国际海运条例实施细则》，对无船承运人和国际船舶代理经营者进行了界定，规定了无船承运人的申请资格、申请条件、审批程序、经营范围和无船承运人提单申请办法，明确了国际船舶代理企业及其设立分支机构的申请手续等规定；海关总署发布的《中华人民共和国海关对报关单位注册登记管理规定》对报关单位的类别、登记注册许可、登记注册程序、报关行为内容等进行了明确的规定；国家质量监督检验检疫总局发布的《出入境检验检疫代理报检规定》规定了代理报检单位的注册登记、设立条件和报检的行为规范的具体内容；国家民航总局发布的《中国民用航空快递业管理规定》明确了航空快递的定义，并规定了经营航空快递业务企业的条件，审批程序；交通部和铁道部联合发布的《国际集装箱多式联运管理规则》规定了国际集装箱多式联运经营人的定义，以及经营集装箱业务企业的审批条件、审批程序和业务范围等。

> **知识拓展**
>
> **计算机货物灭失案**
>
> 2007年10月，法国某公司(卖方)与中国某公司(买方)在上海订立了买卖200台计算机的合同，每台计算机1 000美元，以不可撤销信用证支付，于2007年12月从马赛港交货。2007年11月15日，买方在中国银行上海分行(开证行)根据指示向卖方开出了金额为20万美元的不可撤销信用证，委托马赛的一家法国银行通知并议付此信用证。2007年12月20日，卖方将200台计算机装船并获得信用证要求的提单、保险单、发票单据后，即到该法国银行议付，经审查，单证相符，银行即将20万美元交付给卖方。载货船离开马赛港10天后，在航行途中由于船员航行操作过失，船舶触礁，救助无效，货船及货物全部沉入大海。此时开证行已收到议付行寄来的全套单据，买方也已得知所购货物全部灭失的消息，因此买方拒绝交付货款，理由是其不能得到所期待的货物。
>
> （资料来源：http://jpkc.dlmu.edu.cn/jpkc/wlx/xiti/anli.doc. 经作者整理）

12.4.2 国际货运代理的权利与义务

1. 国际货运代理的权利

国际货运代理企业的主要业务是接受货主的委托，代理客户完成国际贸易中的货物运输任务，货主是委托方，货代是代理人。根据《中华人民共和国合同法》的有关规定，国际货运代理企业主要有以下权利。

（1）为客户提供货物运输代理服务获取报酬。

（2）接受委托人支付的因货物的运送、保管、投保、报关、办理汇票的承兑和其他服务所发生的一切费用。

（3）接受委托人支付的因货代不能控制的原因致使合同无法履行而产生的其他费用(如果客户拒付，国际货运代理人对货物享有留置权，且有权以某种适当的方式将货物出售，以此来补偿所应收取的费用)。

（4）接受承运人支付的订舱佣金。

（5）按照客户的授权，可以委托第三人完成相关代理事宜。

（6）接受委托事务时，由于货主或承运人的原因，致使货代受到损失，可以向货主或承运人要求赔偿损失。

2. 国际货运代理的义务

国际货运代理义务是指国际货运代理在接受委托后对自己代理事宜的应当或不应当从事的行为，以及在从事货运代理业务中与第三人的应当或不应当从事的行为。国际货运代理企业一旦与货主(委托人)签署合同或委托书，就必须根据合同或委托书的相关条款为委托人办理委托事宜，并对在办理相关事宜中的行为负责。归纳起来其义务分为两类：对委托人的义务和对委托事务相对人的义务。

1) 对委托人的义务

国际货运代理企业在从事国际货物运输代理业务过程当中，对委托人的义务主要表现在以下几点。

(1) 按照客户的指示处理委托事务的义务。
(2) 亲自处理委托人委托事务的义务。
(3) 向委托人如实报告委托事务进展情况和结果的义务。
(4) 向委托人移交相关财物的义务。
(5) 就委托办理的事宜为委托人保密的义务。
(6) 由于自己的原因，致使委托业务不能按期完成或使委托人的生命财产遭受损失，而进行赔偿的义务。

2) 对委托事务相对人的义务

国际货运代理企业从事国际货物运输代理业务，在办理委托人委托的事务过程中，必然与外贸管理部门、海关、商检、外汇管理等国家管理部门和承运人、银行、保险等企业发生业务往来，国际货运代理企业在办理相关业务中还必须对其办理事务的相关人负责。其义务主要体现在以下几点。

(1) 如实、按期向有关的国家行政管理部门申报的义务。
(2) 如实向承运人报告货物情况的义务。
(3) 缴纳税费，支付相关费用的义务。
(4) 由于货主或货代本身的原因，致使相关人的人身或财产损失的赔偿义务。

12.4.3 国际货运代理的责任及免除责任

1. 国际货运代理的责任

国际货运代理的责任是指国际货运代理作为代理人和当事人两种情况时的责任。

1) 作为代理人责任

国际货运代理作为纯粹的代理人，通常应对其本人及其雇员的过错承担责任，其错误和疏忽主要包括以下几点

(1) 未按指示交付货物。
(2) 尽管得到指示，办理过程中仍然出现疏忽。
(3) 报关有误，运往错误的目的地。
(4) 未能按必要的程序取得再出口(进口)货物退税。
(5) 未取得收货人的货款而交付货物。
(6) 对其经营过程中由于国际货运代理的责任，造成的第三人财产灭失或损坏或人身伤亡承担责任。

2) 作为当事人责任

国际货运代理作为当事人是指在为客户提供货运代理服务中，以其本人的名义承担责任的独立合同人。他应对因履行国际货运代理合同而雇佣的承运人、分货运代理的行为或不行为负责。

在这种代理中，其与客户接洽的是服务的价格，而不是收取代理手续费。特别是当国际货运代理以经营人的身份提供多式联运服务时，作为国际货运代理的标准交易条件中的纯粹代理性质的条款就不再适用了。其合同义务受他所签发的多式联运提单条款的制约，即使此时国际货运代理本人并不拥有船舶或其他运输工具，也将作为多式联运经营人，对全程负责，承担如同承运人的全部责任。

2. 国际货运代理的免除责任

免除责任又称免责，是指根据国家法律、国际公约、运输合同的有关规定，责任人免于承担责任的事由。国际货运代理与承运人一样享有免除责任。

对于国际货运代理，其免除责任，通常体现在国际货运代理标准交易条件，或者在与客户签订的合同中，归纳起来主要包括以下7个方面。

(1) 客户的疏忽或过失所致。
(2) 客户或其代理人在搬运、装卸、仓储和其他处理中所致。
(3) 货物的自然特性或潜在缺陷所致，如由于破损、泄漏、自燃、腐烂、生锈、发酵、蒸发或对冷、热、潮湿的特别敏感性所致。
(4) 货物的包装不牢固、缺乏或不当包装所致。
(5) 货物的标志、地址的错误或不清楚、不完整所致。
(6) 货物的内容申报不清楚或不完整所致。
(7) 不可抗力所致，如战争、海啸、飓风等灾害造成的货物的灭失。

需要说明的是，尽管有上述免责条款的规定，国际货运代理仍须对因其自身的或过失或疏忽而造成的货物灭失、短少或损坏负责。

另外，作为委托人，应当在国际货运代理对其征询有关业务或处理意见时，及时予以答复，对要求国际货运代理所做的工作亦应及时给予各种明确的指示。如因指示不及时或不当而造成的损失，国际货运代理不承担任何责任。

本章小结

本章主要介绍了国际货运代理的概念、代理范围等相关的内容。随着社会经济的发展和社会化大生产的出现，特别是在商品经济高度发展的情况下，频繁的经济活动常因时间、地点和条件的限制，使当事人无法亲自完成全部经济行为。

国际交易不仅涉及面广，环节多，而且情况复杂多变，任何一个贸易商或承运人都不可能亲自到世界各地处理每一项业务，故很多业务都需要委托代理人代办。为了适应这种需要，在国际贸易和运输领域就产生了很多从事代理业务的代理行或代理人，其接受委托人的委托，代办各种业务，并按提供的劳务收取一定的报酬。

从国际货运代理的基本性质看，其主要是接受委托人的委托，就有关货物运输、转运、仓储、保险以及货物运输有关的各种业务提供服务的一个机构。国际货运代理作为一种中间人性质的运输者，既代表货方，保护货方的利益，又协调承运人进行承运工作，其本质就是"货物中间人"，在以发货人和收货人为一方，承运人为另一方的两者之间行事。

课后习题

一、单选题

1. 国际货运代理业被定义为"接受进出口业务货物收货人、发货人的委托，以委托人的名义或者以自己的名义，为委托人办理（　　）及相关业务并收取服务报酬的行业。"

A. 国际货物运输　　　　　　　　B. 国内货物运输
C. 地区货物运输　　　　　　　　D. 进口货物运输

2. 根据我国的有关规定，国际货运代理企业必须在或地方外贸管理部门办理备案手续后方可经营。

A. 财政部　　　B. 商务部　　　C. 外交部　　　D. 海关

3. 根据我国的有关规定，船舶代理企业必须经(　　)批准方可经营。

A. 商业部　　　B. 商务部　　　C. 交通部　　　D. 外贸部

4. 船舶代理企业主要分为两类：船务代理企业和(　　)。

A. 运输代理企业　　　　　　　　B. 业务代理企业
C. 货运代理企业　　　　　　　　D. 订舱代理企业

5. (　　)是指在国际货物运输中的契约承运人，而不是实际完成运输的实际承运人。

A. 无船承运人　B. 光船承运人　C. 租船承运人　D. 船务承运人

二、简答题

1. 国际货运代理的作用有哪些？
2. 国际货运代理的权利有哪些？
3. 国际货运代理中作为代理人的责任有哪些？
4. 国际货运代理的业务范围包括哪些方面？

本章实训

【实训任务】

了解货运代理企业的有关业务。

【实训目标】

通过本次实训，使学生进一步了解货运代理企业的业务。

【实训内容】

学校负责联系货运代理企业，然后围绕该企业进行调研，收集有关资料，在指导老师的帮助下，分析货运代理企业的业务。

【实训要求】

将班级同学进行分组，每组成员不超过 6 人，指定组长 1 名，由组长安排各小组的进度，并负责总体的协调工作，选择 1 个货运代理企业进行实习，通过实习，提出货运代理企业的具体业务，并熟悉货运代理企业的有关规定。

【考核方法】

考核内容	标准分值	实训评分
资料收集整理	20 分	
提出货运代理企业的业务范围	40 分	
实训过程表现	40 分	

【案例讨论】

A是广州市的一家货代，B是深圳的一家进口公司，C是湖南省的一家工业供销公司。C于×年×月×日持B致A的信件，向A办理8t化工原料进口的代理手续，并随函附有按CIF条件缮制的进口合同副本一份，在该合同的副本上有由B公司的业务员手书注明的收货人名称、地址、电话、联系人及用卡车运至某地某库的字样。

事隔3个月后，货从国外运抵广州，于是A向C发出进口到货通知书，在通知书的注意事项第5条内注明货运内地加批加保由货代统一办理。

A于办好进口报关、纳税等事项后，以自己的名义委托广州市一家具有合法运营权的车队(以下称承运人)将货物运往合同副本上指定的某地某库。不料在运输途中由于驾驶员违章操作，导致与另一卡车相撞后造成车货俱毁。

事后，C以A转交他人运输又未履行加保为由，向A提赔。

A以造成货损是承运人的责任而拒赔。双方经多次协商未果，最后C向法院起诉。

原告C称：我公司委托A办理货物到港后的一切手续，并将货物运至某地某库。双方既已确定委托运输关系，即受到法律保护。但被告方擅自转交第三者运输又未履行加保手续，结果导致货物灭失，理应负赔偿责任。

被告A称：该业务系根据B的信件而受理的，只与B建立了法律关系，原告只是这笔业务的收货人，两者之间没有法律关系。货物灭失的责任在承运人，原告在向B购买货物时，理应知道国内段的运输风险已转至自身，原告自己没有转移风险，又未委托他人代为转移，理应自行承担风险。

进口到货通知书注意事项第5条规定，凡集装箱进口货物在港口拆箱转运内地的货物统一由我公司代办加批加保手续。但该条不适用于本案。因广州人保的"特别条款"的加批加保并不包括CIF条款，故CIF条款系在国外投保。

(资料来源：杜学森，律宝发. 国际货运代理实物. 经作者整理)

讨论：
法院该如何判决？

第13章

物流运输法律、法规

WULIU YUNSHU FALV、FAGUI

【学习目标】

知识目标	技能目标	学时安排
（1）掌握中华人民共和国道路交通管理条例； （2）掌握交通运输法规的类型； （3）掌握我国的基本交通运输法规的构成； （4）了解外贸运输法规	能运用所学的知识解决物流运输中所遇到的法律问题	4学时

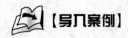 **【导入案例】**

一起跨省货物运输引发的合同纠纷

2012 年 4 月 30 日,赣州市某矿产公司(下称赣州公司)突然接到福建某矿产深加工公司(下称福建公司)的电话,声称由于赣州公司交错了货物,造成福建公司直接经济损失 10 万元。

情况大致如下:赣州公司托运的 3t 矿产品交付给物流公司后,物流公司并没有直接进行运输,而是委托另一家东方货运公司进行运输。物流公司与东方货运公司另外又签订了一份承运单。承运单上的产品中文名称是正确的,但是货物编码被东方货运公司填写错了。东方货运公司在收到 3t 矿产品后,连夜同其他货物一起运到了福建。第二天早上,东方货运公司的福建分公司的工作人员,马上通知福建的两家矿产品深加工公司前来提货。在先后提货的过程中,东方货运公司的工作人员把福建甲公司的矿产品装运在乙公司派来的车辆上,把乙公司的矿产品装运在甲公司派来的车辆上。两家公司派来提货的司机,也不分青红皂白,盲目地在承运单上签字,也未进行验货,就拉着矿产品直接回各自公司。矿产品运回公司后,两家公司的工人,也不做任何入库检验手续,就混同其他矿产品倒入机器中进行深加工。待加工完成时抽样检查,发现加工出来的产品全部是废品。于是,出现了本文开头的一幕。

损失 10 万元,福建两家公司都十分气愤。他们说,没想到合作这么多年的贸易伙伴,竟然会交错货物给自己,害得自己损失 10 万元。

福建两家公司的观点基本一致:我们与你们赣州公司签订的工矿产品购销合同中明确规定,你们供方负责运输,货到我们需方仓库。现在你们违反合同约定,不仅没有将货物运送到我们仓库,而且交付的货物也是错的。我们虽然提错了货物、没有进行收货检验,但并不会造成损失。你们发错货物的违约行为,是导致我们损失 10 万元的必然因素。

赣州公司认为:赣州公司在交付货物的过程中,的确是填写了承运单,实际交付的货物没有符合合同约定,因此,赣州公司存在一定的过错。再次,在具体发收货物的过程中,需方也存在过错——收货物时,没有进行最基本的货物品名比对,盲目地签单;在将货物运送回公司后,没有按照双方的合同约定,进行货物品名、品质的检验就直接入库,直接进行加工。

经过多次谈判,最后达成协议:此次合同纠纷的损失的 10 万元,赣州公司交付货物错误应对此次损失承担 50%的责任;东方货运公司错填单证、错装货物承担 20%的责任;需方不认真检查承担 30%的责任。

(资料来源:http://jpkc.dlmu.edu.cn/jpkc/wlx/xiti/anli.doc. 经作者整理)

思考:
该案例带给我们的教训是什么?

13.1 我国的交通运输法规

物流运输企业为了顺利开展各项运输服务，避免运输过程中出现不必要的周折，使运输更加合理化，并提高运输效率，故必须熟悉国家与运输相关的法律法规。对于从事海外业务的国际运输企业来说，还必须熟悉与运输相关的国际法与国际条约。

13.1.1 交通运输法规的基本概念与类型

1. 交通运输法规的基本概念

交通运输法规是指国家立法机关为了加强交通运输管理而颁布的法律，以及国家行政机关依照宪法和法律的有关规定制定和发布的行政法规、规章，是集行政法、民法和经济法为一体的调整交通运输关系的法律规范的总称。

2. 交通运输法规的类型

交通运输法规可分为两大类：一类是经济法规，另一类是社会法规。

1) 经济法规

为了提供可靠的运输服务和促进经济发展，政府应积极利用经济法规保护运输承担人，保证其运输服务的可得性和稳定性。经济法规的内容包括市场的加入和服务水平规范、费率管制和补贴等。

（1）我国对运输业的费率实行严格的管制政策。各种运输方式的费率均有明确的运价表进行规定，并要求运输企业严格按照运价表收取运费，且由铁道部、交通部、民航局等行政部门及其下属机构负责监督执行。除非特别批准，运输企业不得变更运价。

（2）服务水准规范的内容涵盖了运输业经营的技术和服务标准。在我国，目前对交通安全则有诸多交通安全规则加以规范。尤其是对我国目前的服务水准管制中涉及的安全、运输工具、运输业从业技术人员的考核以及运输合同条款方面的规定较多也较为详细，但对于服务的水平、次数等规定比较笼统。

（3）加入和退出规章的内容涵盖了运输企业从设立到退出行业的全过程，这种限制的目的是为了控制大市场的竞争性质，同时确保小市场可获得的服务水准。与加入规章相对应的是退出限制，即为确保适当的服务水准，经济法规规定，如果承运人离开市场会导致服务水准的大幅度下降，则应限制其离开市场。

（4）我国运输补贴分为中央财政补贴和地方财政补贴两级。中央财政补贴主要用于铁路和管道运输，补贴方式主要是以差额方式补贴，即由中央财政拨款弥补运输企业运营亏损。地方财政补贴主要用于城市公共交通，对城市公共交通运输企业包括地铁、公共汽车等进行补贴，补贴方式主要是以差额方式补贴。

2) 社会法规

社会法规既涉及运输的当事双方，又涉及运输所影响到的所有其他人，包括安全管制、环境保护等。在社会法规方面各国政府的干预程度可以说一直在增加。例如，《中华人民共和国铁路法》对铁路运输企业在运输营运过程中对社会应该承担的环境保护义务做出了具体规定：铁路运输企业应当采取措施，防止对铁路沿线环境的污染，主要包括防治大气污染、防治噪声污染、防止固体废弃物污染等。防止对铁路沿线环境的污染，既是法律赋予铁路运输企业的义务，也是实现社会可持续发展的客观要求，必须引起有关部门的高度重视。

13.1.2 我国的基本交通运输法规

我国的交通法分法律、法规、规章 3 个层次，包括国务院已发布的有关行政法规和各交通主管机关制定的行政规章。

1. 《中华人民共和国道路交通管理条例》相关内容

1) 车辆

车辆必须经过车辆管理机关检验合格，领取号牌、行驶证后方准行驶。号牌须按指定位置安装，并保持清晰。号牌和行驶证不准转借、涂改或伪造。机动车在没有领取正式号牌、行驶证以前，需要移动或试车时，必须申领移动证、临时号牌或试车号牌，并按规定行驶。机动车必须保持车况良好、车容整洁。制动器、转向器、喇叭、刮水器、后视镜和灯光装置，必须保持齐全有效。

机动车必须按车辆管理机关规定的期限接受检验，未按规定检验或检验不合格的，不准继续行驶。汽车、拖拉机拖带挂车时，只准拖带一辆。挂车的载质量不准超过汽车的载质量。连接装置必须牢固，防护网和挂车的制动器、标杆、标杆灯、制动灯、转向灯、尾灯，必须齐全有效。机动车的噪声和排放的有害气体，必须符合国家规定的标准。

2) 交通信号、交通标志和交通标线

交通信号分为：指挥灯信号、车道灯信号、人行横道灯信号、交通指挥棒信号、手势信号。指挥灯信号：绿灯亮时，准许车辆、行人通行，但转弯的车辆不准妨碍直行的车辆和被放行的行人通行。车道灯信号：绿色箭头灯亮时，本车道准许车辆通行，红色叉形灯亮时，本车道不准车辆通行。车辆、行人必须遵守交通标志和交通标线的规定。车辆和行人遇有灯光信号、交通标志或交通标线与交通警察的指挥不一致时，应服从交通警察的指挥。

3) 车辆装载

车辆载运不可解体的物品，其体积超过规定时，须经公安机关批准后，按指定时间、路线、时速行驶，并须悬挂明显标志。车辆装载必须遵守下列规定：不准超过行驶证上核定的载人数；货运机动车不准人、货混载，但大型货运汽车在短途运输时，车厢内可以附载押运或装卸人员 1~5 人，并须留有安全乘坐位置；载物高度超过车厢栏板时，货物上不准乘人；货运汽车挂车、拖拉机挂车、半挂车、平板车、起重车、自动倾卸车、罐车不准载人，但拖拉机挂车和设有安全保险或乘车装置的半挂车、平板车、起重车、自动倾卸车，经车辆管理机关核准，可以附载押运或装卸人员 1~5 人；机动车除驾驶室和车厢外，其他任何部位都不准载人。

4) 道路

任何单位和个人未经公安机关批准，不准占用道路摆摊设点、停放车辆、堆物作业、搭棚、盖房、进行集市贸易或其他妨碍交通的活动。市政、公路管理部门为维修道路，需要占用、挖掘道路时，除日常维修、养护道路作业外，须与公安机关协商共同采取维护交通的措施后再行施工，其他单位需要挖掘道路时，须经市政管理部门或公路管理部门同意后，由公安机关办理手续。新建、改建大型建筑物和公共场所时，须设置相应规模的停车场(库)，且停车场(库)由城市规划部门审核，并得到公安机关同意后，方准施工。

5）车辆驾驶员

机动车驾驶员必须经过车辆管理机关考试合格，领取驾驶证，方准驾驶车辆。机动车实习驾驶员可以按考试车型单独驾驶车辆。但驾驶大型客车、电车、起重车和带挂车的汽车时，须有正式驾驶员并坐，以监督指导。实习驾驶员不准驾驶执行任务的警车、消防车、工程救险车、救护车和载运危险物品的车辆。

6）处罚

违反道路交通运输条例规定的行为，除依照《中华人民共和国治安管理处罚法》的规定处罚外，均按本条例的规定处罚。对违反本条例规定的人，应根据情节轻重，给予批评教育或适当处罚，不得徇私舞弊、索贿受贿、枉法裁决。交通警察违反规定时，应给予行政处分；构成犯罪的，应依法追究刑事责任。

2.《中华人民共和国航道管理条例》相关内容

1）航道的规划和建设

航道发展规划应当依据统筹兼顾、综合利用的原则，并结合水利水电、城市建设以及铁路、公路、水运发展规划和国家批准的水资源综合规划制定。国家航道发展规划由交通部编制，报国务院审查批准后实施。地方航道发展规划由省、自治区、直辖市交通主管部门编制，报省、自治区、直辖市人民政府审查批准后实施，并抄报交通部备案。跨省、自治区、直辖市的地方航道的发展规划，由有关省、自治区、直辖市变通主管部门共同编制，并报有关省、自治区、直辖市人民政府联合审查批准后实施，且抄报交通部备案，必要时需报交通部审查批准后实施。

建设航道及其设施，必须遵守国家基本建设程序的规定。工程竣工经验收合格后，方能交付使用。建设航道及其设施，不得危及水利水电工程、跨河建筑物和其他设施的安全。因建设航道及其设施损坏水利水电工程、跨河建筑物和其他设施的，建设单位应当给予赔偿或者修复。

2）航道的保护

航道和航道设施受国家保护，任何单位和个人均不得侵占或者破坏。交通部门应当加强对航道的养护，保证航道畅通。在通航河流上建设永久性拦河闸坝时，建设单位必须按照设计和施工方案，同时建设适当规模的过船、过木、过鱼建筑物，并解决施工期间的船舶、排筏通航问题。过船、过木、过鱼建筑物的建设费用，由建设单位承担。

因紧急抗旱需要，在通航河流上建临时闸坝时，必须经县级以上人民政府批准。旱情解除后，建闸坝单位必须及时拆除闸坝，恢复通航条件。对通航河流上碍航的闸坝、桥梁和其他建筑物以及由建筑物所造成的航道淤积，由地方人民政府按照"谁造成碍航谁恢复通航"的原则，责成有关部门改建碍航建筑物或者限期补建过船、过木、过鱼建筑物，清除淤积，恢复通航。

3）航道养护经费

船舶、排筏应当按照国家规定缴纳内河航道养护费。经国家批准计征港务费的沿海和内河港口,进出港航道的养护费由港务费开支。专用航道的养护费,由专用部门自行解决。对征收的航道养护费和中央、地方财政拨给的航道事业费,必须贯彻统收统支、专款专用的原则。

4) 罚则

对违反本条例规定的单位和个人,县以上交通主管部门可以视情节轻重给予警告、罚款的处罚。当事人对交通主管部门的处罚不服的,可以向上级交通主管部门提出申诉,而对上级交通主管部门的处理不服的,可以在接到处理决定书之日起 15 日内向人民法院起诉,逾期不起诉又不履行的,交通主管部门可以申请人民法院强制执行。违反本条例的规定,应当受治安管理处罚的,由公安机关处理;构成犯罪的,由司法机关依法追究其刑事责任。

3. 《中华人民共和国水路运输管理条例》相关内容

1) 营运管理

设立水路运输企业,水路运输服务企业以及水路运输企业以外的单位和个人从事营业性运输,由交通主管部门根据条例的有关规定和社会运力运量综合平衡情况审查批准。审批办法由交通部规定。设立水路运输服务企业,必须具备相关规定的条件,并拥有与水路运输服务业务相适应的自由流动资金。

交通主管部门应当根据水路运输企业和其他从事营业性运输的单位、个人的管理水平、运输能力、客源货源情况审批其经营范围。交通主管部门对批准设立的水路运输企业和其他从事营业性运输的单位、个人,发给运输许可证;对批准设立的水路运输服务企业,发给运输服务许可证。

水路运输企业和其他从事营业性运输的单位、个人以及石油、煤炭、冶金、商业、供销、外贸、林业、电力、化工、水产部门,必须按规定向交通主管部门和统计主管部门提供营业性和非营业性运输统计表。水路运输服务企业不得垄断货源,强行代办服务;不得超出规定的收费标准收取服务费用。

水路运输企业和其他从事营业性运输的单位、个人必须按照国家规定缴纳税金、规费(港务费、船舶停泊费、航道养护费)和运输管理费;从事非营业性运输的单位和个人必须按照国家规定缴纳规费。全民、集体所有制单位和个体船民经营的水路运输,其合法权益受国家法律保护,任何单位和个人均不得向其非法收取或摊派费用。

2) 罚则

当事人对交通主管部门的处罚决定不服的,可以向上一级交通主管部门申请复议;对上一级交通主管部门的复议决定不服的,可以自接到复议决定书之日起 15 日内向人民法院起诉。当事人期满不起诉又不履行的,交通主管部门可以申请人民法院强制执行。违反本条例应当受治安管理处罚的,由公安机关处理;构成犯罪的,由司法机关依法追究其刑事责任。水路运输管理人员违反本条例的,由交通主管部门给予行政处分或经济处罚。

4. 《航空货物运输合同实施细则》相关内容

1) 货物运输合同的签订和履行

托运人托运货物时应向承运人填交货物托运单,并根据国家主管部门规定随附必要的有效证明文件。托运人应对托运单填写内容的真实性和正确性负责。托运人填交的货物托运单经承运人接受,并由承运人填发货单后,航空货物运输合同即告成立。

托运人要求包用飞机运输货物时,应填交包机申请书,经承运人同意接受并签订包机运输协议书后，航空包机货物运输合同即告成立。签订协议书的当事人，均应遵守民航主管机关有关包机运输的规定。

托运人对托运的货物，应当按照国家主管部门规定的标准包装；没有统一规定包装标准的，应当根据保证运输安全的原则，按货物的性质和承载飞机等条件包装。凡不符合上述包装要求的，承运人有权拒绝承运。

承运人应于货物运达到货地点后24小时内向收货人发出到货通知。收货人应及时凭提货证明到指定地点提取货物。货物从发出到货通知的次日起，免费保管3日。收货人逾期提取，应按运输规则缴付保管费。

货物从发出提货通知的次日起，经过30日无人提取时，承运人应及时与托运人联系征求处理意见，再经过30日，仍无人提取或托运人未提出处理意见的，承运人有权将该货物作为无法交付货物，按运输规则处理。对易腐或不易保管的货物，承运人可视情况及时处理。

承运人应按货运单交付货物。交付时，如发现货物灭失、短少、变质、污染、损坏时，应会同收货人查明情况，并填写货运事故记录。收货人在提取货物时，对货物状态或重量无异议，并在货运单上签收，承运人即解除运输责任。

2）货物运输合同的变更和解除

货物承运后，托运人可以按照有关规定要求变更到站、变更收货人或运回原发站，承运人应及时处理。但如托运人的变更要求违反国家法律、法规和运输规定，承运人应予以拒绝。由于承运人执行国家交给的特殊任务或气象等原因，航空货物运输受到影响，需要变更运输时，承运人应及时与托运人或收货人商定处理办法。

货物发运前，经合同当事人双方协商同意，或任何一方因不可抗力不能履行合同时，可以解除运输合同，但应及时通知对方。承运人提出解除合同的，应退还已收的运输费用，托运人提出解除合同的，应付给承运人已发生的费用。

3）违反货物运输合同的责任

从承运货物时起，至货物交付收货人或依照规定处理完毕时止，货物发生灭失、短少、变质、污染、损坏时，按下列规定赔偿：已投保货物运输险的货物，由承运人和保险公司按规定赔偿，除此之外，均由承运人按货物的实际损失赔偿。赔偿的价格计算，由中国民用航空局和国家物价局及国家工商行政管理局另行规定。

如果托运人或收货人证明损失的发生确属承运人的故意行为，则承运人除按规定赔偿实际损失外，还会由合同管理机关处其造成损失部分10%～50%的罚款。

货物超过约定期限运达到货地点，每超过一日，承运人应偿付运费5%的违约金，但总额不能超过运费的50%。但因气象条件或不可抗力的原因造成货物逾期运到的，可免除承运人的责任。

由于托运人在托运货物内夹带、匿报危险物品，错报笨重货物重量，或违反包装标准和规定，而造成承运人或第三者的损失，托运人应承担赔偿责任。由于收货人的过错，造成承运人或第三者损失的，收货人应承担赔偿责任。

托运人或收货人要求赔偿时，应在填写货运事故记录的次日起180日内，以书面形式向承运人提出，并随附有关证明文件。承运人对托运人或收货人提出的赔偿要求，应在收到书面赔偿要求的次日起60日内处理。

4）货物运输合同争议的解决

航空货物运输合同当事人，在执行合同过程中发生纠纷时，应及时协商解决。如协商不成,任何一方均可向合同管理机关申请调解或仲裁,也可以直接向人民法院起诉。

5. 《水路货物运输合同实施细则》相关内容

1) 货物运输合同的签订

水路货物运输合同,除短途驳运、摆渡零星货物,双方当事人可以即时结清者外,应当采用书面的形式。大宗物资运输,可按月签订货物运输合同。对其他按规定必须提送月度托运计划的货物,经托运人和承运人协商同意,可以按月签订货物运输合同或以货物运单作为运输合同。零星货物运输和计划外的整批货物运输,以货物运单作为运输合同。

按月度签订的货物运输合同,经双方在合同上签认后,合同即告成立。如承、托运双方当事人无需商定特约事项时,则可以用月度托运计划表代替运输合同,经双方在计划表上签认后,合同即告成立。在实际办理货物承托运手续时,托运人还应向承运人按批提出货物运单,作为运输合同的组成部分。

以货物运单作为运输合同的,经承、托运双方商定货物的集中时间、地点,由双方认真验收、交接,并经承运人在托运人提出的货物运单上加盖承运日期戳后,合同即告成立。货物运单的格式,江海干线和跨省运输的由交通部统一规定;省(自治区、直辖市)内运输的由省(自治区、直辖市)交通主管部门统一规定。

按月度签订的货物运输合同,应具备下列基本内容:货物名称、托运人和收货人名称、起运港和到达港,海江河联运货物应载明换装港、货物重量,按体积计费的货物应载明体积、违约责任。

货物运单应具备下列内容:货物名称、重量、件数,按体积计费的货物应载明体积、包装、运输标志、起运港和到达港,海江河联运货物应载明换装港、托运人、收货人名称及其详细地址、运费、港口费和有关的其他费用及其结算方式、承运日期、运到期限(规定期限或商定期限)、货物价值、双方商定的其他事项。

2) 货运合同中各方应承担的义务

(1) 托运人应当承担的义务。托运的货物必须与货物运单记载的品名相符,需要包装的货物,必须按照国家或国家主管部门规定的标准包装;没有统一规定包装标准的,应在保证运输安全和货物质量的原则下进行包装,需要随附备用包装的,应提供备用包装,正确制作货物的运输标志和必要的指示标志,在托运货物的当时,按照合同规定的结算方式付清运输费用;实行保价运输的个人生活用品,应提出货物清单,并逐项声明价格,且按声明价格支付规定的保价费;按规定必须凭证运输的货物,应当提供有关证件;按照货物属性或双方商定需要押运的货物,应派人随船押运;托运危险货物必须按危险货物运输的规定办理,不得匿报品名、隐瞒性质或在普通货物中夹带危险货物。

(2) 承运人应当承担的义务。对经由其他运输工具集中到港的散装运输、不计件数的货物,如具备计量手段的,应对托运人确定的重量进行抽查或复查,如不具备计量手段的,应在保证质量的前提下,负责原来、原转、原交。对按体积计收运输费用的货物,应对托运人确定的体积进行抽查或复查,准确计费;对搜集的地脚货物,应做到物归原主,对不能分清货主的地脚货物,应按无法交付货物的规定处理,组织好安全及时运输,保证运到期限,按照船舶甲板货物运输的规定,谨慎配装甲板货物,并按照规定的航线运输货物,到达后,应由到达港发出到货通知,并负责将货物交付给指定的收货人。

(3) 收货人应当承担的义务。接到到达港到货通知后,应在规定时间内同到达港办妥货物交接验收手续,将货物提离港区;按规定应由收货人支付的运输费用、托运人少缴的费用以及运输途中发生的垫款,其应在提取货物时一次付清;由收货人自理卸船的货物,收货人应在商定的时间内完成卸船作业,并将船舱、甲板清扫干净;对装运污秽货物、有毒害性货物的船舱,应负责洗刷、消毒,使其恢复正常清洁状态。

易腐货物和有生动植物,承、托运双方应预先商定容许的运到期限;采用冷藏设备船舶装运的,应商定冷藏温度。有生动植物在运输途中需要照料、饲养的,由托运人自行负责;随带的饲料免收运费,需用的淡水应由承运人按规定提供。

承运人向收货人交付货物时应认真进行验收交接。按件承运的货物如发现货物有异物或与货物运单记载不符时,而按舱、按箱施封的货物如发现舱封、箱封有异状时,收货人应及时向承运人提出异议。收货人在验收交接时没有提出异议,并在提货单上签章后,运输合同即终止。

3) 货物运输合同的变更和解除

变更或解除月度货物运输合同应当采用书面形式(包括文书、电报或变更计划表等),并应在货物发送前,由要求变更或解除的一方向对方提出,月度货物运输合同只能变更一次。

由于航道、船闸障碍、海损事故、自然灾害、执行政府命令或军事行动等原因,货物不能运抵到达港时,承运人可以到就近港口卸货,并及时通知托运人或收货人提出处理意见。合同中订有特约变更条款的,应按双方商定的变更条款办理。

4) 争议处理

承运人和托运人或收货人在履行货物运输合同中发生纠纷时,应协商解决。协商不成时,可向合同管理机关申请调解、仲裁,也可以直接向人民法院起诉。

在附则中提出对行驶国际航线、香港、澳门航线的船舶及所载货物,在我国港口作业中发生的船体、船具或货物的灭失、损坏事故,不适用于本细则。

 13.2 对外运输法规

我国鼓励发展外贸,发挥地方的积极性,保障对外贸易经营者的经营自主权;同时,对外贸易经营者必须依法经营,公平竞争,不得从事《中华人民共和国对外贸易法》(简称《对外贸易法》)和其他有关法律、法规明令禁止的各种不正当竞争行为和其他违法行为。

13.2.1 对外贸易法的基本原则

1. 我国实行统一的对外贸易制度

实行统一的对外贸易制度,是指我国的对外贸易制度要由中央政府统一制定、在全国范围内统一实施的制度。包括方针、政策的统一,法规的统一,各项外贸管理制度的统一。一方面,其体现了维护国家整体利益的需要,另一方面,实行统一的对外贸易制度,也是履行国际义务。

2. 坚持平等互利、互惠对等的原则

根据平等互利的原则,促进和发展同其他国家和地区的贸易关系,缔结或者参加关税同盟协定、自由贸易区协定等区域经济贸易协定,参加区域经济组织,任何国家或者地区在贸易方面对我国采取歧视性的禁止、限制或者其他类似措施的，我国可以根据实际情况对该国家或者该地区采取相应的措施。

我国在对外贸易方面根据所缔结或者所参加的国际条约、协定，给予其他缔约方、参加方最惠国待遇、国民待遇等待遇，或者根据互惠、对等原则给予对方最惠国待遇、国民待遇等待遇。

3. 维护公平、自由的对外贸易秩序

保证公平竞争，建立和维护公平、自由的贸易秩序，这是社会主义市场经济的必然要求。为适应这一要求，《对外贸易法》明确规定，国家应依法维护公平、自由的对外贸易秩序。

4. 准许货物与技术的自由进出口

《对外贸易法》规定"国家准许货物与技术的自由进出口。但是，法律、行政法规另有规定的除外。"这表明对于货物与技术贸易，以自由进出口为原则，但在法律规定的特殊情况下，对某些货物与技术的进出口施加限制。这一规定符合我国改革开放的精神，与国际经济通行规则也是一致的。

13.2.2 对外贸易经营者

1. 对外贸易经营者的概念

对外贸易经营者，是指依法办理工商登记或者其他执业手续，依法从事对外贸易经营活动的法人、其他组织或者个人。

2. 对外贸易经营者的条件

从事货物进出口或者技术进出口的对外贸易经营者，应当向国务院对外贸易主管部门或者其委托的机构办理备案登记，但是，法律、行政法规和国务院对外贸易主管部门规定不需要备案登记的除外。备案登记的具体办法由国务院对外贸易主管部门规定。对外贸易经营者未按照规定办理备案登记的，海关不予办理进出口货物的报关验放手续。

从事对外工程承包或者对外劳务合作的单位，应当具备相应的资质或者资格。具体办法由国务院规定。

国家可以对部分货物的进出口实行国营贸易管理。实行国营贸易管理的货物的进出口业务只能由经授权的企业经营（国家允许部分数量的国营贸易管理货物的进出口业务由非授权企业经营的除外）。实行国营贸易管理的货物和经授权经营企业的目录，由国务院对外贸易主管部门会同国务院其他有关部门确定、调整并公布。擅自实行国营贸易管理的货物进出口的，海关不予放行。

3. 对外贸易经营者的权利和义务

（1）对外贸易经营者可以接受他人的委托，在经营范围内代为办理对外贸易业务。

（2）对外贸易经营者应当按照国务院对外贸易主管部门或者国务院其他有关部门依法做出的规定，向有关部门提交与其对外贸易经营活动有关的文件及资料。有关部门应当为提供者保守商业秘密。

> **知识拓展**
>
> ### 个人如何取得对外贸经营权
>
> 根据商务部2004年制定的《对外贸易经营者备案登记办法》，从事外贸经营活动的企业或个人要先办理备案登记，登记时需提交《对外贸易经营者备案表》、营业执照复印件、组织机构代码证书复印件，依法办理工商登记的个体工商户（或独资经营者），还须提交合法公证机构出具的财产公证证明。备案登记成功后，外贸经营者还需要到海关、进出口检验检疫局、银行、税务等部门履行相应的程序，这是一个必须经过的流程。需要注意的是，在外贸经营者中，不要混淆"个人"与"自然人"的概念，根据相关法律规定，个人从事任何经营活动，必须经过工商登记。也就是说，个人需在工商部门注册个人独资企业或个体经营户后，再申请外贸经营者备案登记。

13.2.3 我国海商法及国际海运条例

1. 《中华人民共和国海商法》

《中华人民共和国海商法》（简称《海商法》）是调整海上运输关系及船舶的特殊民事法律，于1992年7月1日由第七届全国人民代表大会常务委员会第28次会议通过，自1993年7月1日起开始施行。《海商法》有两大特点：一是与国际规则接轨，二是条款强制性与任意性的统一。《海商法》的内容纷繁复杂，主要可分为以下几个部分。

(1) 航运管理法。包括海上运输安全法，主要是船舶登记、船舶和航海安全、船长船员资格和管理等方面的法律法规。航运经济法，即旨在规范海运市场和促进国家商船队发展的法律，以及防止海洋污染的法律等。

(2) 海上运输法。包括海上货物运输法、海上旅客运输法、海上拖航合同的法律等。

(3) 海事法。包括船舶碰撞、海难救助、共同海损、海事赔偿责任限制等的法律。

(4) 海上保险法。包括船舶保险、货物保险和运费等其他海上财产保险的法律。

(5) 海事纠纷解决的法律。包括海事诉讼和海事仲裁的法律。

各国一般都认为以上内容是海商法的组成部分。还有一些内容，其是否包括在海商法中是有争议的，如港口法、船舶检验法、船员法、海洋环境保护法等。认为这些内容也包括在海商法中的观点被称为"广义海商法"的观点，而相反的观点则被称为"狭义海商法"的观点。我国《海商法》被认为是采取狭义海商法的观点而进行立法的一个模式。

《海商法》的各部分内容都相对完整，看起来比较独立，但这些制度并非只是因为与海相关而被随意组合在一起的，而是因为其相互之间是有密切联系的。一次开始时看来平淡无奇的海上航行，在航程中遭遇各种海上事故，最后必须要动用《海商法》的全部制度来加以解决的情形并不少见。

例如，签订海上货物运输合同后，合同双方往往会为自己的船舶或货物进行投保。船舶航行途中，可能因自然原因或人为因素而遇到各种情况，如船舶碰撞、搁浅等，并因此造成船舶及其所载货物的损害，这些损失的处理不仅涉及船舶碰撞的适用法律，还涉及海上货物运输法。

同时，船舶处于危险境地，便可能导致救助费用的发生，或产生必要的共同海损牺牲和费用。船东或救助人的损害赔偿责任，其金额往往十分巨大，于是责任人就需要申请享受海事赔偿责任限制。而由于通常情况下，几乎所有重大的海上损失都会投保，所以一大堆的索赔往往最终都是由海上保险人之间来互相解决，如果纠纷不能通过协商解决，就只能动用海事仲裁或海事诉讼。因此，海商法虽然缺少一套抽象的原则和统一的概念体系来统领、贯穿各部分，但各部分仍然是互相配合、相得益彰的。

2. 国际海运条例

国际海运条例包括《中华人民共和国国际海运条例》和《中华人民共和国国际海运条例实施细则》。

1)《中华人民共和国国际海运条例》

《中华人民共和国国际海运条例》（简称《条例》）已于2001年12月5日国务院第49次常务会议通过，且自2002年1月1日起施行。本条例适用于进出中华人民共和国港口的国际海上运输经营活动以及与国际海上运输相关的辅助性经营活动。前款条例中所称的与国际海上运输相关的辅助性经营活动，包括本条例分别规定的国际船舶代理、国际船舶管理、国际海运货物装卸、国际海运货物仓储、国际海运集装箱站和堆场等方面的业务。

（1）《条例》对国际海上运输及其辅助性业务的经营者做了明确规定，包括经营国际船舶业务应当具备的条件及申请手续，对经营无船承运业务应交纳的保证金及其申请手续，对经营国际船舶代理业务和经营国际船舶管理业务应当具备的条件及其申请手续，对国际船舶运输经营者、无船承运业务经营者、国际船舶代理经营者和国际船舶管理者不再具备本条例规定的条件时，国务院交通主管部门或者省、自治区、直辖市人民政府交通主管部门有权取消其经营资格。

（2）《条例》还规定了取得国际班轮运输经营资格的国际船舶运输经营者，应当在取得资格之日起180日内开航；因不可抗力并经国务院交通部门同意，可以延期90日，逾期未开航的，国际班轮运输经营资格自期满之日起丧失。

（3）《条例》对国际海上运输及其辅助性业务经营资格也做出了规定，经营国际班轮运输业务，应当向国务院交通主管部门提出申请并附送资料。

（4）《条例》规定了在何种情况下国际船舶运输者应向国务院交通部门备案。国际船舶运输经营者之间的兼并、收购，其兼并、收购协议应当报国务院交通部门审核同意。《条例》还规定了国际船舶代理经营者和国际船舶管理经营者接受船舶所有人或者船舶承租人、船舶经营人的委托时，其可以经营的业务范围。

（5）《条例》对外商投资经营国际海上运输及其辅助性业务做了特别的规定，包括经营方式、经营范围以及企业中外商所占比例的限制。《条例》规定了国务院交通主管部门可以应有关部门的请求或者自行决定对有关涉及中国港口的经营国际班轮运输业务的国际船舶运输经营者之间的班轮公会协议、运营协议、运价协议以及可能对公平竞争造成损害，或符合本条例第二十七条的条例要求之一的情况进行调查和处理，并对调查和处理的实施做了规定。此外，《条例》对各种违反本规定的国际船舶运输业务的行为的处罚也做了明确的规定。

2)《中华人民共和国国际海运条例实施细则》

（1）《中华人民共和国国际海运条例实施细则》（简称《细则》）对国际船舶运输业务、国际船舶运输经营者、国际班轮运输业务等的含义做了明确规定，对国际海上运输及其辅助性业务经营者的申请材料的内容也做了明确规定。

（2）《细则》对国际海上运输及其辅助性业务经营活动，包括新开或者停开，变更国际班轮运输船舶、班期，增加营运船舶数量等，都要求其营运者向交通部备案。任何单位和个人不得擅自使用国际班轮运输经营者和无船承运业务经营者已登记的提单。班轮公会协议由班轮公会代表及所有经营进出中国港口海上运输的成员备案。国际船舶运输经营者之间订立的运营协议、运价协议，由参加订立协议的国际船舶经营者备案。在中国境内收取运费、代为收取运费以及其他相关费用时，应向付款人出具专用发票。

（3）《细则》规定国际船舶管理经营者应当根据合同约定和国家有关规定履行有关船舶安全和防止污染的义务，并对国际船舶代理经营者、国际船舶管理经营者、国际海运货物仓储业务经营者以及国际集装箱与堆场业务经营者的行为做了规定。

（4）《细则》规定了设立中外合资、合作经营企业经营国际船舶运输业务时，应向企业所在地的省、自治区、直辖市人民政府交通主管部门提出申请和申请材料应包括的具体内容。对设立《条例》第三十三条规定的外商投资企业，应当按照交通部和对外贸易经济合作有关规定办理。

（5）《细则》对申请材料的内容做了明确规定，并对调查和处理的程序和原则做了规定。对经营国际海运货物仓储业务和经营国际海运集装箱站及堆场业务应具备的条件做了明确要求。外国国际船舶经营者以及外国国际海运辅助企业在中国境内设立常驻代表机构时，应当通过拟设立常驻代表机构所在地的省、自治区、直辖市人民政府交通主管部门向交通部提交材料。此外，《细则》还对各种违反规定的国际船舶运输业务的具体行为和处罚方式做了明确的规定。

13.2.4 国际铁路货物联运协定

《国际铁路货物联运协定》（简称《国际货协》）对铁路、发货人和收货人都有约束力，其主要内容包括以下几个方面。

1. 运输合同的缔结

如按发送路国内规定由发货人填写运行报单时，则发货人在填写运单和运单副本的同时，还必须填写运行报单。在运送合同缔结后，运单副本退还发货人。运单副本不具有运单的效力。运单和运单副本中所记载的事项，应用钢笔、圆珠笔（如不违反发送路的国内规章时）填写清楚或用打字机打字，或印制或加盖戳记。运单中的一切事项，应由发货人和铁路填写在各相应栏内。

填写运单时不准缩写，运单上加盖的戳记印文应十分清晰。发货人记载的事项中，不准有划消或粘贴以及擦改或涂抹等类的任何修改。在特殊情况下，发货人可以修改运单，但不得超过一栏或相互关联的两栏。此时，发货人还应在"发货人的特别声明"栏内注明所做的修改，并签字或加盖戳记证明。

如铁路拒收货物，则根据发货人的要求，铁路应编制有关此事的记录，并将一份记录交给发货人。对零担货物，应在每件货物上做出标记。在托运家庭用品时，发货人还应将记有上述标记事项的卡片放入每一货件内。对整车货物，除堆装货物外，均应在靠近车门的货件上做出标记，每车不得少于 10 件。如运送某些货物，由于这些货物的性质或要求采取特殊预防措施时，则发货人还应在这些货件上做出对货物必须审慎对待的标记或粘挂表示牌标记。发送货物时，应按发送路国内规章确定重量和件数。

发送路上承运货物时，有权检查货物的声明价格是否同其价值相符。如铁路同发货人之间对于声明价格款额发生争执时，应由发站站长解决。如发货人不同意发站站长的决定时，则可以自费邀请国家贸易或工业机关的鉴定人。鉴定人的决定，对双方均有约束效力。

发货人应对其在运单中所记载和声明的事项的正确性负责。由于记载和声明事项的不正确、不确切或不完备，以及由于未将上述事项记入运单相应栏内而发生的一切后果均由发货人负责。

2. 运输合同的履行

货物到达到站，在收货人付清运单所载的一切应付的运送费用后，铁路必须将货物连同运单一起交给收货人；收货人应付清运送费用并领取货物。

收货人只在货物因毁损或腐坏而使质量发生变化，并已致部分货物或全部货物不能按原用途使用时，才可以拒绝领取货物。即使运单中所载的货物部分短少，也应按运单向铁路支付应付的全部款额。在这种情况下，收货人按赔偿请求手续对未付部分的货物，有权领回其按运单所付的款额。

如货物灭失赔款和运送费用款额已付给发货人，则发货人必须将该款退还给铁路。在这种情况下，收货人对货物运到逾期和对于找到的货物毁损或灭失部分，保留提出赔偿请求的权利。为保证核收运送合同中一切费用，铁路有货物留置权。且其留置权的效力，保留到铁路对货物终止管理时为止。

发货人应对每批货物单独填写一份申请书，并交给发站，而收货人则交给到达国铁路国境站。发货人应将申请事项记入运单副本，运单副本应与申请书同时向铁路提出。

如按运送合同用成组车辆运送的数批货物，均变更为同车到站和同一收货人时，则收货人可对上述数批货物编写一份变更申请书。发站应在运单副本发货人申请事项下加盖日期戳，并由受理申请书的车站工作人员签字证明申请书已经收到，然后再将运单副本退还发货人。

发站以及货物经由的国境站应将发货人关于变更运送合同的申请事项，用电报通知中途站和到站，电报费用由申请人负担。运送合同变更申请书原本，应寄往根据电报截留货物的车站以证实这项电报。但该站应根据发站的电报通知，不等接到发货人的书面通知，即行变更运送合同。

杂费、车辆滞留罚款和其他费用，均应以适当单据加以确认，并记入运送票据，以便向发货人或收货人(视由何人支付运送费用而定)核收。

如货物运送遇到阻碍，则应由铁路决定是否需要征求发货人的指示，或者将货物变更运送经路运至到站。铁路有权核收变更经路的运费，并支配相应的运到期限，但由于铁路的过失时除外。

3. 铁路的责任

按国际货协运单承运货物的铁路，应负责完成货物的全程运送，直到在到站交付货物时为止，如向非参加《国际货协》铁路的国家办理货物转发送，则应直到按另一种国际协定的运单办完运送手续时为止。每一继续运送的铁路，自接收附有运单的货物时起，即告参加这项运送合同，并承担因此而发生的义务。

铁路在本章所规定的条件范围内，从承运货物时起，到到站交付货物时为止，对于货物运到逾期以及因货物全部或部分灭失或毁损所发生的损失负责，如向非参加国际货协铁路的国家办理货物转发送时，则其应负责到按另一种国际协定的运单办完运送手续时为止。

铁路对发货人在运单内所记载并添附的文件由于铁路过失而遗失的后果，以及由于铁路的过失未能执行的后果负责。铁路赔偿损失的款额，在任何情况下，均不得超过货物全部灭失时的款额。发货人在运单中记载的有关货物重量和件数的事项，非经铁路进行检查而在运单中加以证实时，不能成为向铁路提出异议的证据。

如根据协定的规定，铁路对全部或部分灭失的货物应予赔偿时，这项赔偿额应按外国售货者账单所列的价格，或按这项账单摘录（该摘录应按赔偿请求提出国规定的办法加以证明）中所列的价格计算。如不能按上述办法确定全部或部分灭失的货物价格时，货物的价格则应由国家鉴定机关确定。当声明价格的货物全部或部分灭失时，铁路应按声明价格，或相当于货物灭失部分的声明价格的款额给予赔偿。

4. 赔偿请求

赔偿请求应附有相应根据并注明款额，以书面方式由发货人向发送路或收货人向到达路提出。铁路自提出赔偿请求之日（此日应以发信邮局戳记或铁路在收到直接提出的请求书时出具的收据为凭）起，必须在180天内审查这项请求，并答复赔偿请求人，在全部或部分承认赔偿请求时，支付应付的款额。

从《国际货协》参加路所属国，按统一价规的规定，向非《国际货协》参加路所属国运送货物，而发送路又未参加货物到达国所参加的国际联运协定时，应由收货人直接向未参加《国际货协》的到达路或其他路提出赔偿请求（如毁损发生在各该铁路时）。

从非《国际货协》参加路所属国，按统一价规的规定向《国际货协》参加路所属国运送货物时，赔偿请求应由收货人直接向到达国铁路提出。铁路在审查属于《国际货协》参加路责任的赔偿请求后，应将结果通知赔偿请求人。如发现赔偿请求部分或全部属于非国际货协参加路的责任时，则对赔偿请求应全部予以拒绝或拒绝其有关部分，同时还应将赔偿请求书所附文件退还赔偿请求人，以便向非参加国际货协的责任路直接提出。

铁路在向赔偿请求人通知其赔偿请求部分或全部被拒绝时，必须说明拒绝赔偿的理由，并同时退还赔偿请求书所附的文件。如铁路全部承认赔偿请求时，赔偿请求书所附的文件则由处理赔偿请求的铁路按国内规章办理。发货人或收货人向铁路提出赔偿请求时，时效期间即行中止。从收到铁路关于全部或部分拒绝赔偿请求通知之日（以发信邮局戳记或赔偿请求人收到答复时出具的收据为凭）起，时效期间仍然继续。

5. 各铁路间的清算

每一铁路在承运或交付货物并核收运送合同中所规定的运送费用和其他费用后，必须向参加运送的各铁路付其应得部分的运送费用。如发货人按运单已负担或应负担其他铁路所应得而未经发送路核收的运送费用时，关于这项费用发送路应对其他铁路负责。如到达路在交付货物时，未核收按运送合同应向收货人核收的运送费用，那么到达路应对其他铁路负支付这项费用的责任。

法院判决的赔款要求，应从法院生效之日起，在 75 日以内提出。在违反上述期限时，有关赔偿请求的责任完全由未履行上述期限的铁路负担。关于各铁路间引起争执的赔偿要求，根据有关各方面的申请，应由铁路合作组织委员会审查。委员会对这项要求所作出的决定，即为最后决定。

本章小结

本章主要介绍了物流运输的法律法规。市场经济也是法制经济，一切社会经济关系都应该靠法律来调整，运输业务也不例外。企业从事运输业务或选择承运人购买运输业务，都必须了解运输的法律和规章，才能保证运输业高效、安全、可靠地进行，可以这样说，运输法规是运输部门营运的指导原则。

交通运输法规是调整交通运输行政权力的创设、行使以及监督过程中发生的各种社会关系的法律规范。

制定交通运输法规的目的就是为了维护国家利益，规范交通运输秩序，保护公民、法人和其他组织的合法权益。交通运输法规有很多的特征，如管理性、普遍性、强制性、交织性、变动性以及分散性等。

课后习题

一、单选题

1. 交通运输法规可分为两大类，一类是经济法规，另一类是（　　）。
   A. 社会法规　　　B. 行政法规　　　C. 劳动法规　　　D. 民事法规
2. 我国的交通法分法律、（　　）、规章 3 个层次，包括国务院已发布的有关行政法规和各交通主管机关制定的行政规章。
   A. 规定　　　　　B. 法规　　　　　C. 命令　　　　　D. 指示
3. 车辆必须经过车辆管理机关检验合格，（　　）、行驶证后方准行驶。号牌须按指定位置安装，并保持清晰。号牌和行驶证不准转借、涂改或伪造。
   A. 经过审查　　　B. 经过试行　　　C. 领取号牌　　　D. 交付费用
4. 机动车驾驶员必须经过车辆管理机关（　　），领取驾驶证，方准驾驶车辆。
   A. 审查合格　　　B. 面试合格　　　C. 试行合格　　　D. 考试合格
5. 海事纠纷解决的法律，包括海事诉讼和（　　）的法律。
   A. 海事仲裁　　　B. 民事仲裁　　　C. 行政仲裁　　　D. 劳动仲裁

二、简答题

1. 什么叫交通运输法规？
2. 航道的保护有哪些规定？
3. 对外贸易法的基本原则有哪些？
4. 对外贸易经营者的条件有哪些？

本章实训

【实训任务】
到运输企业搜集法律案例。

【实训目标】
通过本次实训,使学生进一步了解运输法律的使用。

【实训内容】
要求学生自己选择某一种运输企业,搜集法律案例并提出分析意见。

【考核方法】

考核内容	标准分值	实训评分
资料收集整理	20 分	
提出分析意见及结果	40 分	
给大家讲解典型案例	20 分	
实训过程表现	20 分	

【案例讨论】

原告程某为牌号沪C49×××五菱小客车的车辆所有人。2008年6月11日,原告程某驾驶牌号为沪C49×××五菱小客车,载客3人,由松江区莘砖公路、沪松公路口开往松江区荣乐东路,谈妥车费25元。在营运过程中被被告松江区某执法大队查获,被告经过检查,发现该车无营运证,涉嫌非法营运,原告对此也做了承认,被告遂做出暂扣车辆的决定,并出具了《暂扣、扣押物品凭证》及《处理告知书》。同月13日原告在被告处接受处理时,亲笔书写了《承诺书》,表示:"经过教育我认识到是非法营运的行为。我今后保证不再做了,如果以后再被查到,将接受从重处罚"。但后来原告不服,诉至本院。

原告程某诉称,2008年6月11日,被告称原告非法营运,无故扣押原告车辆,并开具《暂扣、扣押物品凭证》。原告认为被告的行为系无中生有,损害了原告的合法权益。因此请求法院:①依法判令撤销被告暂扣原告的沪C49×××五菱小客车的行政强制措施;②依法判令被告赔偿原告经济损失7 000元;③本案诉讼费由被告承担。

被告松江区某执法大队辩称,事发当时原告程某驾驶牌号为沪C49×××五菱小客车,载客3人,由莘砖公路、沪松公路口开往松江区荣乐东路,谈妥车费25元,该车无营运证,涉嫌非法营运,原告对此也做了承认。被告的行政行为认定事实清楚,证据确凿,适用法律正确,程序合法。请求维持被告的具体行政行为。

(资料来源:http://jpkc.dlmu.edu.cn/jpkc/wlx/xiti/anli.doc. 经作者整理)

讨论:
该案判决有哪些要点?

参 考 文 献

[1] 霍红．国际货运代理与海上运输[M]．北京：化学工业出版社，2004．
[2] 刘小卉．运输管理学[M]．上海：复旦大学出版社，2010．
[3] 张永强．物流管理概论[M]．北京：电子工业出版社，2006．
[4] 缪六莹．物流运输管理实务[M]．成都：四川人民出版社，2011．
[5] 杜学森，律宝发．国际货运代理实务[M]．北京：中国劳动社会保障出版社，2006．
[6] 吴永富．国际集装箱运输与多式联运[M]．北京：人民交通出版社，2005．
[7] 张远昌．物流运输与配送管理[M]．北京：中国纺织出版社，2004．
[8] 秦四平．运输经济学[M]．北京：中国铁道出版社，2011．
[9] 王之泰．新编现代物流学[M]．北京：首都经贸大学出版社，2005．
[10] 吴育俭．运输市场营销学[M]．北京：中国铁道出版社，2000．
[11] 武德春．集装箱运输实务[M]．北京：机械工业出版社，2003．
[12] 陈京亮．货物联合运输[M]．北京：中国铁道出版社，2012．
[13] 邢金有．国际航运导论[M]．大连：大连理工大学出版社，2004．
[14] 阎子刚．物流运输管理[M]．北京：高等教育出版社，2011．
[15] 曲昭仲．物流运输管理实务[M]．北京：机械工业出版社，2005．
[16] 金乐闻，武素秋．国际货运代理实务[M]．北京：对外经济贸易大学出版社，1999．
[17] 姚大伟．国际货运代理实务[M]．北京：中国对外经济贸易大学出版社，2002．
[18] 张旭凤．运输与运输管理实务[M]．北京：北京大学出版社，2011．

北京大学出版社第六事业部高职高专经管教材书目

本系列教材的特色：

1．能力本位。以学生为主体，让学生看了就能会，学了就能用；以教师为主导，授人以渔；以项目为载体，将技能与知识充分结合。

2．内容创新。内容选取机动、灵活，适当融入新技术、新规范、新理念；既体现自我教改成果，又吸收他人先进经验；保持一定前瞻性，又避免盲目超前。

3．精编案例。案例短小精悍，能佐证知识内容；案例内容新颖，表达当前信息；案例以国内中小企业典型事实为主，适合高职学生阅读。

4．巧设实训。实训环节真实可行，实训任务明确，实训目标清晰，实训内容详细，实训考核全面，切实提高能力。

5．注重立体化。既强调教材内在的立体化，从方便学生学习的角度考虑，搭建易学易教的优质的纸质平台，又强调教材外在的立体化，以立体化精品教材为构建目标，网上提供完备的教学资源。

物流管理系列

序号	书　名	标准书号	编著者	定价	出版时间
1	现代物流概论	978-7-81117-803-6	傅莉萍	40	201010 第 2 次印刷
2	现代物流管理	978-7-301-17374-9	申纲领	30	201205 第 2 次印刷
3	现代物流管理	978-7-5038-4854-4	沈　默	37	201107 第 4 第印刷
4	现代物流概论	978-7-301-20922-6	钮立新	38	201207
5	企业物流管理	978-7-81117-804-3	傅莉萍	32	201308 第 4 次印刷
6	物流专业英语	978-7-5655-0210-1	仲　颖	24	201205 第 2 次印刷
7	现代生产运作管理实务	978-7-301-17980-2	李陶然	39	201211 第 2 次印刷
8	物流市场调研	978-7-81117-805-0	覃　逢	22	201309 第 3 次印刷
9	物流营销管理	978-7-81117-949-1	李小叶	36	201205 第 2 次印刷
10	采购管理实务	978-7-301-17917-8	李方峻	28	201402 第 3 次印刷
11	采购实务	978-7-301-19314-3	罗振华	33	201306 第 2 次印刷
12	供应链管理	978-7-301-20639-3	杨　华	33	201205
13	采购与供应管理实务	978-7-301-19968-8	熊　伟	36	201308 第 2 次印刷
14	采购作业与管理实务	978-7-301-22035-1	李陶然	30	201301
15	仓储管理技术	978-7-301-17522-4	王　冬	26	201306 第 2 次印刷
16	仓储管理实务	978-7-301-18612-1	李怀湘	30	201209 第 2 次印刷
17	仓储与配送管理（第 2 版）	978-7-301-24598-9	吉　亮	36	201409
18	仓储与配送管理实训教程	978-7-81117-886-9	杨叶勇	24	201209 第 2 次印刷
19	仓储与配送管理实务	978-7-5038-4857-5	郭曙光	44	201009 第 2 次印刷
20	仓储与配送管理实务（第 2 版）	978-7-301-24597-2	李陶然	37	201408
21	仓储与配送管理项目式教程	978-7-301-20656-0	王　瑜	38	201205
22	仓储配送技术与实务	978-7-301-22673-5	张建奇	38	201307
23	物流运输管理（第 2 版）	978-7-301-24971-0	申纲领	35	201410
24	物流运输实务	978-7-301-20286-9	黄　河	40	201203
25	运输管理项目式教程	978-7-301-19323-5	钮立新	30	201108
26	物流信息系统	978-7-81117-827-2	傅莉萍	40	201205 第 2 次印刷
27	物流信息系统案例与实训	978-7-81117-830-2	傅莉萍	26	200908
28	物流成本管理	978-7-301-20891-5	傅莉萍	28	201207
29	第三方物流综合运营	978-7-301-21213-4	施学良	32	201209
30	物流市场营销	978-7-301-21249-3	张　勤	36	201209
31	国际货运代理实务	978-7-301-21968-3	张建奇	38	201301
32	物流经济地理	978-7-301-21963-8	葛颖波等	29	201301
33	运输组织与管理项目式教程	978-7-301-21946-1	苏玲利	26	201301

序号	书 名	标准书号	编著者	定价	出版时间
34	物流商品养护技术	978-7-301-22771-8	李燕东	25	201307
35	物流设施与设备	978-7-301-22823-4	傅莉萍等	28	201307
36	运输管理实务	978-7-301-22824-1	黄友文	32	201307
37	药品物流基础	978-7-301-22863-0	钟秀英	30	201307
38	采购与仓储管理实务	978-7-301-23053-4	耿波等	34	201308
39	新编仓储与配送实务	978-7-301-23594-2	傅莉萍	32	201401
40	电子商务物流基础与实训（第2版）	978-7-301-24034-2	邓之宏	33	201404
41	物流信息技术与应用（第2版）	978-7-301-24080-9	谢金龙等	34	201404
42	物流案例与实训（第2版）	978-7-301-24372-5	申纲领	35	201406
43	国际危险货物运输实务	978-7-301-24775-4	王 云	32	201409

相关教学资源如电子课件、电子教材、习题答案等可以登录 www.pup6.cn 下载或在线阅读。

扑六知识网（www.pup6.com）有海量的相关教学资源和电子教材供阅读及下载（包括北京大学出版社第六事业部的相关资源），同时欢迎您将教学课件、视频、教案、素材、习题、试卷、辅导材料、课改成果、设计作品、论文等教学资源上传到 pup6.com，与全国高校师生分享您的教学成就与经验，并可自由设定价格，知识也能创造财富。具体情况请登录网站查询。

如您需要免费纸质样书用于教学，欢迎登录第六事业部门户网（www.pup6.com.cn）填表申请，并欢迎在线登记选题以到北京大学出版社来出版您的大作，也可下载相关表格填写后发到我们的邮箱，我们将及时与您取得联系并做好全方位的服务。

扑六知识网将打造成全国最大的教育资源共享平台，欢迎您的加入——让知识有价值，让教学无界限，让学习更轻松。

联系方式：010-62750667，sywat716@126.com、36021738@qq.com，欢迎来电来信咨询。